JN076472

パソコンがあればできる！

ことばの 実験研究の方法

第2版

容認性調査、
読文・産出実験から
コーパスまで

中谷健太郎 編

青木奈律乃、浅原正幸、有賀照道、木戸康人
田中幹大、中谷健太郎、中野陽子、長谷部陽一郎

ひつじ書房

はじめに

　今日、言語学における実験的アプローチの重要性はますます増している。本書の初版は、「ことばの実験研究に関心があるがやり方がわからない」という研究者、院生から学部生まで、広く読者として想定し、コストも機材も最小限で済み、複雑な技術がなくても実行できる実験手法を紹介する目的で出版され、有難いことに好評を得た。しかし、初版で記した「実験の方法論や分析法、実験に使うソフトウェアは非常に速い速度でアップデートされるものなので、書籍のアップデートがそれに追いつかないことが考えられる」という危惧が現実のものとなり、初版の「目玉」として紹介したオンライン言語実験プラットフォームである Ibex Farm が 2021 年 9 月に突然閉鎖されてしまった。この出来事に編者の周辺は騒然となったが、さいわい、Ibex Farm の発展的後継として、ペンシルヴァニア大学の研究チームが PCIbex Farm というプラットフォームをすでに走らせていた。そこで急きょ PCIbex の使用法を紹介する第 2 版を出版する運びとなった。

　Ibex から PCIbex へのアップデートのほかに、第 2 版では以下の大きな変更を行った。

- ・オンライン・プラットフォームに対するニーズの拡大および PCIbex の機能の充実化により、初版第 3 章で取り上げたオフライン・アプリケーション Linger に対するニーズが減少していると判断し、Linger 利用法については第 2 版では削除した。
- ・語彙性判断課題の章にリモートで実施する方法についての節を追加した。
- ・初版においては、言語産出の章で有料ソフトウェア E-Prime の利用法を紹介したが、オンライン・プラットフォーム Gorilla の利用法に変更した。
- ・新たにウェブ・ベースの現代アメリカ英語コーパスについての章を追加

した。

このように、第 2 版は初版の単なる改訂ではなく、意欲的な発展形として結実したと編者は自負している。またコロナ禍以降の時代の要請に合わせ、すべての章がオンラインまたはリモートでの利用が可能な実験方法の紹介となった。また、すべてのアプリケーションは基本的に無料で利用できる（Gorilla のみ、実験運用の段階で課金がある）。

本書は 8 章から成るが、通底した読み物ではなく、むしろ各章が独立したマニュアルのようなものなので、必要な章を必要に応じて読んでいただければ良い。また、なるべく「ハンズ・オン」(実践的) な手引書を目指しているので、解説とともに様々な例となるコードが記載されている。それにより、純粋な「読み物」としてはやや読みづらくなっている部分があるかもしれないし、コードの羅列に引いてしまう読者もいるかもしれない。しかしひるまず、本書を片手に実際に手を動かしてほしい。基本的には、本書で例示されているコードをそのまま写して実行すれば、解説されているのと同じことが実践できるはずである。本書は以下の執筆者陣に原稿を書いていただき、テキストとしての全体的な統一性をもたせるため、編者である中谷が必要に応じて軽微な編集を行なった。

第 1, 8 章	中谷健太郎(甲南大学)
第 2 章	有賀照道(東京大学大学院)・青木奈律乃 (ダブリンシティ大学大学院)・中谷健太郎(甲南大学)
第 3 章	中野陽子(関西学院大学)
第 4 章	田中幹大(立命館大学)
第 5 章	浅原正幸(国立国語研究所)
第 6 章	長谷部陽一郎(同志社大学)
第 7 章	木戸康人(九州国際大学)

本書の構成は以下のようになっている。まず**第 1 章「対照実験ことはじめ」**(中谷) では、初めてことばの実験研究に踏み出そうという人に向けて、実験デザインで気をつけるべきことを解説する。第 2 章で出てくる「ラテ

ン方格法」の説明もここでされている。

　第2章「**ウェブで行う容認性調査と自己ペース読文課題**」(有賀・青木・中谷)では、言語実験のウェブホスティング・サービスである PCIbex Farm をもちいた容認性調査と自己ペース読文課題の方法を解説する。容認性調査はことばの実験的手法としてはもっとも手軽でとっつきやすい方法論であるが、ウェブで行うとシャッフルを自動でやってくれる、結果入力の必要がないなど、紙で行う場合と比較してのメリットは大きい。さらにクラウド・ソーシングと組み合わせることによってスケール・メリットも得られるだろう。自己ペース読文課題は、ボタン押しで文を読み進める実験手法で、文節などのリージョンごとの読み時間を記録するため、文のどの部分で理解の躓きが起きているかといった文処理の逐次的な反応を見ることができる。

　第3章「**語彙性判断課題を使った実験**」(中野)では、無料ソフトのDMDX と市販のゲームパッドを用いた語彙アクセスや形態素処理の実験手法を紹介する。具体的には、プライミング効果から語彙アクセスを調査する語彙性判断課題、および、形態素処理の研究に使われている閾下プライミング課題(刺激をサブリミナル提示した後、ターゲット語を呈示してその効果を調べる課題)を解説する。

　第4章「**言語産出の実験方法**」(田中)では、オンライン・プラットフォーム Gorilla を利用した、代表的な言語産出の実験方法(絵描写タスク、文再生タスク、談話タスクなど)の手法を解説する。

　第5章から第7章では、刺激提示実験から離れて、大規模言語データベースの調査方法を紹介する。第5章「**『中納言』を使ったコーパス調査**」(浅原)では、近年の日本語コーパス調査のスタンダードとなりつつある国立国語研究所の検索系「中納言」の使用方法を中心に解説する。**第6章「COCA を使ったコーパス調査**」(長谷部)では、ウェブ上で利用できる現代アメリカ英語のコーパスとして広く使われている Corpus of Contemporary American English (COCA) の使用方法を解説する。**第7章「発話データベースCHILDES Browsable Database を用いた調査**」(木戸)では、第一言語獲得研究のデータベースとして標準となっている、自発発話データベースのCHILDES の検索方法を詳しく解説し、また計量的な分析手法についても

紹介する。

　最終章である**第8章「統計の基本的な考え方について」**（中谷）はいわば
「オマケ」的な位置付けとして、統計のごく初学者を対象に、（頻度論主義）
統計分析の基本的な考え方を解説する。この章は本格的な統計入門とはなら
ないが、少なくとも、p値がどのようなものなのかという基本的なことを理
解してもらうことを目標とする。

　実験研究にはおもに、計画（デザイン）、実行、分析という三段階がある
が、それぞれの段階において経験に基づく微調整が必要となるため、本書を
使ってもなお、現実問題としてまったくの初学者が独力で実験デザインから
分析まで行うのは困難であると考えられる。よって、実験研究にあたって
は、経験者の助言を得ることが大切である。その第一歩を踏み出す足がかり
として本書が機能してくれることを編著者一同願っている。また、既存のラ
ボに新しい院生が入ったときの導入書として、あるいは学部のゼミでの簡易
実験のための導入書として本書が何らかの役に立つことができれば幸いであ
る。

　本書の初版は、関西心理言語学研究会 Kansai Circle of Psycholinguistics
(KCP) の主要メンバーである中谷、中野、田中、青木を中心に、関西言語
学会第42回大会において開催したワークショップ「パソコンがあれば出来
ることばの実験研究の実際」の発展形として実現した。学会の開催前のプロ
グラムの段階から当ワークショップに強い関心を示してくださり出版を勧め
てくださったひつじ書房の松本功氏と編集作業に尽力くださった相川奈緒氏
に感謝申し上げる。ワークショップ外から本書へ寄稿くださった木戸康人さ
ん、浅原正幸さん、および第2版へのCOCAに関する章の書き下ろしを快
諾くださった長谷部陽一郎さんにも感謝したい。PCIbexについては有賀照
道さんから大きな助力を得た。矢野雅貴さん、神長伸幸さんにも助言いただ
いた。感謝したい。

　最後に、関西心理言語学研究会(KCP)について触れさせていただきたい。
KCP は、心理言語学に関するオープンな勉強会／読書会／研究会として、
2010年に開設された。「心理言語学に興味はあるけれども、勉強する機会が
あまりなかった」という学生・院生さんたちに心理言語学のおもしろさを伝

え、心理言語学という若い分野を関西の地に根付かせたいという思いで立ち
上げた会であり、なるべく月一を目標に小規模ながら研究会を開いている。
近年は Zoom で開催することが多いので、関西地域を超えて全国から参加
いただけるようになった。予備知識のない学生・院生さん、若手研究者の参
加からベテラン研究者まであらゆる人を歓迎しているので、多くの方の気軽
な参加を期待している。研究会の予定等は当研究会ウェブサイト https://
www.konan-u.ac.jp/hp/nakatani/kcp/ を参照されたい。本書に関する正誤表、
追加修正情報なども当ウェブサイトに掲載する予定である。

苦楽園にて　　　中谷健太郎

目次

第1章
対照実験ことはじめ

　実験の方法論の紹介に入る前に、簡単に対照実験計画(デザイン)の基礎的な考えや注意点などに触れてみたい。また、心理言語実験計画ではよく使われ、第2章でも登場する「ラテン方格法」についてもここでまとめて紹介する。

1.　要因計画

　チョムスキーが半世紀以上前に生成文法を提唱して以降、理論言語学の主要な目的はヒトの言語能力のメカニズムを解明することとされてきた。しかし我々の頭蓋骨の中にあるものは神経細胞のネットワークであって、工業製品ではないので、機械を分解して仕組みを調査するというようなことは当然できない。結局、言語刺激を与えてそれに対して我々がどう反応するかを観察することにより、ことばのメカニズムやアーキテクチャがどのようになっているかを間接的に推定するしかない。

　これは、脳波測定や脳画像法などにより脳の反応を観察できる技術が発達した今もなお同じことであって、脳画像を記録するにしても、言語の「**刺激 stimulus**」を与えなければ言語のメカニズムについて何も記録することはできない。つまり、目標が「言語の認知機能を解明する」ことであっても、その手法としては「刺激を与えて反応を観察する」という基本的な心理学的手法に依るところがきわめて大きいと言える(コーパス調査を除く)。その「反応」が脳波や脳画像などの「神経生理学的指標」か、ボタン押し、容認性判断、言語産出などの「行動指標」か、方法論によって異なるというだけで、「刺激に対する反応」を観察するという点では共通しているのである。(いっぽう、コーパス調査は刺激が統制されない、無制約刺激下での自由な「反応」の特性を研究するものと言えるかもしれない。)

　理論言語学でこれまで行われてきた「文法性」(ある文が文法的か非文法的かという判断)に基づく理論構築も、同じ「刺激→反応」観察の手法に則った研究である。すなわち、例文が「言語刺激」であり、「文法的であるかどうか(非文であるかどうか)」の判断が「反応」である。非文を表すアスタリスクはあくまで文法性判断という「反応」の記録であって、それ自体がことばの認知機能を代表しているわけではないことは言うまでもないことである。

　これをふまえて、理論言語研究における文法性判断という「反応」を誘発する「刺激」は何なのかと考えると、それはもちろん「文」ということになるが、しかし検証したいのは「個々の文」に対する反応ではない。そうではなく、文に含まれる「一般化された特定構造」についての判断を検証したいのだ。つまり、文法性判断は「特定の文」(トークン)に対する反応ではなく、「特定の構造」(タイプ)についてのものだということだ(次節で詳述)。このような、検証対象となる抽象的な構造や特性は、実験計画においては**要因(因子)factor** として扱われる。要因が反応の違いを生む場合、その要因には**効果 effect** があると言う。要因の効果を検証するためには、要因の影響下にないものとの比較が必要だ。たとえば、非常に単純な例だが、英語において主語と動詞に数の不一致があると以下の例のように非文となる。

（1）　*The boys likes to play football.

　このような数の不一致がネガティブな反応を生むことを実験を通して検証したいとしよう。たとえば、単語ごとの読み時間を計測できる自己ペース読文課題(第2章)を用いれば、(1)のような非文では likes の部分で読みの遅延が起こるといった反応が期待される。しかし、「読みの遅延」が起きているかどうかを判断するにあたって、「何ミリ秒以上ならば『遅延』とみなす」といった絶対的な基準は存在しない。よって、(2)のような文法的な文と比較する必要がある。

（2）　The boy likes to play football.

　このように、一般に実験結果を解釈するためには「調べたい要因の影響下にあるもの」に対する反応を、「その要因の影響下にないもの」に対する反応と比較して相対評価する必要がある。前者の反応データを**実験群 experimental group**、後者の反応データを**統制群 control group** と呼ぶ。科学研究における実験は基本的にこのような**対照実験 controlled experiment** のデザインに基づく。また統計分析の際には、観察された反応を**従属変数 dependent variable**、要因を**独立変数 independent variable** と呼ぶ。仮説検定は、従属変数（つまり反応データ）を独立変数によって説明できるかを検証するものであるので、後者を**説明変数 explanatory variable** と呼ぶこともある。

　一気に色々な用語が出てきたので、整理する意味で言語学から離れて分かりやすい例を考える。

> 例：ダイエット薬の効果を調べたいので、あるグループにはダイエット薬を与え、別のグループにはダイエット効果のないビタミン剤を与えて、一定期間後それぞれのグループの体重がどれくらい減ったかを比較することによってダイエット薬の効果を検証した。

　この場合、ダイエット薬を与えられたグループのデータが「実験群」で、ビタミン剤のグループのデータが「統制群」である。「薬の種類」次第で「体重の減り方」が変わるかを知りたいわけなので、「体重の減り方」が「薬の種類」に従属している図式である。よってこれを「従属変数」と呼ぶ。「薬の種類」はもちろん「体重」次第で変化するわけではなく、独立的なので、「独立変数」と呼ぶ。「薬の種類」が「体重の減り方」を説明できるかどうかということが問題になっているので「独立変数」は「説明変数」ともいう。グラフを描くときは x 軸を独立変数（説明変数）、y 軸を従属変数とする。

> **メモ**：鋭い読者はお気づきかもしれないが、このケースでは「体重の減り方」は任意の連続量であるのに対し、「薬の種類」は「ダイエット薬かビタミン剤か」の二項対立しかない。後者のような非連続型データを離散型データというが、対照実験では独立変数は（いつもではないが）しばしばこのような離散型となる。統計分析の計

算式に入れる場合は二項対立を <1, 0> や <1, −1> といった数値に置きかえて計算する。

　言語学の話に戻ろう。上記の例で言えば、数の一致が破られている場合(1)と、破られていない場合(2)が比較対象になる。ここで調べたい効果は、「数の一致」の有無の効果である。この場合「要因」(独立変数)は「数の一致」であり、それが「一致している場合」と「一致していない場合」に条件分岐する。これらを要因の**水準 levels** という。つまり、この実験計画は、1要因2水準の**要因計画 factorial design** に基づく。自己ペース読文実験を行うとすると、要因の効果が現れると予測されるのは動詞 *likes* である。この、要因の効果が現れると予測される領域(リージョン)を**関心領域 critical region** という。

　以上をまとめると以下のようになる。

（3）　要因 factor：「数の一致」
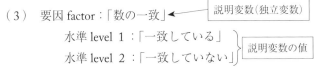

　　　　　水準 level 1：「一致している」
　　　　　水準 level 2：「一致していない」

（4）　刺激＝要因の条件分岐に基づいた実験材料文
　　　　　［level 1］ *The boy likes to play football.*
　　　　　［level 2］ *The boys likes to play football.*

（5）　反応：読み時間 reading times/latencies
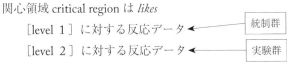
　　　　関心領域 critical region は *likes*
　　　　　［level 1］に対する反応データ
　　　　　［level 2］に対する反応データ

ちなみに、(1)の比較対象となる統制文として(2)の他に以下も考えられる。

（6）　The boys like to play football.

　しかし、単語ごとの反応を測る自己ペース読文課題などを採用する場合、(6)を統制文とするより(2)を統制文とする方が良いと考えられる。それはなぜかというと、(1)と(6)を対比させる場合、関心領域の動詞が *likes* と *like* というように、同じ動詞であるが、異なる形態のものになってしまうからである。つまり、もし実験を行って、(1)と(6)の間に差が確かめられたとしても、それは「数の一致の有無」という要因によるものなのか、それとも文法性とは関係なく、*likes* と *like* の形態の違いが反応の違いに結びついているのか、分からない。このように、実験結果が出たとしても、その「解釈」が1つに定まらないと、検証したい要因の効果が確かめられたとは言えない。検証したい要因以外に存在するノイズとなる要因のことを**交絡要因 confounding factor**（または単に**交絡 confound**）と言う。実験計画を立てるときは、交絡要因をできるだけ排除するようにしなければならない。実際問題としては、*likes* と *like* が文法性に関係なく読み時間の差を生むということは考えにくいが、揃えられるなら揃えた方が良い。(1)に対して(2)を立てれば、関心領域の単語が同一の *likes* になるため、「形態の違い」という潜在的な交絡要因を排除することができるのでベターである。

> **メモ**：ただし、細かいことを言えば、関心領域の直前の単語が異なる反応を生んで関心領域の反応にまで影響を与える可能性もないわけではない（＝あふれ効果 spillover）。その点、(1)と(2)では関心領域の直前の単語の形態が揃っていない（*boys* vs. *boy*）ため、これが交絡要因となると解釈されるかもしれない。それを避けるには、*boys/boy* と *likes* の間に同じ単語（群）を挟むことも考えられる。
> 　いっぽう、(1)の比較対象として(6)を採用して *likes* と *like* を比較しなければならない場合でも、後述する2×2要因計画下の交互作用を見ることによって問題を回避することもできる。

　上記は1要因2水準の実験計画だが、心理言語学実験でもっとも良く見られ、また結果の解釈がしやすいのは2要因2×2水準の計画である。たとえば、統語論の文献でよく知られる *that-*痕跡効果（Perlmutter 1968 など）を例に取って考えてみよう。これは、埋め込み *that* 節の主語から抜き出し操

作をする場合、*that* を省略すると良いが *that* があると非文になるという現象
である。つまり *that* と痕跡が並ぶと文法性に問題が生じるという現象であ
る。

（7）　a.　Who do you think __ met Sue?
　　　　b.　*Who do you think that __ met Sue?

　この効果を容認性調査や読文課題で検証する場合、(7a)と(7b)を比較する
だけでは不十分である。なぜか？　それは、(7a)より(7b)の方が容認性が低
い、読み時間が長いなどの結果が得られたとしても、それは痕跡の位置に関
係なく、単に「*that* のせいでネガティブな効果が生じる」というだけかもし
れないからである。その可能性を排除するためには、目的語抜き出しの条件
を加えると良い。

（8）　a.　Who do you think Sue met __ ?
　　　　b.　Who do you think that Sue met __ ?

　(8a, b)を比較して反応に差がないことが分かれば、*that* の有無それ自体が
反応に影響を与えるわけではないと判断できるし、たとえ(8a, b)に差が見ら
れたとしても、(7a, b)に観察される差が(8a, b)の差よりはるかに大きけれ
ば、やはり同様に、(7a, b)の差は単に *that* の有無では片付けられないとい
う解釈が可能となる。
　この実験計画は、「*that* の有無」という要因と「*wh* の抜き出し位置」とい
う要因を掛け合わせた2要因計画で、それぞれの要因に2水準あるため、2
×2の要因計画（2×2 factorial design）と呼ばれる。表1はそれを図式化した
ものである。

表 1　*that*- 痕跡効果検証の 2×2 要因計画

	要因 1 − 水準 1 *that* がない	要因 1 − 水準 2 *that* がある	
要因 2 − 水準 1 主語抜き出し	(7a)	(7b)	(7)
要因 2 − 水準 2 目的語抜き出し	(8a)	(8b)	(8)
	(a)	(b)	

　実験の結果、(a) と (b) に有意差があれば、要因 1（*that* の有無）の**主効果 main effect** があると言うことになる。(7)と(8)に有意差があれば、要因 2(抜き出し位置)の主効果があると言う。これら主効果は、水準を掛け合わせた 4 つのセルを縦または横にまとめ、比較して見られる効果であるが、いっぽう、4 つのセルに主効果では説明できない有意な効果が見られるとき、2 要因の間に**交互作用 interaction** があると言う。

　仮の話だが、語数が多くなる、文体が硬くなるなどの理由で *that* がある方が無い場合よりもやや容認性が低くなるという主効果があったとしよう。しかし精査してみると、主語抜き出しにおける *that* あり条件の容認性が突出して低いと分かったとしよう。すなわち確かに「*that* があると容認度が落ちる」(主効果)のだが、(7b)のように「*that* あり」に「主語抜き出し」を組み合わせると「やや容認度が落ちる」どころではなく、激しく容認度が落ちることが分かったとしよう。このような、「主効果では捉えきれない、要因の水準の組み合わせによって生まれるきわだった効果」のことを、要因間の「交互作用」と言う。

　このように、2×2 要因計画では、主効果を超えた要因間の交互作用効果を検証することができる。この特性ゆえ、条件間でどうしても揃えることができない潜在的交絡要因がある実験計画において有用となる。すなわち、当該交絡要因の主効果が出たとしても、その主効果で捉えられない交互作用があるかどうかを検証することができる。

　上記のように検証したい要因があらかじめ決まっている場合の仮説検定を**確認的仮説検定 confirmatory hypothesis testing** と言うが、確認的仮説検定に

8

おいて 2×2 要因計画は、実験結果の分析も解釈も比較的容易であり、推奨できる。

> **メモ**：対照実験は基本的に確認的仮説検定である。確認的でない検定とは、たとえばコーパス分析をして、考えられる多数の要因のうちの要因が説明要因として有意であるかを検証するような検定（**探索的要因分析 exploratory factor analysis**）である。

　初学者が陥りやすいパターンとしては、検証したい要因が多岐にわたる場合に、多要因（たとえば 2×2×2）や多水準（たとえば 3×3）の実験計画を立ててしまうということがあるが、要因計画が複雑になると実験材料の項目数を増やさなければならない（後述）上に、分析の難易度が上がり、さらにもっと悪いことに解釈が難しくなる。たとえば 2×3 要因計画で要因間の交互作用が見られたとして、3 水準がどのように交互作用に寄与しているかを的確に分析・解釈するにはある程度以上の経験・知識が必要である。調べたい要因や水準がたくさんある場合は、1 つの実験ですべてを検証するよりも、面倒でも複数の実験に分けて計画する方がやりやすいだろう。

2. 実験材料の構造：項目とトークン

　言語学における対照実験というものは、前述したように、特定の文と特定の文を比較するものではなく、一般化された特定の文法的・意味的特性を比較するものである。言い換えれば、関心事は**トークン token**（すなわち個々の具体的事例）の比較ではなく、**タイプ type** の比較ということになる。タイプの比較をするのに、一対のトークンのみを俎上に乗せるのでは、実験の方法論としては不十分である。なぜなら特定トークンしか比較しなかった場合、何らかの有意差が見られたとしても、その有意差がタイプの違いに起因するのか、特定トークンに起因するのか分からないからである。

　ということで、対照実験においては、特定トークンの影響を排除しタイプの比較を実現するために、複数のトークンを用意する必要がある。例として

挙げている *that*-痕跡効果は 2×2 の要因計画であるので、4 つの条件タイプがあるが、(7a)、(7b)、(8a)、(8b)で示したようなトークンのセットを心理言語学では通常、**項目 item** と呼ぶ。項目というと語感からしてトークンを指すような印象を受けるかもしれないが、個々のトークンではなく、トークンのセットを示すことが多いので注意が必要である。(7a, b)、(8a, b)を(9a, b, c, d)として下に再掲するが、この 4 トークンで 1 セット、すなわち 1 項目となる。

（ 9 ）　a.　Who do you think __ met Sue?
　　　　b. *Who do you think that __ met Sue?
　　　　c.　Who do you think Sue met __ ?
　　　　d.　Who do you think that Sue met __ ?

　このようにそれぞれの項目には条件の数だけトークンが含まれることになるが、各項目内のトークンはミニマル・ペア（最小限の違いしかない文のペア）の集まりであることが望まれる。すなわち条件分岐のポイント以外は、可能な限り同じ単語を用い、意味、語数、複雑さ、語用論的もっともらしさなどが揃っていたほうが良い。現実にはすべてを完全なミニマル・ペアとすることが難しいのが通常であり、たとえば(9)は「*that* の有無」と「抜き出し位置」という条件分岐のポイントを除き、まったく同じ単語が使われているミニマル・ペアの集合であるが、それでも抜き出し位置の違いにより、(9a, b)と(9c, d)では意味が異なっている。今回の実験では要因間の交互作用が問題となるためこの点はさほど問題とはならないが、実験計画によっては条件分岐の副産物として生じてしまう要因外要因が交絡となることがあるので注意が必要である。
　では、対照実験において単独のトークン同士を比べるのでは不十分であるならば、どれくらいの数の項目セットが必要なのだろうか。これについてははっきりと決まったコンセンサスがあるわけではなく、また実験方法によっても異なるが、行動実験（質問紙調査、読文実験など、なんらかの身体運動反応を計測する実験）でラテン方格提示（次節で詳述）する場合は、条件数×

6 を 1 つの目安として考えれば良いだろう。今回の例では 4 条件なので、4 × 6 = 24 項目用意するのが目安である。1 項目は 4 トークン（4 文）で構成されるため、全体では 96 トークン（96 文）となる。

> **メモ**：読文課題の場合は、トークンは文であるが、語彙性判断課題（第 3 章）ではトークンは語であるし、文脈込みの実験の場合、トークンはパッセージとなる。本章では簡略化のため、トークン＝文として扱う。

　ただしラテン方格提示では 1 人の実験参加者には 1 項目につき 1 トークンしか提示されない。つまり 1 人の参加者には実験文は 24 文しか提示されない。通常はこれに、参加者がパターンに慣れるのを防ぐために実験に無関係な**フィラー filler** 文を実験のターゲット文の 2、3 倍混ぜ込んで擬似ランダムに提示する。フィラーでない実験材料を**ターゲット target** と呼ぶ。よって、1 人の実験参加者は、24 の実験ターゲット文と、48 から 72 のフィラー文、合計 62 から 96 文を読むことになる。

> **メモ**：「擬似ランダム」提示とは、条件付きのランダム提示のことである。真のランダム提示だとたとえばターゲット文がすべて連続して提示されたあとにフィラーが連続して提示されるということが理論上あり得るが、そこまで極端な例でなくとも、ターゲットが連続して提示されるのは望ましくないため、通常、フィラーとターゲットがバランスよく提示されるという条件を付けた上でランダム化を行う。本書で紹介するソフトウェアはいずれも擬似ランダム提示を行うことができる。

3. 実験材料の提示：ラテン方格法

　さて、実験ターゲットが 24 項目あるとして、各実験参加者にどのように提示すべきだろうか。仮に以下のようなターゲット項目を用意したとする。

　項目 1.　a.　Who do you think met Sue?

      b.　Who do you think that met Sue?

      c.　Who do you think Sue met?

      d.　Who do you think that Sue met?

項目 2.　a.　Who do you suspect killed John?

      b.　Who do you suspect that killed John?

      c.　Who do you suspect John killed?

      d.　Who do you suspect that John killed?

項目 3.　a.　Who do you believe kicked George?

      b.　Who do you believe that kicked George?

      c.　Who do you believe George kicked?

      d.　Who do you believe that George kicked?

項目 4.　a.　Who do you suppose fired Peter?

      b.　Who do you suppose that fired Peter?

      c.　Who do you suppose Peter fired?

      d.　Who do you suppose that Peter fired?

項目 5.　a.　...（以降項目 24 まで続く）

　まず、各実験参加者にこれらターゲット文をすべて提示するのは多くの場合良い方法とは言えないだろう。いくらフィラー文を混ぜたとしても、同じ意味（あるいは似た意味）の文を何回も出すことによって実験結果に何らかの望まない影響を与えてしまう可能性があるし、実験参加者に不要な予測をする機会を与えることにもなる。基本的に各項目セット内のトークンは非常に似たものであるので、1 人の参加者に同一項目のトークンをいくつも提示するのは良い手ではない。よって、1 人の参加者には各項目から 1 トークンのみ選んで提示するのが良い。

　では、参加者を 4 つのグループに分けて、グループ 1 の参加者には各項目の(a)を、グループ 2 の参加者には各項目の(b)を、グループ 3 の参加者には各項目の(c)を、グループ 4 の参加者には各項目の(d)を提示するのはどうだろうか。

グループ 1 の参加者：

    項目 1.   a.   Who do you think met Sue?

    項目 2.   a.   Who do you suspect killed John?

    項目 3.   a.   Who do you believe kicked George?

    項目 4.   a.   Who do you suppose fired Peter?

    項目 5.   a.   ...（以降 24a. まで続く）

グループ 2 の参加者：

    項目 1.   b.   Who do you think that met Sue?

    項目 2.   b.   Who do you suspect that killed John?

    項目 3.   b.   Who do you believe that kicked George?

    項目 4.   b.   Who do you suppose that fired Peter?

    項目 5.   b.   ...（以降 24b. まで続く）

グループ 3 の参加者：

    項目 1.   c.   Who do you think Sue met?

    項目 2.   c.   Who do you suspect John killed?

    項目 3.   c.   Who do you believe George kicked?

    項目 4.   c.   Who do you suppose Peter fired?

    項目 5.   c.   ...（以降 24c. まで続く）

グループ 4 の参加者：

    項目 1.   d.   Who do you think that Sue met?

    項目 2.   d.   Who do you suspect that John killed?

    項目 3.   d.   Who do you believe that George kicked?

    項目 4.   d.   Who do you suppose that Peter fired?

    項目 5.   d.   ...（以降 24d. まで続く）

しかしこの提示方法は 2 つの理由で望ましくない。まず、実験ターゲットから同じ構文ばかりが提示されるため、参加者によるパターン予測や馴化

をまねきやすい。第 2 に、1 人 1 人の参加者に 1 つの条件しか提示されない
ため、統計分析の際、「**参加者間分析（対応のない分析）**」を行うことにな
る。基本的に統計分析においては要因や水準の比較をするわけであるが、水
準の組み合わせそれぞれに別の参加者が割り当てられる実験計画だと、たと
え水準間・要因間に差が出たとしても、その差が水準や要因に起因するので
はなく「各水準に別々の参加者が割り当てられたせい」である可能性が出て
くる。分かりにくいかもしれないので、前の方で挙げたダイエット薬の例で
言えば、ダイエット薬を与えたグループとビタミン剤を与えたグループは違
う人間である。この 2 グループの体重の減り方を比較する場合、たとえダ
イエット薬のグループの方が体重が減ったように見えても、「いや、違う人
どうしを比べているから違いが出ただけでしょ？」という指摘を受ける余地
がある。これが条件ごとに異なる参加者を割り当てて比較する「参加者間分
析」の弱みである。よって参加者間分析は検定力が弱く（確信度の高い検定
を行う力が弱く）、「観察された差は参加者群の差ではない」ことを示すため
には、多くの参加者のデータが必要となる。

　いっぽう、参加者 1 人 1 人に対してすべての水準・要因が提示される実
験計画ならば、このような問題は起きず、統計の検定力も飛躍的に上がる。
たとえば、(a)条件と(b)条件の関心領域における読み時間データがそれぞれ
440ms と 560ms という数値だったとして、このデータが異なる参加者グルー
プのデータであれば、単に「読むのが速いグループ」と「遅いグループ」の
違いである可能性を完全に否定するのは難しい。しかし、この両方の数値が
同じ参加者グループのものであればその可能性はなくなるので、「(b) のほ
うが(a) よりなんらかの負担が大きかった」という判断を下しやすい。もっ
と分かりやすい例で言えば、たとえばレストランが新メニュー a を開発して
旧メニュー b と比べたい場合、10 人に a を食べてもらい、別の 10 人に b を
食べてもらって感想を比較するよりも、同じ 10 人に a, b 両方食べてもらっ
て感想を聞く方がより確実な結果が得られるだろう。このように、異なる条
件のデータを同じ参加者から収集して分析することを「**参加者内分析（対応
のある分析）**」。という。参加者内分析ができることのメリットは非常に大き
い。

　しかしだからと言って、すべての実験材料を参加者 1 人 1 人に提示する
のは良い手ではないことは前述した通りである。これを避けつつ、すべての
水準の組み合わせを参加者 1 人 1 人に提示する方法はないものか。実はこ
れが**ラテン方格 Latin square** に基づく提示法である。ラテン方格提示法で
は、各項目から 1 トークンのみを参加者に提示するが、トークンは各条件
からまんべんなく選ばれる。たとえば以下のような提示となる。

　グループ 1 の参加者：
　　項目 1.　a.　　Who do you think met Sue?
　　項目 2.　b.　　Who do you suspect that killed John?
　　項目 3.　c.　　Who do you believe George kicked?
　　項目 4.　d.　　Who do you suppose that Peter fired?
　　項目 5.　a.　　...（以降 24d. まで続く）

　グループ 2 の参加者：
　　項目 1.　b.　　Who do you think that met Sue?
　　項目 2.　c.　　Who do you suspect John killed?
　　項目 3.　d.　　Who do you believe that George kicked?
　　項目 4.　a.　　Who do you suppose fired Peter?
　　項目 5.　b.　　...（以降 24a. まで続く）

　グループ 3 の参加者：
　　項目 1.　c.　　Who do you think Sue met?
　　項目 2.　d.　　Who do you suspect that John killed?
　　項目 3.　a.　　Who do you believe kicked George?
　　項目 4.　b.　　Who do you suppose that fired Peter?
　　項目 5.　c.　　...（以降 24b. まで続く）

　グループ 4 の参加者：
　　項目 1.　d.　　Who do you think that Sue met?

項目 2.　a.　Who do you suspect killed John?

項目 3.　b.　Who do you believe that kicked George?

項目 4.　c.　Who do you suppose Peter fired?

項目 5.　d.　…（以降 24c. まで続く）

　この提示方法では、各参加者には項目セット内から 1 トークンしか提示されないにもかかわらず、全条件（水準の全組み合わせ）が均等に提示されることになる。よって、統計分析の際には検定力の高い「参加者内分析（対応のある分析）」を行うことができる。要因計画下での実験材料の提示法としてはベストの提示法と言えるだろう。

　ただ、各参加者は各項目から 1 トークンしか提示されないため、1 人の参加者に提示される実験ターゲット文のトークン数は項目数に等しくなる。つまり、24 項目が用意される実験計画ならば、1 人につき 24 トークンしか提示されない。その 24 の中で全条件が割り当てられるため、各条件から提示されるトークン数は、24 ／条件数ということになる。今回のケースでは 4 条件（2 水準×2 水準）なので、1 つの条件につき、1 人の参加者から 24/4 ＝ 6 トークン分のデータが収集されることになる。よって条件ごとに集められるデータは以下のようなパターンになる。

条件（a）　参加者 1 ：項目 1, 5, 9, 13, 17, 21

　　　　　参加者 2 ：項目 2, 6, 10, 14, 18, 22

　　　　　参加者 3 ：項目 3, 7, 11, 15, 19, 23　　　総データポイント数

　　　　　参加者 4 ：項目 4, 8, 12, 16, 20, 24　　　＝ 6 ×参加者数

　　　　　参加者 5 ：項目 1, 5, 9, 13, 17, 21

　　　　　……

条件（b）　参加者 1 ：項目 2, 6, 10, 14, 18, 22

　　　　　……

　たとえば 60 名の実験参加者がいた場合、各条件につき、6 × 60 ＝ 360 のデータポイントが収集される。

　実験計画によっては、項目セットを条件数×6 も用意するのが困難なことがある。その場合、項目セットは条件数×5（4 条件なら 20 項目）や、あるいは×4（4 条件なら 16 項目）でもギリギリ OK かもしれないが、×4 だと各参加者は各条件につき 4 トークンしか提示されないことに注意されたい。4 トークンだと特定トークンの特異性が与える影響が大きくなってしまう。できれば×5 か×6 の項目を準備したい。ただし、項目をたくさん準備するトレードオフとして、不自然な材料を少なからず混ぜてしまっては本末転倒である。よって、項目数をどれだけ準備するかはケース・バイ・ケースで検討する必要があろう。

　コンピュータ・サイエンスの世界では「ガーベジ・イン、ガーベジ・アウト」ということばがある。いくらマシンが高性能でも入力がゴミなら出力もゴミにしかならないということだが、対照実験においても似たようなことが言える。すなわち、いくら着想が良くても、実験計画や実験材料がツッコミどころ満載なら、実験をやって得られるデータも結局ツッコミどころ満載で解釈が難しくなる。それだけ実験計画というのは大切なことなのである。

　それを念頭においた上で実験の方法論について学んでいこう。次章以降では実験方法の実際について触れていく。

第 2 章
ウェブで行う容認性調査と自己ペース読文課題

　言語実験ホスティング・サービス Ibex Farm（Drummond 2012; 2021 年 9 月末で閉鎖）やそこから派生した PCIbex Farm（Zehr and Schwarz 2018）により、ウェブ上で容認性調査や自己ペース読文実験を行うことが容易になった。ウェブ上でこれらの実験を行うことにより、クラウドソーシング・サービスを通して実験参加者を募集したり、遠方に居住する人に実験室に来てもらわなくても実験に参加してもらうことができるようになる。クラウドソーシングで募集する場合でも、実際の実験は指定した PCIbex Farm 内の実験サイトに飛んで行ってもらうという形になる。もちろん、実験室内で PCIbex Farm をウェブ経由で利用することも可能である。本章ではクラウドソーシングを利用するメリットとデメリットを概観した後、PCIbex の概要を説明し、容認性調査と自己ペース読文課題を行う方法を解説する。

1.　クラウドソーシングのメリットとデメリット

　実験室で実験を行うことと比較して、クラウドソーシングを通して実験参加者を募ることには当然メリットとデメリットがある。

　まずメリットだが、特に自己ペース読文実験について言えることであるが、単純に費用が低く抑えられる。実験室実験の場合、キャンパスを歩く学生やキャンパス外の参加者をなるべく短期間で集めるために謝金を高めに設定しなければならないことがある（実験あたり 30 分で 500 円～1000 円）が、クラウドソーシングはタスクを積極的に探しているワーカーが対象であり、かつその数もキャンパスでのリクルートに比べ圧倒的に多いので、謝金の単価はそれほど高く設定する必要がない（数百円）。また実験室実験では実験受付のアシスタントを雇わなければならない場合が多く、この費用が実験参加者謝金以上にかさむ（例えば時給 1000 円で 80 時間雇えば 8 万円）が、ウェ

ブ実験の場合はそれがない。費用の合計は、参加者60名、実験期間3週間の実験室実験が10万円近くかかるのに比べ、ウェブで行えば、60名ならば1万円前後で行える。また、実験室実験の場合、参加希望者のスケジュールを調整するのにかなりの手間がかかるが、クラウドソーシングではそれがない。

　第2のメリットは、ここが非常に大きいのだが、短期間で行えるということである。自己ペース読文課題を実験室で実施した場合、60名の参加者を目標とすると、もし1日10名を毎日実験できるとすれば6日で終わる計算となるが、現実的にはそんなに集中的に短期で人を集めるのは難しく、実験の周知期間も含め、数週間かかってしまうのが一般的であろう。しかし、クラウドソーシングを通した場合、適切に謝金を設定すれば、60人程度ならば遅くても24時間以内、早ければ12時間以内に達成できる。実験をスタートした翌日にはデータが得られるというスピードは実験室実験には到底マネのできないアドバンテージであると言えよう。

> **メモ**：2018年あたりから主要なクラウドソーシング・サービスでは依頼するタスクの内容に対する審査が入るようになったため、実験者側がタスクをパブリッシュしてから実際に公開されるまで数時間から半日ほどのタイムラグが生じるようになった。審査に24時間以上かかるケースもあるかもしれないので、実験計画のスケジュールにはこの不確定要素を考慮しておく必要がある。実験が公開されれば、半日から1日程度で参加者を集めることができる。1日を超えると自分のタスク依頼が後発のタスク依頼群に埋もれて実験参加への応募が鈍るので、1日以内に募集を終えられるようにするのが望ましい。

　第3のメリットは、大学で実験参加者をリクルートする場合に比べ、相対的に広い層の参加者が得られるということである。現在世界の心理言語学実験の多くは研究室が所属する大学内で学生を参加者としてリクルートしているが、これが母語話者全体からのランダムサンプリングと言えるかどうかという点に関して実は大きな問題をはらんでいる。もちろんクラウドソーシングからの参加者(サービスによって呼び名は異なるが、以下ワーカーと呼

ぶ）のデモグラフィーにも一定の傾向があるし（Behrend, Sharek, Meade, and Wiebe 2011、Gibson, Piantadosi, and Fedorenko 2011、小比田・宮本 2014）、後述するように年齢層が高めにシフトする傾向もあり、ランダムサンプリングの理想からは遠い。しかし、1つのキャンパス内で学生をリクルートするよりは多様性があると言えるだろう。

　クラウドソーシングのワーカーの質だが、本稿執筆の時点では実験室実験との比較調査結果が出ていないのであくまで直感的な印象となるが、読み時間は全般に特に短いということはなく、理解度質問課題における正答率も特に低いということはない。一般にいいかげんな参加者ほど読みが速く正答率が低いが、クラウドソーシングのワーカーからのデータには全般的にはそのような傾向は見られない。ちなみに Gibson, Piantadosi, and Fedorenko（2011）がアメリカのクラウドソーシング・サービスである Amazon Mechanical Turk のワーカーを対象にした調査では、最終学歴についていえば調査対象の 98% が高卒以上、そのうち 59% が大卒以上の学歴を持っているという。最終学歴が高卒のワーカーには大学生も含まれていると思われるため、おおむね一定の教育水準に達していると考えられる。そもそも自己ペース読文課題はパソコンで行うことが前提であるため、参加者はパソコンを所有し、かつクラウドソーシングの存在を知っていて登録していることが前提であり、ある程度のリテラシーが期待できると言えよう。真面目にタスクに取り組まない参加者がいるというのは実験室実験でも同じことで、特に極端に悪いデータについては理解度正答率でトリミングが可能であるので、その点はあまり大きな問題とは考えられない。ただし、少なくとも日本のクラウドソーシングで参加者をリクルートする場合、年齢層が高くなる傾向があることは留意する必要がある。筆者がここ数年で主に昼の時間帯にランサーズ（https://www.lancers.jp/）でリクルートした自己ペース読文課題の参加者 727 人の自己申告年齢の平均値、中央値はともに 40 歳、標準偏差 9.7、最低値 18 歳、最高値 81 歳、第一四分位 34 歳、第三四分位 46 歳であった。

　いっぽう、クラウドソーシングを通して実施する場合に容認性判断課題ではあまり問題とならないが自己ペース読文実験では問題となる潜在的ノイズ要因は、ワーカーのハードウェアの環境およびワーカーの周囲の静音環境で

ある。後者については残念ながら統制する方法はないが、極端なデータポイント（たとえば実験実行中に何か気を逸らせることが起こり、当該リージョンの読み時間が跳ね上がるなど）の場合は、標準偏差や絶対値をもとにした外れ値のトリミングで対応できる。極端な外れ値でない場合はこの方法を取ることができず、クラウドソーシングを通した自己ペース読文課題の最大の欠点になりうる。ただ、データがどれくらいノイジーかは、条件間で読み時間の差がないと予測されるリージョン（たとえば条件間で最初の数リージョンの単語がそろっている場合など）が条件間でどれくらい揃っているかを見ることである程度推測することができる。

　最後にハードウェア環境を統制できないという問題であるが、たとえワーカーのハードウェア環境が貧弱であったとしても、その貧弱さが読み実験の実行中におしなべて影響を与えるならば（たとえばボタン押しのタイムラグがすべてのリージョンに同じだけ見られるような場合ならば）、条件間の相対的な「差」を見る対照実験の分析にとってはさほど問題とならない。ハードウェア環境の貧弱さがデータの解像度に影響を与える場合や予測不能な影響を与える場合は問題となるが、残念ながらこれを統制する方法はない。

　先行研究では、Futrell（2012）がクラウドソーシング・サービスの Amazon Mechanical Turk とオンライン実験プラットフォームの Ibex Farm を組み合わせて自己ペース読文課題の再現実験を行っており、実験室実験を行った実験と同様の結果が得られたことを報告、行動実験における一定の信頼性があると結論づけている。

　全般的に、クラウドソーシングを用いた質問紙調査が心理言語学分野で広く行われているのに比して、クラウドソーシング経由の自己ペース読文課題の実験の実績はまだ乏しいが、新型コロナ禍後かなり増えている。いっぽう、英語圏に関しては、Amazon Mechanical Turk のワーカーの質が落ちているとの情報も聞かれ、代替として prolific.co の利用が広がっているという話もあり、日々変化する情勢にも注意が必要だ。メリットとデメリットを考えた上で取り組む必要があるだろう。

2.　PCIbex Farm の概要

　PCIbex Farm はペンシルベニア大学の Jeremy Zehr、Florian Schwarz の両氏によって開発されたオンライン実験プラットフォームである。Alex Drummond 氏によって開発された Ibex（Internet Based Experiments の略）をベースに、直観的なコーディングでオリジナルの実験を作成することができるように改良されている。PCIbex の PC とは PennController の略で、Controller として規定されたコード群を組み合わせることによって実験を構築する（Penn＝Pennsylvania）。アカウントは無料で作成することができ、64MB の制限はあるものの自分の実験を自由に編集・保存・公開することができる。実験は実験ページのアドレスからパソコンで参加できるため、実験参加者はリンクを知るだけで自宅等から気軽に実験に参加することができる。また、結果データは PCIbex に保存されたものを csv ファイルでダウンロードできるので、分析も容易である。

　また、PCIbex の大きな特徴として、機能が多彩であり言語実験に限らず一般的な心理実験・調査を行えることがあげられる。詳細は省くが、本章で説明する容認性調査や自己ペース読文実験の他にも、創意工夫次第で自由自在に実験を組み立てることが可能である。また、PCIbex は Ibex の上位互換であるため、Ibex のスクリプトも PCIbex 上でそのまま走らせることができる。また本章で取り上げる AcceptabilityJudgment や DashedSentence といった実験提示モジュールは Ibex から引き継いでいる。しかしこういった Ibex のモジュールを包む形で記述する PennController は Ibex とは異なる新しいコマンド群である（旧 Ibex については本書初版を参照されたい）。

　次節から、実際に PCIbex の使用方法を紹介した実験の作成方法を解説していく。ここで紹介する方法は一例であるため、本章をきっかけに PCIbex の公式マニュアル等を参照しつつ自分なりの方法を模索してほしい。なお、本章は執筆時の最新バージョンである PCIbex 1.9 に基づいて書かれている。

> **メモ**：旧 Ibex の実験もそのまま PCIbex Farm で実行できる。やり方は簡単で、Ibex 実験のファイルすべてをフォルダごと、PCIbex

> Farm の Resources パネル（2.1 節）にドラッグ＆ドロップするだけで
> ある（PCIbex Farm の側で自動的にファイルを適切な場所に振り分
> けてくれる）。また、Ibex はオープンソース・ソフトウェアなので、
> 自前のサーバに Ibex の環境を構築する方法もある。詳細については
> Ibex のマニュアルに記述がある。

2.1 実験ページへのアクセス

まずは PCIbex Farm の公式ホームページへアクセスする。

https://farm.pcibex.net/

トップページには、ログインしなくとも実験を作成できるようデモページ
が用意されているが、データ収集を実際に行う際には右上の Log in を押し
て自分のアカウントにログインして実験を作成する必要がある。初回は、右
上の Sign up をクリックし、Username、Password、Email address（いずれも
必須）を入力してアカウントを作成する。なお、Doc、Support をクリックす
るとそれぞれ公式のマニュアル、FAQ を参照することができる。

ログイン後のトップページは図 1 のようになっている。右側の Start a new
project には、公式に用意された実験のテンプレートが並んでいて、これら
を活用することもできる。テンプレートを活用せず、新規の実験を作成する
場合は、一番上の Empty project をクリックする。すでに実験を作成してい
る場合は、左側の Your projects に実験の一覧が表示される。

Empty project または既存の実験ページへのリンクをクリックすると図 2
のような実験ページへ遷移する。

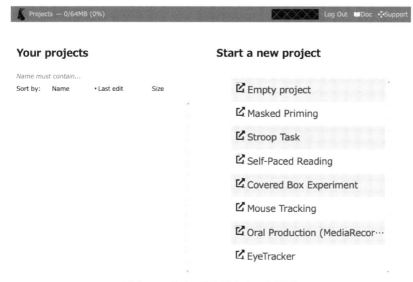

図 1　ログイン後のアカウント画面

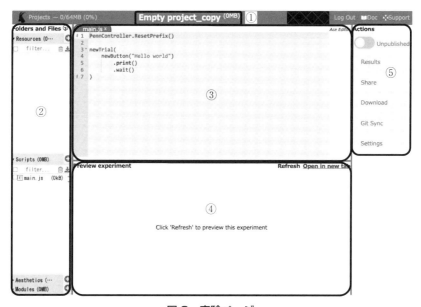

図 2　実験ページ

実験ページは次の①～⑤の部分から構成されている。

①実験名…実験名を設定する。実験名はいつでも変更可能である。

② Folders and Files…ここには Resources、Scripts、Aesthetics、Modules という実験の動作に関わる 4 つのフォルダが存在する。

③エディタ…Folders and Files にアップロードされたファイルを選択すると、ここにファイルの内容が表示され編集ができる。ファイルは自動で変更が保存されるようになっている。

④ Preview experiment…作成途中の実験のプレビューを見ることができる。新しいタブで実験を試したい場合は Open in new tab のほうをクリックする。

⑤ Actions…実験の公開の設定や、結果データの確認を行う。

PCIbex では、実験の動作に必要なファイルを②の Folders and Files にアップロードすることで実験が動作する。ファイルは、アップロードする前に手元で編集してもよいが、アップロードした後も③のエディタで編集できる。②のそれぞれのフォルダは次のような役割を果たしている。

・Resources…実験で使用する画像や音声ファイル、html ファイルや csv ファイルなどを格納する

・Scripts…実験のコマンド（動作の指令プログラム）を記述した js ファイルを格納する。コマンドは Controller を組み合わせて設定する

・Aesthetics…実験コマンドの設定に使用する css ファイルを格納する

・Modules…Controller を規定する js ファイルを格納する。旧 Ibex の js_includes のファイルを受け継いでいる

実験を作成する際に編集が必要なのは、主に Scripts フォルダのファイルである。Aesthetics や Modules はとりあえず無視してよい。

> **メモ**：実験名やファイル名はアルファベットでなければならず、日本語の文字は使用できない。予期せぬ誤動作を防ぐためにも、実験材料文など必要最低限以外の部分はアルファベットで記述するように心がけたい。

2.2　プログラムの基本的考え方

　PCIbex で実験を作成するには、Scripts フォルダに格納された main.js というファイルを編集することになる。実験で使用する main.js ファイルは次のような構成をとることになる。

```
PennController.ResetPrefix();
Sequence("intro", "task1", "break", "task2");
newTrial("intro", ...);
newTrial("task1", ...);
newTrial("break", ...);
newTrial("task2", ...);
```

　PCIbex の実験スクリプトは、Xxx(...); という形のコマンドを組み合わせることでできている。1 行目の PennController.ResetPrefix(); は、それ以降のコマンドがデフォルトの PennController の JavaScript モジュールであることを宣言するグローバル・コマンドで、1 行目に記述する。たとえば上記の newTrial() は他の JavaScript モジュールと区別するために、実際は PennController.newTrial() というようにプレフィックスが付くべきなのだが、この 1 行目があるおかげでプレフィックスをいちいち指定しなくて良くなる（.ResetPrefix() の括弧内に何かを記述すればコマンドのプレフィックスをデフォルトの PennController から他のものに再設定することができる）。2 行目以下のコマンドにはさまざまな形式のものがあるが、最初に押さえておきたいコマンド形式は以下の通りである。

　・newXxx()…実験の element を作成する
　・getXxx()…作成済みの element を呼び出す
　・.xxx()…ドットで始まるコマンドは element を操作する

　newXxx() は 1 番目の引数 argument が element の「ラベル名」となり、2 番目の引数が element の「内容」となる。上記例の newTrial("intro", ...) ならば、intro が element 名で、... がその中身となる。少しややこしいが、第 1 引数のラベル名は無くても良いので、引数が 1 つしかない場合は第 1 引数が element の内容となる。

26

newTrial() は実験の中身を設定する主要コマンドで、後述するように Sequence() コマンドが newTrial() 間の提示順序を統制する。newTrial() コマンドは、次のような形式で書かれる。

```
newTrial("intro", //Trial 名
    newText("message", " 実験へようこそ ") //Text element を作成
        .center() // 中央に配置
        .print() // 画面に提示
        ,

    newButton("Continue", " 次へ ") //Button element を作成
        .center() // 中央に配置
        .print() // 画面に提示
        .wait() // 実行される(ボタンが押される)まで待機
        ,

    getText("message") // 上の "message" という Text element を呼び出す
        .remove() // 文字列を削除する
);
```

> **メモ**：トップレベルのコマンドを並べるときは区切りとしてセミコロン ; を使い、サブレベルのコマンドを並べるときはカンマ , を使うというルールがあり、これを忘れるとエラーとなる。ただし、並びの最後のコマンドはカンマがなくても良い（あっても良い）。上記で newText() と newButton() にカンマがあって getText() には付いていないのはそういう理由である。
>
> なお、改行や半角スペースはいくつ連続していても半角スペース1つ相当として扱われるので、本章で書く通りに改行する必要は必ずしもないが、プログラムの流れが分かるように適宜改行を入れて書くといいだろう。
>
> 最後に、プログラミングにおいて初学者が間違いやすいポイントとして挙げておきたいのは、引用符の問題である。Word など一般的なワード・プロセッサーでは引用符が自動的に "xxx" のように曲がった形（スマート引用符やカーリー引用符ともいう）に変換されることが多いが、これは直線型引用符 "xxx" とは異なった文字コード

が割り当てられた別の文字である。プログラミングで用いられるのは後者の直線型引用符であり、曲線型引用符を用いるとエラーとなる。こういったエラーを防ぐためにも、スクリプトを編集するときはワード・プロセッサーでなく、テキスト・エディタを用いる方が良い。

　コメントアウト記号 // の後ろに、コードの意味を簡潔に書いた。例えば、newText() は text element と呼ばれるテキストメッセージ提示のための element を作成する。上のスクリプトでは、画面に「実験へようこそ」という文字を提示(.print())、さらに newButton() で「次へ」というボタンを作成して提示し(.print())、ボタンが押されるまで待機し(.wait())、押されたら「実験へようこそ」という文字を getText() で指定して消去する(.remove())という流れが記述されている。

> **メモ**：スクリプト中で // から始まる文字列や /* */ で囲まれた文字列はコメントアウトと呼ばれ、プログラム実行時には無視される。後からスクリプトを見返したときや他人が見たときにそれぞれのコードの意味が分かるように、積極的にコメントアウトを活用しよう。

　PCIbex では、この newTrial() コマンドを使って容認性判断や自己ペース読文実験などの課題のプログラムを書き、それを組み立てることで 1 つの実験を完成させていく。次の第 3 節では容認性調査、第 4 節では自己ペース読文課題の設定方法を見ていく。

3.　PCIbex Farm で行う容認性調査

　かつての言語理論研究において、文の容認性判断は研究者自身の直観や数人のインフォーマントの判断に基づいてなされることがほとんどであった。その際、アスタリスクなどの記号を用いて不自然さの度合いを示す方法が広く用いられてきた。しかし、同じ例文に対して研究者間で容認性判断が異なる場合も存在する。容認性判断に揺れが見られる文の場合、**容認性判断課題**

acceptability judgment task を通して調査を行うことは非常に有効である。容認性調査では通常、実験材料文の下に尺度（スケール）が示されており、参加者は文を読んだ際の自然さの判断を尺度上の数字などを選択することで行う。これを**リッカート尺度 Likert scale** という。本章では PCIbex Farm 上で容認性調査を行う方法とともに、そういったウェブベースの実験とクラウドソーシングの組み合わせ方を紹介する。

　従来もっとも広く行われている容認性調査の方法として、紙ベースの**質問紙調査** paper-and-pencil questionnaire が挙げられる。実験材料文と尺度を作成したものを印刷し配布すればよいため、特別な設備や技術は不要であり、誰にでも手軽に行うことができる。

　一方で、様々なデメリットも存在する。多くの参加者を対象に調査しようとするなら相応の量の質問紙を用意せねばならないため、作成時間と費用がかかってしまう。また、紙と鉛筆で回答するという手法ゆえに、参加者の回答漏れなどを防ぐことは困難であり、回収したデータの中にデータ欠損値が生まれやすい。さらに、統計分析をするために質問紙の回答をデータ入力する際、参加者の数が多ければ多いほど入力に時間を要する。

　それに対して、PCIbex Farm を利用すれば、紙ベース手法のデメリットを解消しつつ手軽に質問紙調査を行うことが可能になる。実験参加者は各実験ページのアドレスからパソコンで実験に参加することになるため、回答漏れ等の心配はなく、結果データは csv ファイルとしてダウンロードできるので回答データ入力の手間が省ける。また実験を複製できるため、テンプレートを使い回すことが可能である。

　ネットサーベイのウェブ・サービスは色々あるが、実験材料文のラテン方格提示（第 1 章参照）の機能がないのが普通である。例えば Google フォームを利用して容認性調査を行おうとすると、実験材料文の提示順はランダム化できるが、ラテン方格提示機能はないので、ラテン方格リストに対応した実験を複数、手動で設定するほかない。PCIbex はラテン方格やランダム提示の機能が実装されており、また細かく提示順を調整することができる。

　次の節より、実際に PCIbex Farm で容認性調査を行う方法を紹介していく。

3.1 実験ページを作成する

実験ページの作成方法については 2.1 節で述べた通り、ログイン後のトップページから新規の実験を作成することができる。執筆時のバージョン PCIbex 1.9 では容認性判断実験を行うためのテンプレートは用意されていないため、Empty project を選択し、編集を行っていくことになる。

Empty project をクリックすると、デフォルトの main.js ファイルには次のような内容のみが記述されている。

```
PennController.ResetPrefix();

newTrial(
    newButton("Hello world")
        .print()
        .wait()
)
```

容認性判断実験のページに作り変えるためには、newTrial() を編集して実験材料文やイントロダクション(参加者が最初に見る、実験概要が書かれたページ)などを作成し、Sequence() コマンドによって各ページの提示順を決定する必要がある。大まかには次のような構造が考えられる。

```
PennController.ResetPrefix();
Sequence("intro", rshuffle("target","filler"));
    newTrial("intro", イントロダクション
        ...
    );
    newTrial("target", 実験材料文(ターゲット)
        newController("AcceptabilityJudgment", ...)
    );
    ...
    newTrial("filler", 実験材料文(フィラー)
        newController("AcceptabilityJudgment", ...)
    );
    ...
```

　次節以降では、実験材料文やイントロダクションなどを作成するための newTrial() のフォーマットを解説し（3.2 節）、csv ファイルを用いて実験材料文を newTrial() に組み込む方法（テンプレート化）を紹介する（3.3 節）。文完成課題の設定方法についても簡単に触れる（3.3.3 節）。その後、Sequence() コマンドによる提示順の設定方法（3.4 節）、イントロや終了時のメッセージ画面の編集方法（3.5 節および 3.6 節）について述べる。3.7 節ではそれまで説明したコードをまとめて、スクリプトの全体像を見る。

3.2　newTrial()：容認性判断実験における基本的なフォーマット

　何らかの実験をする際には、通常最初にインストラクションが現れ、練習文に続いて実験材料文が提示されることになるが、PCIbex では newTrial() というコマンドを使って実験で提示される全てのパーツを記述していくことになる。

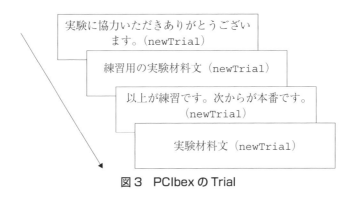

図 3　PCIbex の Trial

　図 3 が表すように、実験ページの 1 画面それぞれが別々の newTrial() コマンドによって記述される。1 つの newTrial() によって設定される動作のことをここでは Trial と呼ぶことにする。実験の最初に示されるインストラクション画面も 1 つの Trial、実験材料文の 1 つ 1 つも画面を変えて示されるため、それぞれが Trial として扱われる。

　以下、容認性判断実験で必要な最小限の newTrial() の構成を例示する。

```
newTrial("intro",
    newText("message"," 実験へようこそ ")
        .center() // 中央に配置
        .print() // 画面に提示
        ,

    newButton("Continue"," 次へ ")
        .center()
        .print()
        .wait()
        ,

    getText("message")
        .remove()
);
newTrial("target",
    newController("AcceptabilityJudgment",
        {s: " 太郎は花子を愛している。",
        as: ["1", "2", "3", "4", "5", "6", "7"],
        presentAsScale: true,
        instructions: " 数字をクリックするか、数字キーを押してください。",
        leftComment: " 不自然 ", rightComment: " 自然 "
        }
    )
    .center()
    .print()
    .log()
    .wait()
);
newTrial("filler", // フィラー文
    newController("AcceptabilityJudgment",
        ...
    )
    .center()
    .print()
    .log()
    .wait()
);
```

参加者が最初に見る画面（イントロダクション）で、「実験へようこそ」というメッセージが表示される。「次へ」というボタンを押すと実験画面へ遷移する。

容認性判断タスク：
ターゲット文またはフィラー文とともに1～7の尺度が提示される

32

　では、上記例の newTrial() を上から順番に解説する。まず、intro と
いう Trial 名を付けられた newTrial() から見てみる。これは「実験へよう
こそ」というメッセージが中央に配置されるよう呼び出し、「次へ」という
ボタンが表示されるイントロダクションの画面を構成している。newText(
"message",...) や newButton("Continue", ...) のように、element
コマンド内の 1 番目の引数に message や Continue という element 名が付
けられている。element 名は他のコマンドが参照するためのラベルで、任意
の名前を付ければよい。getText("message") は、先に記述した「実験へ
ようこそ」というメッセージを指定するためのコマンドであり、ここでは前
の newText(...) で指定した名前（この場合は message）を指定する必要
がある。
　実験材料文を提示する newTrial() コマンドは以下のような構成になっ
ている。

```
newTrial("target",
    newController("AcceptabilityJudgment",
        {s: "太郎は花子を愛している。",
         as: ["1", "2", "3", "4", "5", "6", "7"],
         presentAsScale: true,
         instructions: "数字をクリックするか、数字キーを押してください。",
         leftComment: "不自然", rightComment: "自然"
        }
    )
    .center()
    .print()
    .log()
    .wait()
);
```

　ターゲット文を提示するための newTrial() の Trial 名は、ここでは
target としている。Ibex/PCIbex において実験材料文をどのように提示す
るのかを統御するモジュールは Controller と呼ばれるが、2 行目の new-
Controller() は、旧 Ibex モジュールを Controller として導入する役割を

果たす。ここで AcceptabilityJudgment と指定することにより、文を
リッカート尺度とともにブラウザに提示する。s:は実験材料文（sentence）を
指定するキーであり、"..." はその値、つまり材料文そのものを記述する。
as:で尺度となる数字（ここでは1〜7）を指定し、instructions:は尺度
の下に表示される指示文を書くことができる。leftComment:および
rightComment:では尺度の左端・右端に表示するコメントを指定でき、
この場合は「1」（左端）を「不自然」、「7」（右端）を「自然」として容認性判
断を行ってもらうよう設定している。図4は実験画面の見栄えの例である。

図4　容認性判断課題の画面の例

　フィラー文を提示する newTrial() も、異なる Trial 名を付け、同様の構
成で記述すればよい。

```
newTrial("filler", // フィラー文
    newController("AcceptabilityJudgment",
    ...
);
```

3.3 csv ファイルと試行のテンプレート化

前節で、各試行を表す newTrial() の基本構造を紹介した。実際の実験では実験材料文の数だけ試行を用意しなければならないが、その数の newTrial() を用意するのは非効率的である。PCIbex では Template() というコマンドを使うことによって、1 つの newTrial() をテンプレートとして扱い、csv ファイルに格納された実験材料文それぞれにそのテンプレートを適用させることができる。つまりたとえ実験材料文が 100 あったとしても、newTrial() を 1 つだけテンプレートとして設定すれば良いということである。旧 Ibex にはこの機能はなかったので、ここは PCIbex の大きな利点であるといえる。

3.3.1 csv ファイルの準備

Excel などを用いて、ターゲット文およびフィラー文に加え、その他のラベル情報を含めた表を作成する。ここでは、ターゲット文の情報のみが含まれるファイルとフィラー文の情報のみが含まれるファイルを別に作成するものとする。

まず、4 条件の実験を行うことを想定した場合のターゲット文用ファイルの作成例を表 1 に示す。

表 1 の sentence 列に入っているのは、参加者に提示される実験材料文である（ここでは仮に target 1a〜target 4d としている）。item は項目番号 1〜4、cond は条件番号（condition）a〜d を表している。

group 列には A〜D のアルファベットが割り当てられている。PCIbex は同じ group 番号がついた実験材料文をそれぞれの参加者に割り当てる仕組みになっており、いわば group はラテン方格提示（第 1 章参照）のリスト番号を表している。たとえば参加者 1 には A グループのリスト（target 1a、2d、3c、4b の文とフィラー文）、参加者 2 には B グループのリスト（target 1b、2a、3d、4c の文とフィラー文）というふうに、PCIbex のカウンターが回るごとに異なるリストが提示される。なお、どの group が当たるかは、実験ページにアクセスしたときの PCIbex 内部にあるカウンターの数値で決まる。このカウンターは 1 回の実験が終了してデータが送信された際にカウ

表 1　ターゲット文用の csv ファイルの例

group	item	cond	sentence
A	1	a	target 1a
B	1	b	target 1b
C	1	c	target 1c
D	1	d	target 1d
B	2	a	target 2a
C	2	b	target 2b
D	2	c	target 2c
A	2	d	target 2d
C	3	a	target 3a
D	3	b	target 3b
A	3	c	target 3c
B	3	d	target 3d
D	4	a	target 4a
A	4	b	target 4b
B	4	c	target 4c
C	4	d	target 4d
...	...	...	...

ントアップする仕組みになっている。つまり 1 人の参加者が実験を終えてデータが送信されて初めて、次にアクセスする人に異なる group が割り当てられるので、もし複数人が同時にページにアクセスした場合には同じ group が割り当てられてしまう。この問題は setCounter() というコマンドを活用し、実験タスクに入る前にカウンターが回るよう設定することで回避できる（3.4 節を参照）。

　同様に、フィラー文でも同様の csv ファイルを用意する（表 2）。通常フィラーの場合は要因による分岐もラテン方格提示も考慮する必要がないため、2 列からなる表を作成すればよい。

表 2　フィラー文用の csv ファイルの例

item	sentence
1	filler 1
2	filler 2
...	...

　こういった表を作成後、ターゲット文用の csv ファイルを target、フィラー文用の csv ファイルを filler のように名前をつけ、csv（コンマ区切り）の形式で保存しておく。保存した csv ファイル 2 種類を PCIbex Farm の編集画面左 Resources にアップロードすれば、試行テンプレートの準備が整う。

3.3.2　`Template()`：試行のテンプレート化

　次に、`Template()` というコマンドを用いて `newTrial()` をテンプレートとして扱い、csv ファイル内の実験材料文それぞれに適用させる方法を見てみよう。ここでは 3.2 節で示した実験材料文提示用の `newTrial()` を以下のように `Template()` の中に埋め込んで記述する。

```
Template("target.csv", row =>        ◀── target.csv の各行を row と名付けて読み込む
    newTrial("target",
        newController("AcceptabilityJudgment",       target という名前の
                                                     Trial を作成する
            {s: row.sentence,
             as: ["1", "2", "3", "4", "5", "6", "7"],
             presentAsScale: true,
             instructions: "数字をクリックするか、数字キーを押してください。",
             leftComment: "不自然", rightComment: "自然"
            }
        )
        .center()                          csv ファイルの各行の sentence 列を
        .print()                           参照して、実験材料文を読み込む
        .log()
        .wait()
    )
```

```
    .log("item",row.item)
    .log("cond",row.cond)
);
```
item, cond 列の番号を結果データに記録する

　Template() の 1 番目の引数には Resources にアップロードした csv ファイル名を入れる。上記例では target.csv としている。これにより、target.csv の各行に対して、newTrial() をテンプレートとしてループ実行する。

　また、上記例での newTrial() は、Trial 名を target としているので、target.csv の各行を読み込んで作成される newTrial() はすべて target という Trial 名の newTrial() として扱われる。

　s: には、3.2 節では提示する文そのものを記述していた。ここでは row.sentence と記述することで、csv ファイル内の sentence 列に書かれた文が読み込まれ、実験材料文としてブラウザに提示される。

　同様の手順で、フィラー文用の Template() コマンドを記述する。

```
Template("filler.csv", row =>
    newTrial("filler",
        newController("AcceptabilityJudgment",
            ...
        )
        .center()
        .print()
        .log()
        .wait()
    )
    .log("item",row.item)
);
```
item 列の番号を結果データに記録する

　記述内容は target.csv の場合とほぼ同様だが、最後の .log() コマンドで指定する列が異なる。filler.csv には cond 列が含まれていないため、.log("cond", row.cond) としてもエラーメッセージが表示されてしまうことに注意したい（.log("cond", "-") のように 2 番目の引数に任意の文字列を入れるのはかまわない）。

38

3.3.3 文完成課題

Template()と3.6節で触れる入力フォームを組み合わせれば文完成課題も容易に作成できる。紙数の都合で詳細な説明は省くが、以下のようなコードが考えられる。

```
Template("target.csv", row =>
    newTrial("completion",
        newTextInput("response", "")
            .before(newText("prime",row.prime))
            .center()
            .print()
            .log()
        ,
        newButton("continue", "次へ")
            .center()
            .print()
            .wait( getTextInput("response").testNot.text("") )
            .remove()
    )
    .log("item",row.item)
    .log("cond",row.cond)
);
```

> csv ファイルの prime と名付けられた列を読み込み、空欄の左側(before)に表示させる

3.4 Sequence()：提示順の設定

この節では、実際に実験材料文が参加者にどういった順で提示されるかを決めるコマンド Sequence() の編集について述べる。Empty project から作成した main.js のデフォルトには Sequence() というコマンドが含まれていないため、次のように書き加える。

```
PennController.ResetPrefix();
Sequence(...);
```

　Sequence() は Trial 名を引数にとり、提示順序を指定する。また、Sequence() に含まれない Trial は提示されない。Sequence() のサブコマンドには shuffle(), randomize(), rshuffle() があり、これらを組み合わせることにより、より複雑な提示パターンを指定できる。

- ・Sequence("x", "y")⋯x という Trial 名の実験材料文がすべて提示されたあと y という Trial 名の実験材料文が提示される。たとえば、x や y の実験材料文がそれぞれ n 個ある場合は、x_1, x_2, ..., x_n, y_1, y_2, ..., y_n という順序で示される
- ・shuffle("x", "y")⋯x_1, y_1, x_2, y_2, x_3, y_3, ... のように x, y の実験材料文が交互に提示される。y の実験材料文が x の実験材料文の倍ある場合は、x_1, y_1, y_2, x_2, y_3, y_4, ... のように 1:2 の割合で交互に提示される(x, y のどちらが先に来るかはランダムに決まる)
- ・randomize("x")⋯x という Trial 名の実験材料文の並びがランダム化される
- ・rshuffle("x", "y")⋯shuffle(randomize("x"), randomize("y")) と同値

> **メモ**：Sequence(), shuffle(), rshuffle() は複数の Trial 名を引数に取るが、randomize() は単一の Trial 名を引数に取ることに注意。

　ここで混乱しやすいのは、shuffle() と randomize() の違いである。「シャッフル」というとランダムに混ぜ合わせる印象があるが、Ibex/PCIbex における shuffle() は、複数の Trial を交互に提示するコマンドであり、ランダム化提示の機能はない。たとえば、以下のように shuffle() を使って target と filler を並べたとする。

```
Sequence(shuffle("target","filler"));
Template("target.csv", row =>
    newTrial("target", ...),
);
```

40

```
Template("filler.csv", row =>
    newTrial("filler", ...),
);
```

Template() によりそれぞれの csv ファイルは上から順に読み込まれ、shuffle() により target と filler が交互に提示される。しかし交互に提示されるだけで、ランダム化はされず、csv ファイルに記載されている順に提示される (target 1, filler 1, target 2, filler 2, …のように)。

いっぽう、randomize() コマンドは、1 種類の同 Trial 名の実験材料文の順番をランダムに並べなおす。通常の心理言語学実験では、ターゲットとフィラーがランダムかつターゲットが連続しないように提示されるのが普通だが、それを実現するには、ターゲットとフィラーそれぞれを randomize() して、それらを shuffle() する。

```
Sequence(shuffle(randomize("target"), randomize("filler")));
```

ショートカットとして rshuffle() というコマンドを利用することができる。ターゲットにフィラーを混ぜる実験ではこれを用いておけば良いだろう。

```
Sequence(rshuffle("target","filler"));
```

もう 1 つ、カウンターについて注意すべきことがある。前述したが、Ibex も PCIbex もラテン方格提示はカウンターと連動しており、実験参加が記録されるとカウンターの数字が 1 つ上がり、それによって次の参加者に次のラテン方格リストがあてられる。問題は、Ibex も PCIbex もカウンターが上がるタイミングはデフォルトでは実験参加が終了した時点であるという点である。この場合、たとえば 20 人が同時に実験を始めた場合、その時点ではカウンターが回らないので、20 人全員に同じラテン方格リストがあてがわれてしまう。この問題を回避する方策として、SetCounter("counter", "inc", 1) という、カウンターを 1 つ繰り上げる element を作成して、

Sequence() の初期段階(たとえばイントロ画面の直後)に組み込むという
方法がある。以上を考慮した上で、ターゲット文・フィラー文を交互に提示
したい場合の Sequence() の例として、次のような表記が考えられる。

```
Sequence("intro", "counter" , rshuffle("target","filler"));
newTrial("intro",      イントロの設定(3.2, 3.5, 4.5 節)
    ...
);
SetCounter("counter", "inc", 1);      カウンターの値を 1 繰り上げる
Template("target.csv", row =>      実験材料文
    newTrial("target", ...),
);
Template("filler.csv", row =>      フィラー文
    newTrial("filler", ...),
);
```

> **メモ**:旧 Ibex では項目番号とラテン方格グループを区別して設定す
> ることができなかったので、その結果、target と filler で項目番号を
> 重ならないようにすることや、anyOf() というコマンドで条件を
> セットとしてまとめることが必要であった。PCIbex では target/
> filler の識別、条件の識別、項目番号などをそれぞれ独立して設定で
> きるため、そのようなことをする必要はなく、シンプルで分かりや
> すい記述になった。代わりに、前もってラテン方格リスト番号を
> group として実験者が指定することになる。

3.5　イントロダクションの編集(main.js の中に記述する場合)

　実験を始める前に、参加者へ概要の説明を行う必要があるが、3.2 節で紹
介した簡易なイントロダクションのメッセージに、より詳細な実験の指示文
や参加者の名前・年齢・母語入力のためのテキストボックス、同意確認の
チェックボックスなどを追加したい場合が多いだろう。本節ではそのための
コード例を示しておく。なお、イントロダクション画面や実験終了時のペー
ジについては html ファイルを作成し、newHtml() というコマンドを利用

する方法があるが(4.5 節参照)、ここでは main.js 内に直接記述するコード
の例を挙げておく。ここで入力された参加者情報は、results ファイル内の
11 列目(Value)に保存される。

```
newTrial("intro",
    newText("message","<p> ご協力ありがとうございます。</p>
<p> この調査は、日本語母語話者に文を読んでいただき、それぞれが日本語の文として自然かどう
かを直感で判断していただくというものです。提示された文がごく自然に読める場合は「7」を、
不自然だと感じる場合は「1」を、中間の場合はそのひっかかりの程度に応じて「2」〜「6」を選
んでください。</p>
<p> 数字のボックスをクリックするか、キーボード上の該当する数字キーを押すことで選択できま
す。1 つの文にあまり時間をかけず、直感でお答えください。</p>
<p><b> ※注意事項 <br>・設問を読んでいないとみられる回答の場合、作業承認の拒否をさせて
いただく場合があります。</br></b></p>")
        .center()
        .print()
    ,
// 参加者情報
    newTextInput("name", "")
        .center()
        .cssContainer({"margin-bottom":"1em"})
        .before(newText("name"," ユーザ名 :"))
        .print()                   ┌──────────────────────────┐
        .log()                     │ ユーザ名・年齢のテキストボックス │
    ,                              └──────────────────────────┘

    newTextInput("age", "")
        .before(newText("age"," 年齢 :"))
        .center()
        .cssContainer({"margin-bottom":"1em"})
        .print()
        .log()
    ,

    newScale("language", " 日本語 ", " 中国語 ", " 韓国語 ", " 英語 ", " その他 ")
        .before( newText("language", " 母語 :") )
        .radio()
        .labelsPosition("right")
        .center()                  ┌────────────────────────┐
                                   │ 母語の選択 : ラジオボタン │
                                   └────────────────────────┘
```

```
    .print()
    .log()
  ,

  newScale("consent",  "<p>作業内容・注意事項に同意します。</p>")
    .checkbox()
    .center()        同意確認のチェックボックス
    .print()
  ,

  newButton("実験へ進む")
    .center()            テキストボックス、ラジオボタン、チェック
    .print()             ボックスに入力があるかをチェック
    .wait( getTextInput("name").testNot.text("")
        .and(getTextInput("age").testNot.text(""))
        .and(getScale("language").testNot.selected(""))
        .and(getScale("consent").testNot.selected("")))
);
```

3.6　実験終了メッセージと確認コードの設定

　クラウドソーシングを利用する場合、その仕組み上、参加者にはクラウド
ソーシング・ウェブサイト上で何らかの作業を行ったうえで作業完了ボタン
を押してもらう必要がある。このため、「PCIbex Farm 上で実験に参加する
というタスクを終了した」ことの証明となるタスクが必要となる。1つの方
法は、実験完了時に確認コードを表示させ、クラウドソーシング画面の入力
欄へコピー＆ペーストしてもらうというタスクが考えられる。完了画面は
newTrial() として別途作成する方法もあるが（公式マニュアル Advanced
Tutorial の第 9 節参照）、もっと簡易的な手段として、Ibex にあらかじめ用
意されている完了メッセージの変数をカスタマイズする方法がある。これを
main.js に書けば良い。

```
var completionMessage = "ありがとうございます。確認コードは xxxxxx です。
このコードをコピーし、Lancers 画面の入力フォームへペーストすると作業完了です。";
```

44

　この場合、参加者全員がこの共通の確認コード（上記 xxxxxx）を入力するこ
とになる。そのため、（めったにないことだが）家族や友人間でコードを共有
して PCIbex Farm 上での実験を経ずに確認コードのみ入力するというケー
スも起こり得る。これを防ぐ方法としては、数字と文字によって乱数生成さ
れたコードを表示させるのがよいだろう。その場合、乱数生成コードを記述
した上で、終了画面のメッセージでその乱数コードを参照する形にすればよ
い。例は次の通りである。

```
var str = ' abcdefghijklmnopqrstuvwxyz' + ' 0123456789' +
' 0123456789' + ' 0123456789' ;
var code = '' ;
for(var i = 0; i < 10; i++) {
    code += str[Math.floor(Math.random() * str.length)];
}
var completionMessage = "ありがとうございます。確認コードは"+code+" です。
このコードをコピーし、Lancers 画面の入力フォームへペーストすると作業完了です。";
Header().log("code", code);
```

10 桁の
乱数生成

乱数生成した確認コードを記録

　注意すべきなのは、完了メッセージと確認コードはデフォルトでは実験結
果のデータファイルに記録されない点である。データファイルに記録を残す
ためには、.log("code", code) のようなコマンドを入れる必要がある。
上記例では Header() という、すべての element に共通の操作を設定する
コマンドを利用し、そこに .log("code", code) を付けている。これに
より、データファイルに code という名前の列が作られ、そこに乱数コード
が記録されるようになる。

3.7　main.js のまとめ

　3.1 節〜3.6 節の内容をまとめると、main.js の全体の構成の例は以下の通
りになる。

```
PennController.ResetPrefix();
```

```
var str = ' abcdefghijklmnopqrstuvwxyz' + ' 0123456789' +
' 0123456789' + ' 0123456789' ;
var code = '' ;
for(var i = 0; i < 10; i++) {
    code += str[Math.floor(Math.random() * str.length)];
}
```
〔乱数生成〕

〔完了メッセージ〕

```
var completionMessage = "ありがとうございます。確認コードは"+code+" です。
このコードをコピーし、Lancers 画面の入力フォームへペーストすると作業完了です。";
```

```
Header().log("code", code);
```
〔乱数を記録〕

```
Sequence("intro", "counter", rshuffle("target","filler"));
```
〔提示順の設定〕

```
newTrial("intro",
```
〔イントロダクション〕
```
    ...
);
```

```
SetCounter("counter", "inc", 1);
```
〔カウンターを回す element〕

```
Template("target.csv", row =>
    newTrial("target",
            ...
);
Template("filler.csv", row =>
    newTrial("filler",
            ...
);
```
〔実験材料文テンプレート〕

　コードが完成して試運転が終わったら実験を公開する。その手続き、およびクラウドソーシングの利用については、第5節に飛んでいただきたい。

4.　PCIbex Farm で行う自己ペース読文課題

　前節では文に対する容認性調査の方法について紹介したが、こういった調査では各文を読み終えたあとに判断を下すため、文を処理・理解している最中に参加者の頭の中で何が起こっているかを検証することはできない。こう

いった、刺激文を最後まで読んだあとの反応を調べる実験を「オフライン実験」と呼ぶ。いっぽう、心理言語学実験には刺激文に対するリアルタイムの反応を調べる手法が数多くある。こういった、「文を理解する最中にどのような反応がみられるか」を調査する実験は「オンライン実験」と呼ばれる（ここでの「オンライン」はインターネット接続とは関係ない）。オンライン実験では文中のどのタイミングで負荷がかかったり、混乱が生じるかを検証することができるため、より精緻な文理解メカニズムのモデルを立てることに役立つ。

　オンライン実験には、眼球の動きを計測する視線計測 eye tracking のほか、頭皮上の微量な電位差（いわゆる脳波 electroencephalogram、EEG）を特定の事象に対する反応（これを事象関連電位 event-related potential、ERP と言う）として計測する方法や、fMRI（磁気共鳴画像法 functional magnetic resonance imaging）や MEG（脳磁図 magnetoencephalography）といった脳画像測定法があるが、いずれも高価な機材が必要である。いっぽう、視線計測法の簡便で安価な代替として、「**自己ペース読文課題 self-paced reading task**（以降 **SPR**）」がある。

　リアルタイムの読文行動を測る方法としては、眼球に投射した赤外線の反射を記録するといった視線計測法が現在のところもっとも精密かつ正確な方法だが、当然専用の視線計測器が必要となる。いっぽう SPR は「**移動窓 moving window**」と呼ばれる手法を用いて擬似的な視線移動環境を設定することによって、汎用のパソコン環境だけで文を読む最中のオンライン反応を計測することができる手法である。具体的には、モニタ上にダッシュなどでマスクされた文が提示され、実験参加者がボタン（一般的にはキーボードのスペースバー）を 1 回押すと最初の単語あるいは単語群があらわになる。1 回のボタン押しであらわになる単語または単語群のことを「**領域 region**」と呼ぶ。もう 1 回押すと今見えた領域がふたたびダッシュで隠されると同時に、次の領域があらわになる。これを繰り返すことで参加者は文を読み進めることができる（図 5）。

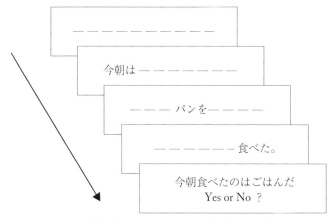

図 5　移動窓による自己ペース読文課題の流れ

　あたかも隠された文に対する「窓」を通して領域を覗き見るかのごときであり、しかもその「窓」(あらわになる領域) が右へ次々と移動するかのようなので「移動窓」の手法と呼ばれるのである(「移動窓」を採用せず、語をモニタの中央に次々と提示させる方法もあるが、自己ペース読文課題においてはあまり用いられない)。

　また、参加者が自分の意思でボタンを押さないと読み進められないため、「自己ペース」の名が付いている。ソフトウェアは前のボタン押しから次のボタン押しまでにかかった時間をミリ秒単位で計測することになる。

> **メモ**：ミリ秒 (ms) とは 1/1000 秒のことであるが、実際には機器の様々な限界があるので、正確に 1/1000 秒単位で計測できるとは限らない。たとえば一般のパソコンは USB の信号を 1 秒間に 250 回しか拾わない (250 Hz のポーリングレート) ので、USB キーボード (ラップトップのキーボードを含む) を使った自己ペース読文実験の精度は 1000 ms/250＝4 ms ということになる (cf. HLP/Jaeger lab blog 2009)。この精度を 2 ms (500 Hz) や 1 ms (1000 Hz) まで高めるためにはポーリングレートを変更できるソフトウェアを同包したゲーム用キーボードを組み合わせるなどの対処が必要になる。ただ、一般にヒトが刺激を知覚してから運動反応を発動するまで最低 200 ms 程度かかると言われており、自己ペース読文課題で 4 ms の誤差が

実際に大きな問題を引き起こすことはほとんどないと思われる。いっぽう、眼球運動の場合は指先の動きより機敏なので、読文課題でSPRではなく視線計測をする場合は500 Hzのサンプリングレートが望ましい。

　なお、読文課題にまつわる別の問題としてモニタのリフレッシュレートがある。一般的な液晶モニタのリフレッシュレートは60 Hzにすぎない（1000 ms/60＝16.7 msごとの画面更新）ので、144 Hz（1000 ms/144＝6.9 msごとの画面更新）以上のゲーミング・モニタを使うなどの対処が望ましいかもしれない。ただし、SPR実験でモニタのリフレッシュレートまで報告する研究は少ない。

　このボタン押しのタイミングがすなわち各領域を読むのにかかった時間であるとの仮定に基づき、どの領域で読み時間の遅延や促進が起こったかを検証することができる。このことにより、たとえば文の構造のちょっとした違いがどのようなタイミングでどのような処理負荷につながるかといった、容認性判断課題では知り得ない情報を得ることができる。

　この手法の、視線計測と比べた場合の欠点としては、まず精度の問題がある（上記メモ参照）。しかしそれより大きな問題としては「戻り読み」ができないという点が挙げられる。つまり、スペースバーを押すことよって「移動窓」を通して文を読み「進める」ことはできるが「戻る」ことはできない。もちろん移動窓の戻りは技術的には実現可能であるが、その場合、得られるデータが非常にノイズの多いものとなり、実験結果の解釈に困難を生じるので通常は行わない。しかし戻り読みができないという制約は自然な読文環境とは言えないので、SPRの技術的な限界として認識しなければならない。視線計測では視線の戻りも計測できるのでこの問題はない。また、読文課題は視覚刺激に基づく実験なので、視覚刺激の処理が眼球運動に反映される場合と、指先の運動に反映される場合を比べれば、前者の方が処理反応としては精度が高いのは間違いない。

　このような欠点をはらみつつもなおSPRが広く採用されている理由としては、前述したようにローコストであることが第一に挙げられる。第二に、視線計測法に比べ実験者の側に技術的な敷居が低いことが挙げられる。実験

の準備や結果の分析には専門の知識が必要であるが、実験実行に関しては必要最低限のチュートリアルを経れば誰でもできるため、たとえば学部生をアルバイトとして実験受付や実行を依頼することが可能である。さらに、次節で紹介するクラウドソーシングなどを利用すれば実験参加者募集・受付・実行のステップも省略できる。第三に、実験参加者の側の負担も小さい。視線計測では参加者ごとに計測器の調整が必要なほか、視線移動を安定させるためにアゴ台を利用して顔を固定するなどの制約が参加者の側に課せられる場合がある。またメガネやハードコンタクトレンズ着用者の視線を計測することが難しい場合がある。視線計測器の技術の進歩によりこれらの点も克服されつつあるが、SPR ではそもそもこれらの制約が一切ない。また、実験実行にかかる時間も短く、その点でも参加者の負担は相対的に小さい。

　いくらこのような利点があっても得られるデータが使い物にならなければしようがないのだが、これまでの心理言語学研究の蓄積において、SPR で得られるデータは視線計測の精度には及ばないものの、おおよそ視線計測で得られるデータのパターンに沿うものであることが知られている (Just, Carpenter and Woolley 1982)。視線計測では戻り読みを含め、SPR よりも多くの指標を含むデータが得られるため、SPR で検知できなかった効果が視線計測では検知できるという事例は多数存在するが、SPR で得られたデータが視線計測によって得られたデータと大きく矛盾するといった事例はなさそうである。よって、SPR 法は視線計測法の簡易的代替としての有用性が認められる。

　では、パソコン 1 台あればできるという SPR 実験であるが、実際はどのように行うのだろうか。次節では PCIbex を用いた実践方法を解説する。基本的な設定は第 3 節と重複するので適宜参照してもらうことになる。

4.1　実験ページを作成する

　Start a new project から Empty project を選び、新しい実験ページを立ち上げる（2024 年現在、SPR 用のテンプレートも用意されているが、最小限の内容しかないのでここではゼロから組み立てる方法を解説する）。この中の main.js ファイルを編集し、必要なファイルを Resources フォルダにアップ

ロードすることにより、実験をデザインすることができる。以下、順を追っ
て、main.js ファイルに記述すべき内容を説明していく。

4.2　newTrial()：自己ペース読文実験における基本的なフォーマット

　main.js の基本的な構造と newTrial() の役割については 3.1 節および 3.2
節に解説があるので参照いただきたい。自己ペース読文実験（以下、SPR 実
験）の 1 試行分を実行する newTrial() コマンドは次のとおりである。

```
newTrial("target", // ターゲット文
    newController("DashedSentence",
        {s: " 太郎は　花子を　ほめた。"
        }
    )
    .center() // 中央に配置
    .print() // 画面に提示
    .log() // データを記録
    .wait() // 実行されるまで待機
    .remove() // 実行後消去
    ,
    newController("Question",
        {q: " 太郎は花子をほめましたか？ ",
        as: [" はい ", " いいえ "]
        }
    )
    .center() // 中央に配置
    .print() // 画面に提示
    .log() // データを記録
    .wait() // 実行されるまで待機
)
```

> 自己ペース読文課題：スペース
> キーを押すごとに各リージョンが
> 提示される

> 内容理解課題：質問文と選択肢
> が提示され、キーボードを押し
> て回答する

　SPR を実行するには、newController() というコマンドを用いて、1
つ目の引数に "DashedSentence" という旧 Ibex 由来の Controller を導入
し、タスクの種類を指定する。そして 2 つ目の引数の {s:　"..."} の中に
提示したい実験材料文を書く。このとき、リージョンの区切りは半角スペー

スで表す。これにより、PCIbex は参加者がスペースキーを押すごとに実験
材料文の各リージョンを提示する。newTrial() はこの一連の流れを ele-
ment として定義する。2.2 節や 3.1 節で解説した通り、newTrial() の 1
つ目の引数は Trial 名である（上記では "target"）。その下に、5 つのドッ
ト・コマンドが並んでいる。このコマンドの意味はコメントアウトで書いた
とおりである。

　SPR の文の提示が終わったら、通常であれば内容理解課題が配置される。
これは新たに newController() を用意して、今度は "Question" という
Controller を指定する。SPR 本体は、文の内容を定める s: を指定すればよ
いが、内容理解課題は質問文 q: と、その答えの選択肢 as: の 2 つを指定
する必要がある。q: は質問文を "..." の中に書き、as: は [...] の中に
選択肢をカンマで区切って列挙する。この 2 つを 1 つの {...} の中にカン
マで区切って列挙していることに注意してほしい。これで内容理解課題にお
いて提示する内容が決まり、そのあとに、またドット・コマンドをつけるこ
とで、内容理解課題の一連の動作が実行される。

> **メモ**：newController() コマンドでは 2 つ目の引数の {...} の
> 中に、その刺激提示の詳細を指定する仕組みになっているが、ここ
> で紹介しているものは、実験が動作するために最低限必要な属性で
> ある。これ以外の属性を指定すると、よりカスタマイズした課題を
> 作ることができる。例えば、通常は選択肢は自動的に 1, 2, 3, ... と番
> 号付けされて対応する数字キーを押して回答できるが、as: 属性を
> [["y", "はい"], ["n", "いいえ"]] のように指定すると、y
> キーや n キーといった独自のキーを割り当てることもできる。これ
> らの属性の詳細は旧 Ibex のホームページを参照のこと。
> https://github.com/addrummond/ibex/blob/master/docs/manual.
> md#communication-between-elements

　フィラー文に対応する newTrial も、Trial 名を "filler" などと変えた
上で、同様に作成すれば良い。

4.3 csv ファイルと試行のテンプレート化

実験材料文 1 つ 1 つに newTrial() を作成するのは煩雑であり、間違い
も起きやすくなる。そこで 3 節同様、1 つの newTrial() をテンプレート
化し、s: と q: の中身を csv ファイルから引き出すようにしよう。テンプ
レート化の基本事項は 3.3 節に詳しく説明しているので参照いただくことに
して、ここでは SPR のためのカスタマイズに絞って解説する。

4.3.1 csv ファイルの準備

テンプレート化を行うために、実験材料文などの内容を書いた csv ファイ
ルを作成しよう。SPR を行うためには最低限実験材料文が必要であるが、
他にも質問文やその答え、アイテム・条件番号などの列も作成しておくとよ
いだろう。csv ファイルには、容認性判断課題(3.3.1 節)と同様、ラテン方格
グループ(group)、項目番号(item)、条件番号(cond)、実験材料文(sentence)
を記述するが、加えて、質問文(question)と正解(correct_ans)を指定する。
正解は数字で指定する。ここが混乱しやすいところだが、newTrial() 中
の as: で設定した 1 番目の要素が 0、2 番目の要素が 1 に対応する(プログ
ラミング言語ではカウントが 0 から始まるため)。よって、前節の例のよう
に as: [" はい ", " いいえ "] とした場合、csv ファイルには、" はい "
が正解なら 0、" いいえ " が正解なら 1 と記述する。

表 3 作成する csv ファイルの例

group	item	cond	sentence	question	correct_ans	
A	1	a	target 1a	question 1a	0	
B	1	b	target 1b	question 1b	0	"はい" が正解
C	1	c	target 1c	question 1c	0	
D	1	d	target 1d	question 1d	0	
B	2	a	target 2a	question 2a	1	"いいえ" が正解
...	...	...	...	...	...	

完成した csv ファイルは Resources フォルダにアップロードする。

4.3.2　`Template()`：試行のテンプレート化

　次に 4.2 節で記述した 1 試行分の `newTrial()` をテンプレート化して csv ファイルに記入した内容と対応付けさせる作業を行う。テンプレート化をする際には、前節で完成させた `newTrial()` コマンドを次のように編集する。ポイントは、s：と q：の内容を csv ファイルの sentence 列と question 列から読み込ませることである。

```
Template("target.csv", row =>    ◄── target.csv の各行を row と名付けて読み込む
    newTrial("target", // ターゲット文
        newController("DashedSentence",
            {s: row.sentence}
        )                        csv ファイルの sentence という列を
        .center()                参照して、実験材料文を読み込む
        .print()
        .log()
        .wait()
        .remove()
        ,
                                        csv ファイルの question という列
        newController("Question",       を参照して、質問文を読み込む
            {q: row.question,
            as: [" はい ", " いいえ "],
            hasCorrect: Number(row.correct_ans),
            randomOrder: false
            }                            csv ファイルの correct_ans という列
        )                               を参照して、正答を設定する。これ
        .center()        "はい"、"いいえ"の   を設定すると結果ファイルに参加者
        .print()         並びがランダム化し   の解答が正解か不正解かを自動的に
        .log()           ないようにする      記録してくれる。ややこしいが正解
        .wait()                            は 1、不正解は 0 と記録される
    )
    .log("item", row.item)
    .log("cond", row.cond)        item, cond 列の番号を結果データに記録する
);
```

4.4 正解・不正解のメッセージを提示する

　実験材料文を読んだ後に配置する内容理解課題で、正解・不正解に応じて
メッセージを提示したい場合がある。

　内容理解課題の正誤のフィードバックを行う画面は、SPR の
newTrial() とは別に新たに newTrial()（ここでは "sep" と名づける）
を作る必要がある。この Trial の中で旧 Ibex にあった Seperator という
Controller を用いてフィードバックを提示する。Seperator は、試行ごと
に提示する画面を設定する Controller で、Sequence() のなかでは
sepWith() というコマンドの引数として用いる。

　設定方法は、以下のように newController() コマンドを用意し
て、"Seperator" と Controller を指定する。Separator では、表示の時
間（transfer: xxxx（ミリ秒））、正解のメッセージ（normalMessage:
"xxxx"）、不正解のメッセージ（errorMessage: "xxxx"）を指定するこ
とができる。

```
newTrial("sep", // 正解・不正解のメッセージ
    newController("Separator",
        {transfer: 1000,
         normalMessage: " 正解です ",
         errorMessage: " 不正解です "
        }
    )
    .center()
    .print()
    .wait()
);
```

> 1000ms の間、「正解です」／「不正
> 解です」のメッセージを提示する

　上記のように Trial "sep" を作成したら、提示順を決める Sequence()
の中で、次のように記述する。

```
Sequence(..., sepWith("sep",rshuffle("target","filler")), ...);
```

　ここで使用している sepWith("xxx", rshuffle(...)) というコマンドは rshuffle(...) 内 に 記 述 さ れ た SPR の Trial の 間 に "xxx" の Separator をはさみ込むというコマンドである。これにより、SPR の各試行の内容理解課題の直後に正解・不正解のメッセージの画面が提示される。

4.5　イントロダクションとインストラクションの画面

　実験は課題本体の他に、実験内容の教示や休憩、実験終了を知らせる画面が必要である。これら、課題以外のページも、newTrial() コマンドを使って作成する。例として実験のイントロのページ、課題の教示のページを作ってみよう。3.5 節では、ページの内容を直接 main.js に記述した例を紹介しているが、ここでは html ファイルを別途作成し、newHtml() というコマンドを利用する方法を紹介する。SPR は容認性判断課題より複雑なため、参加者への指示内容も複雑になる。そういった場合は main.js にすべてを書き込むと煩雑になるので、別途 html ファイルを用意して newHtml() で読み込む方が簡単である。

　はじめに次のような html ファイルをテキストエディタ等で作成し、Resources フォルダにアップロードしておく。以下は intro.html ファイルの一例である。

```
<div align ="center">
<p> 実験へようこそ！ </p>
</div>
<p>
実験にご参加いただきありがとうございます。
<p>
この実験では、コンピュータに提示された文を読み、簡単な質問に答えます。実験の所要
時間はおよそ xx 分です。
<p>
実験協力によって集められたデータは個人が特定されない形で分析します。
<p>
実験にご協力いただける場合は、以下に必要事項を入力の上、同意にチェックマークを入
れてください。
```

56

```
<p> 年齢 : <br> <input name="age" type="text" size="20"
class="obligatory"></p>

<p> 母語 : <br>
<input type="radio" name="language" value="Japanese"
class="obligatory"> 日本語
<input type="radio" name="language" value="English"
class="obligatory"> 英語
<input type="radio" name="language" value="other language"
class="obligatory"> その他 <br>

<p><input type="checkbox" class="obligatory" name="consent"> 参加に
同意します。
```

　続いて instruction.html ファイルの例を挙げる。

```
<div align ="center">
<p> 実験の手順 </p>
</div>
<p>
はじめに、画面に次のような下線が表示されます。
<p>
_____   ___   _____   _____ <br>
<p>
スペースキーを押すごとに、次のように文章の一部分が左から順に現れます。なお、戻り
読みはできません。
<p>
太郎が　 ___   _____   _____ <br>
_____　 今日　  _____   _____ <br>
_____　 ___　  先生に　 _____ <br>
_____　 ___　  _____　  褒められた。<br>
<p>
文を読み終えた後に、その文に関する質問が表示されます。
<p>
例 : 太郎は先生に叱られましたか？
<p>
```

この質問に、「はい」か「いいえ」で答えてください。

　次のステップとして、main.js のなかに newHtml() コマンドを使って上記の html ファイルを読み込む newTrial() を設定しよう。

```
// イントロのページ
newTrial("intro",
    newHtml("message", "intro.html")
        .center() // 中央に配置
        .log() // データを記録(フォーム等の回答内容が記録される)
        .print() // 画面に提示
        ,

    newButton("Continue", " 次へ ")
        .center() // 中央に配置
        .print() // 画面に提示
        .wait(
            getHtml("message") // 上の Html element を呼び出す
                .test.complete() // フォーム等が埋まっているか検査
                .failure(getHtml("message").warn()) // 未記入を警告
        ) // ボタンが押されたら中のコマンドが実行される
);
```

intro.html ファイルを message と名付けて読み込む

```
// 課題の教示のページ
newTrial("instruction",
    newHtml("message", "instruction.html")
        .center()
        .log()
        .print()
        ,

    newButton("Continue", " 実験を始める ")
        .center()
        .print()
        .wait()
);
```

58

newHtml() は、html 形式のファイルを読み込んで Html element を作成するコマンドである。1つ目の引数に element 名、2つ目の引数に Resources フォルダにアップロードしたファイル名を書く。html ファイルに参加者に名前などを記入してもらうためのフォームやラジオボタンなどが含まれている場合、.log() コマンドを付け足す。すると、フォーム等で参加者が記入した内容が結果データに記録されるようになる。

次へ進むためのボタンを画面に表示する newButton() のコマンド内では .wait() コマンドの中に数行記載がある。詳細は省くが、上の html ファイルの記入欄が未記入の場合に警告を表示するスクリプトである。

4.6　実験終了メッセージと確認コードの設定

実験終了メッセージの設定方法および確認コードの乱数生成については 3.6 節を参照されたい。

4.7　main.js まとめ

newTrial() を使って課題や教示のページを作ったら、実際の実験の流れに沿ってこれらのページが提示されるように Sequence() を使って提示順を記述する。main.js の全体像は以下のようになるだろう（Sequence()、rshuffle()、SetCounter() の働きについては 3.4 節を参照）。

```
PennController.ResetPrefix();

var str = ' abcdefghijklmnopqrstuvwxyz' + ' 0123456789' +
' 0123456789' + ' 0123456789' ;
var code = '' ;
for(var i = 0; i < 10; i++) {
    code += str[Math.floor(Math.random() * str.length)];
}
```
乱数生成

完了メッセージ

```
var completionMessage = "ありがとうございます。確認コードは "+code+" です。このコードをコピーし、Lancers 画面の入力フォームへペーストすると作業完了です。";
```

```
Header().log("code", code);          乱数を記録

Sequence("intro", "instruction", "counter", sepWith("sep",    提示順の
    rshuffle("target","filler")));                            設定

newTrial("intro",
    ...                イントロダクション
);

newTrial("instruction",
    ...                インストラクション
);

SetCounter("counter", "inc", 1);      カウンターを回す element

Template("target.csv", row =>
    newTrial("target",
           ...
);
                                       実験材料文テンプレート
Template("filler.csv", row =>
    newTrial("filler",
           ...
);

newTrial("sep", //
    newController("Separator",         正解・不正解のメッセージ
        ...
    )
);
```

4.8　よりカスタマイズされた実験を作成するためのヒント

　この節では、実験を行う際には必ずしも必要ではないが、応用編としてより細かく動作を設定する方法を紹介する。

4.8.1 スマートフォン対応機能を無効にする

DashedSentence は、iPhone でも動作する仕様になっているが、スマートフォンで自己ペース読文課題を行うのは、動作や精度に問題があるため現実的ではない。これを無効にするオプションは用意されていないが、DashedSentence モジュールの本体である DashedSentence.js を編集すれば iPhone 対応機能を無効にできる。実験編集画面左の Modules というフォルダの中に、旧 Ibex から受け継いだいくつかの js ファイルが入っている。ここにある js ファイルが各 Controller の動作を定義している。その中にDashedSentence.js というファイルが入っているので、それを開こう。その中で以下のように書かれている行を検索する。

```
// For iPhone/iPod touch -- add button for going to next word.
if (isIPhone) {
    var btext = ...
    ...
    });
}
```

これを以下のように /* */ で挟んでコメントアウトしてしまえば良い。

```
// For iPhone/iPod touch -- add button for going to next word.
/* コメントアウトして iPhone での動作を無効化する
if (isIPhone) {
    var btext = ...
    ...
    });
}
*/
```

4.8.2 リージョン間のスペースをなくす

デフォルトの DashedSentence では、リージョン間は半角スペースで区切られ、分かち書きで文が提示される設定になっている。しかし、日本語は本来分かち書き言語ではないので、リージョン間のスペースをなくして実験を

したい場合もあるだろう。リージョン間のスペースをなくすには、まず
Modules フォルダの中の DashedSentence.js を開き、 という文字列を
検索して以下の行を探し出そう。

```
if (j + 1 < this.words.length)
                    this.mainDiv.append("  ");
            this.wordISpans.push(ispan);
            this.wordOSpans.push(ospan);
            this.iwsnjq.push(ispan[0]);
            this.owsnjq.push(ospan[0]);
```

　この 2 行目のコマンドが、リージョン間にスペースを挿入することを指
示しているコマンドである。これを次のように // でコメントアウトすれ
ば、提示される実験材料文のリージョン間にスペースが表示されなくなる。

```
if (j + 1 < this.words.length)
                    // this.mainDiv.append("  ");
            this.wordISpans.push(ispan);
            this.wordOSpans.push(ospan);
            this.iwsnjq.push(ispan[0]);
            this.owsnjq.push(ospan[0]);
```

4.8.3　ページの見た目を整える

　実験の目的や作成者の好みによって、文字の大きさやフォントなどの細か
い部分の表示スタイルを設定したい場合もあるだろう。そのような場合に役
立つコマンドに、.css() コマンドがある。Text element や Html element で
使用可能なコマンドである。css（カスケーディング・スタイル・シート）と
は、html で見た目を整えるために使われるものである。.css(" 属性名 ",
" 属性値 ") と指定することで、Text element や Html element のスタイルを
整えることが可能である。

　例えば、以下のスクリプトでは、「実験へようこそ！」という文字列が赤
色で、20px の大きさで表示される。

```
newText("message", "実験へようこそ！")
  .css("color", "red") // 文字を赤色にする
  .css("font-size","20px") // 文字の大きさを 20px にする
  .center()
  .print()
```

css にはここで紹介したものの他にも多彩な機能があるが、詳しくはウェブ上にレファレンスが多数存在するので参照されたい。

5. 実験がセットアップできたら

以上、PCIbex を使って容認性判断課題、文完成課題、自己ペース読文課題を作成する方法を紹介した。自分でテストしてみてうまく行くようであればいよいよ公開して実験参加者を募ることになる。本節ではその概要を解説する。

5.1 実験の公開

実験を公開するためには、編集画面右の Actions の Unpublished スライドボタンを押す。この際、確認メッセージが表示され、OK を押すと Published に切り替わり、これにより自分以外の参加者が実験ページにアクセスし、結果データを集めることが可能になる。

実験ページの公開後、編集画面右 Actions から Share を選択すると Demonstration link と Data-collection link の 2 種類が表示される。後者の Data-collection link に表示された URL をクラウドソーシングサイト等にコピー＆ペーストし、参加者にアクセスしてもらうことになる。

> **メモ**：実験作成時の Preview や Demonstration link では Debug というデバッガーが常時表示されているが、Data-collection link ではこのデバッガーが表示されない。また Demonstration Link は Unpublished の状態でもリンクを他者と共有することができ、また "Click here to edit a copy in the PCIbex Farm." という文言が表示さ

れ、それをクリックすることによってソース・コードを共同研究者
など、他者と共有することができる。

5.2　クラウドソーシング

　これまで、PCIbex Farm を使用した実験の作成方法について紹介してき
た。本節では、PCIbex Farm 上の実験への参加者をどのように募集するか、
大まかな過程について述べる。

> **メモ**：クラウドソーシング・ウェブサイトにもアンケート調査用テ
> ンプレートが用意されているが、現時点ではラテン方格提示を自動
> で行ってくれるサイトを見つけることが難しい。そのため、ラテン
> 方格に基づいて複数作成したリストごとに依頼作成を行うという方
> 法が考えられるが、そういった同内容の複数投稿はクラウドソーシ
> ング・ウェブサイトによっては規約に抵触する場合がある。また、
> 同一の参加者が複数のリストに参加してしまうことを防げないとい
> う問題が浮上するため、クラウドソーシング・ウェブサイトの利用
> のみで実験を行うことは推奨できない。よって本章では、(1) クラ
> ウドソーシング・ウェブサイトで参加者の募集 → (2) PCIbex Farm
> 上で実験 → (3) クラウドで報酬支払い、という構成を推奨している。

　まずクラウドソーシング・ウェブサイトのアカウントを用意し、報酬支払
いを行うためのクレジットカードや銀行口座登録を行う。その後、依頼作成
画面を開く。このとき、依頼内容に応じたカテゴリー等を選択するよう指示
が出る場合が多いため、「質問」「アンケート」「タスク形式」といったもの
を選んでいくといいだろう。以下に依頼作成画面のサンプルを示すが、クラ
ウドサイトごとに入力画面が異なるため、使用するサイトに応じて編集する
必要がある。

> **メモ**：作業報酬は実験材料文の量、所要時間、使用するサイトでの
> 最低価格や募集されている他のタスク報酬価格等を考慮した上で決
> 定するとよい。ここでは仮に 1 件 80 円としている。

依頼タイトル：	【選択式】日本語に関する簡単なアンケート
依頼内容：	日本語に関する簡単なアンケートです。提示された日本語文が自然か不自然かを判断していただくタスクです（所要時間 7〜10 分）。ごく自然だと感じる場合は「7」を、不自然だと感じる場合は「1」を、中間の場合はひっかかりの程度に応じて「2」〜「6」を選択してください。

依頼する作業内容と所要時間について大まかに書く。参加者が作業を受けるかを決定する材料となるため、平易な内容が望ましい。

よろしくお願いいたします。

※本課題は、一般の日本語母語話者の直観を調査することを目的としています。得られたデータに基づいて統計分析を行い、学会発表などで公表する可能性がありますが、氏名などの個人情報を含むことはありません。

作業詳細：

作業の流れと所要時間について書く。作業を完了させたことの証明のため、Ibex 実験ページの最後に文字コード等を提示させるように設定し、クラウドサイトでの入力をさせるとよいが、なくてもよい。

日本語に関する簡単なアンケートです。提示された日本語文が自然か不自然かを判断していただくタスクです（所要時間 7〜10 分）。

1. 下記リンク先よりアンケート回答を行っていただきます。
2. アンケートの設問がすべて終了すると、最後に確認コードが表示されますので、コピーしてください。
3. ＃＃＃の画面に戻り、「確認コード」欄に、アンケートページでコピーした確認コードをペーストしてください。

以上が作業の流れになります。
アンケートは下記アドレスよりお願いします：
http://....

・エラーが表示された場合は異なるブラウザを試してみてください。解決しない場合はお手数ですが○○までご連絡ください。

文字入力の欄を作成し、確認コード等を入力してもらう。

確認コード入力欄：
_____

作業報酬の価格を入力する。

作業単価・件数：	80 円 × 70 件 = 5,600 円
1 人あたりの制限：	□制限しない ■制限する 1 件/人
作業期限：	○日後（XXXX 年 X 月 X 日 XX：XX）

　作業募集が始まり、設定した件数定員に達すればあとは報酬支払いを完了させるのみであるが、作業募集前に運営へ仮払いを行い作業終了後に決済へ進むシステムを取り入れているサイトもあるため、事前に確認しておく必要がある。

5.3　results の回収

　実験の実施が終わると、最後のステップとして PCIbex Farm へ戻り結果データを回収することになる。PCIbex Farm 上で行われた実験の結果データは results.csv という名前の csv ファイル（コンマ区切りのテキストファイル）として自動的に保存されており、Actions 内の Results 横の ...（More options）をクリックして Data-Collection（Published）タブを選択するとダウンロードできる。データが行列形式で整理されているため、分析ソフトへの入力が容易である（例えば統計ソフト R のデータフレームにそのまま流しこむことが可能である）。ただし、各列が何を表しているか執筆時の PCIbex のバージョンでは分かりにくいので、その点を本節では簡単に見てみる。

> **メモ**：results.csv の文字エンコーディングは UTF-8 なので、UTF-8 対応のソフトで開かないと文字化けする。

　results.csv において、# で始まる行はコメント行であり、そうでない行が実験データである。各実験参加者のデータはまず空行に挟まれた次の 3 行のコメント行で始まる。

```
#
# Results on ... GMT
# USER AGENT: ...
# Design number was non-random = ...
#
```

　1 行目は結果送信の日付・時間を GMT（グリニッジ標準時）で記録している。日本時間は GMT + 9 時間である。2 行目（USER AGENT）は使用ブラ

66

ウザの情報である。3行目は、実験参加者のカウンター番号を表している。

　続いて、番号が振られたコメント行と、コメント行でない実験データ行がいりまじった記録が続く。非常に見づらいが、一定の法則に基づいていることが分かると少し理解しやすくなる。

> **メモ**：「行 row」と「列 column」について初学者は混乱しやすいが、横に見るのが行で縦に見るのが列である。「行」という漢字のつくりに「二」があり、「列」という漢字のつくりに「リ」があるので、その直線イメージで覚えると良いかもしれない。

　まず、コメント行の番号は実験データ行の列番号を表している。たとえば、以下のようになっている。# 1.〜# 14. とあるので、実験データが14列（Columns）からなっていることが分かる。1650642630, から始まる行が実験データ行で、列について # 1.〜# 14. の説明が適合する。

```
# Columns below this comment are as follows:
# 1. Results reception time.
# 2. MD5 hash of participant's IP address.
# 3. Controller name.
# 4. Order number of item.
# 5. Inner element number.
# 6. Label.
# 7. Latin Square Group.
# 8. PennElementType.
# 9. PennElementName.
# 10. Parameter.
# 11. Value.
# 12. EventTime.
# 13. code.
# 14. Comments.
1650642630,...（実験データ／カンマで区切られた合計 14 列から成る）
1650642630,...（実験データ／カンマで区切られた合計 14 列から成る）
1650642630,...（実験データ／カンマで区切られた合計 14 列から成る）
```

　しばらくデータ行が続くと、また「# 数字」行が出現するが、今度は # 1.
から始まるのではなく、途中の番号から始まる。たとえば以下の通りであ
る。

```
# 14. item.
# 15. cond.
# 16. group.
# 17. Comments.
1650642630,(実験データ／カンマで区切られた合計 17 列から成る)
1650642630,(実験データ／カンマで区切られた合計 17 列から成る)
1650642630,(実験データ／カンマで区切られた合計 17 列から成る)
```

　この例ではコメント行が # 14. からスタートしており # 1. 〜 # 13. が省略
されているが、これは「# 1. 〜 # 13. は既出のものと同じだから繰り返し書
きません」ということである。つまり、# 1. Results reception time. から # 13.
code. までは同じで、# 14. 以降が違うということである。
　これを念頭においた上で、列名を簡単に説明する。実際の列名や列番号、
順番は、.log() で何を設定したかによって異なるので、あくまで一例とし
て見ていただきたい。

1. Results reception time.　PCIbex Farm 側がデータを受け取った UNIX 時
　　間（1970 年 1 月 1 日からの経過秒）。変換すれば分かるが、参加者デー
　　タ最初の「# Results on … GMT」と同じである
2. MD5 hash of participant's IP address.　参加者の IP アドレスやブラウザ
　　のプロパティなどから生成したハッシュ値（MD5 ハッシュ値）。違う参
　　加者でも同じ IP アドレス、同じブラウザが使われれば（たとえば学校
　　のパソコン教室やマンション全体で同じ IP アドレスの場合）同じハッ
　　シュになることがあるので、あまり使えない
3. Controller name.　トップレベルの Controller 名。本章の使用方法の範
　　囲 で は す べ て デ フ ォ ル ト の PennController と な る（1 行 目 に
　　PennController.ResetPrefix(); と記述していることによる）

68

4. Order number of item. Trial の通し番号。CSV ファイルで項目番号を振っている場合は特に使いみちはない

5. Inner element number. 本章の使用方法の範囲では 0 と記録される

6. Label. 本章でいう Trial 名(Sequence() で参照されるもの)

7. Latin Square Group. 旧 Ibex 方式で記述した場合の項目番号(Group)がここに記録される。本章の PCIbex の記述方式では NULL としか記録されない。本章の記述法におけるラテン方格グループを記録するには Template の中身に対して .log("group", row.group) というようにログを取る

8. PennElementType. Controller の種類

9. PennElementName. newHtml() や newController() で呼び出される element 名

10. Parameter. ここは、場合によって入るものが異なる。(a) Html の場合、フォームの入力事項の ID が入る。(b) AcceptabilityJudgment の場合、材料文が入る。(c) DashedSentence の場合、領域番号が入る。(d) Question の場合、質問文が入る

11. Value. (a) Html の場合、フォームに入力された結果が記録される。(b) AcceptabilityJudgment の場合、参加者が選んだ尺度が入る。(c) DashedSentence の場合、当該領域の語が入る。(d) Question の場合、参加者が選択した選択肢が記録される

12. EventTime. 当該イベントの発生の UNIX 時間(ミリ秒)

13. code.(ユーザによるログ) 実験終了乱数コードのログを取った場合にコードが記録される

14. item.(ユーザによるログ) 実験材料文の項目番号のログ

15. cond.(ユーザによるログ) 実験材料文の条件番号のログ

16. Whether or not answer was correct (NULL if N/A). Question または AcceptabilityJudgment で、正解が指定されている場合に、参加者の選択肢が正解かどうかを判定(1 が正解、0 が不正解)
Reading time. DashedSentence の場合は読み時間 (ミリ秒)が記録される

17. Time taken to answer.　`Question` または `AcceptabilityJudgment` で回答にかかった時間

Newline?　`DashedSentence` の場合は刺激語が行をまたがるかどうかを True/False で記録

18. Sentence (or sentence MD5).　`DashedSentence` の場合、実験材料文全体が自動的に記録される。`AcceptabilityJudgment` の場合は記録されないので、記録したい場合はユーザ側で `.log("sentence", row.sentence)` のようにログを取る設定をする必要がある

　#で始まるコメント行が何を示すか理解した上で、実際にデータを統計分析するとなるとコメント行の存在が邪魔になる。コメント行削除の方法としては、スプレッドシートの並べ替え機能やシェルコマンドなどが考えられる。R に読み込む場合は、`read.csv()` コマンドを使い、オプションで `comment = "#"` とする（RStudio の場合は Files から results.csv をクリック、Import Dataset... を選んだ上で、Comment: 横のプルダウン・メニューで # を選ぶ）ことによって # の行をスキップして読み込むことができる。読み込む前に results.csv の 1 行目に、カンマで区切った列名一覧を入れておくと良いだろう。列名は自分が分かりやすいように付ければ良い。統計分析の方法については本書の守備範囲を超えるので、適宜統計のテキストを利用するなどしていただきたい。

6.　まとめ

　本節では、PCIbex Farm を使用した容認性判断実験、自己ペース読文実験の方法と合わせ、クラウドソーシング・ウェブサイトとの組み合わせ方について述べてきた。ここで推奨された実験モデルは図 6 が示すような構成であった。

図6 クラウドソーシングと PCIbex Farm の使用モデル

　まず入り口としてクラウドソーシング・ウェブサイトで参加者を募集し、PCIbex Farm の実験ページへ誘導を行う。PCIbex Farm 上で実験を行ってもらい、作業終了の証拠となるようなコード等をクラウドソーシング・ウェブサイトに入力してもらい、終了とする。実験参加者を短時間で集めることができるクラウドソーシングと、フレキシブルに実験を行うことができる PCIbex Farm の強みを合わせることで、誰にでも手軽に言語実験を開始することが可能となる。分析については紙数の都合上、本章で触れることはできなかったが、詳しくは統計分析についての文献や容認性調査実験については Schütze and Sprouse（2014）等を参照されたい。

第3章
語彙性判断課題を使った実験

　語の記憶や認知処理の仕組みを調べる研究では、語の認知にかかる時間を測定することが多い。語の認知処理中の反応を調べることによって、どのような処理が行われているのか知ることができると考えられている。市販されているパソコンで簡便にできる実験方法として、**語彙性判断課題 lexical decision task** を紹介する。語彙性判断課題は基本的に単語の認知を調べるために使われるが、文理解などに関する実験課題と組み合わせて使われることもあり、汎用性の高い実験方法である。

1．語彙性判断課題とは

　語彙性判断課題では、図1のようにコンピュータのモニタに文字列が映し出される。その文字列がある言語に存在する語かどうか、出来るだけ速くかつ正確に判断し、コンピュータのキーボードや実験専用のボタンなどを、実験参加者に押してもらい、その判断を示してもらう（図1）。たとえば、日本語での実験であれば、「かぼちゃ」は日本語に実在する語なので「はい」のボタンを、「ちゃかぼ」は日本語にはない語なので「いいえ」を押すという具合である。このとき文字列がモニタに提示されてから、その文字列について実験参加者が語彙性判断をしてボタンを押すまでの時間を計っている。このような時間を**語彙性判断時間**、または**語彙性判断潜時**と呼ぶ。

図1　語彙性判断課題で文字列がモニタに提示される様子

2.　語彙性判断課題の種類

　先に提示された刺激があとに提示された刺激に対する反応に影響を与える
とき、先の刺激を**プライム**と呼ぶ。あとの刺激に対する反応は測定の対象と
なることが多く**ターゲット**と呼ぶ。語彙性判断課題においても語を2語連
続で提示して実験参加者に2語目に対する語彙性判断をしてもらうとき、1
語目がプライム語で2語目がターゲット語である。

> **メモ**：プライム prime という語のもともとの原義は「最初の」とい
> う意味であり、そこから派生して「主要な」という意味で使われる
> ことが多いが、動詞用法では「最初の段階、すなわち準備段階とし
> て提供する」といった意味で使われる。語彙性判断課題でいう「プ
> ライム」は「ターゲット」に対する準備段階という意味である。

　語彙性判断課題にはプライム語の提示時間、プライムを視覚的あるいは聴
覚的刺激にするか、プライムを語以外のもの(文、文章、絵など)にするか、
ターゲット語を視覚的または聴覚的に提示するかなど、様々に条件を変える
ことによって多くの種類の課題を作成することができる。
　プライム語を視覚的に提示する際は、実験参加者が意識的にそれを認識で
きるよう提示するのが一般的であるが、閾下(サブリミナル)でしか認識でき
ないように提示時間を非常に短くしてさらにマスキングする方法もある。後
者は**マスク下のプライミング課題** masked priming task と呼ばれている。そ
れに対して、前者はマスクがないことを強調するために、**マスクのないプラ**

イミング課題 unmasked priming task または**顕在的プライミング課題 overt priming task** と呼ばれることがある。次節ではまず顕在的プライミング課題について簡単に解説する。

2.1　顕在的プライムのある語彙性判断課題

　語彙性判断課題の手法として、1 試行にターゲット語を 1 語のみ提示し反応時間を調べることがある。各語の持っている特性（使用頻度、その語が書かれている文字の種類や文字数など）が、語彙性判断時間にどのように影響するのかを調べるときなどに実施される。

　またプライム語のあとにターゲット語を続けて提示して、たとえば、語彙がどのように記憶されているのかを調べることができる。下記のように、意味上関連のある語のペア—(A) 実験条件と、意味上関連のない語のペア—(B) 統制条件を作ったとする。

表 1　2 種類のプライム語とターゲット語の組み合わせ

	プライム語	–	ターゲット語
(A) 実験条件	「めがね」	–	「レンズ」
(B) 統制条件	「たばこ」	–	「レンズ」

　レンズはメガネの一部であるので意味上関連があるが、たばこは、レンズとは意味上関連があるわけではない。PC のモニタ上にプライム語を 500 ミリ秒提示したあと、すぐにターゲット語を提示し、ターゲット語に対して語彙性判断をしてもらう（図 2）。

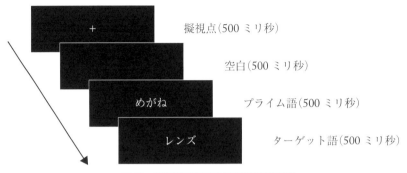

擬視点(500 ミリ秒)

空白(500 ミリ秒)

プライム語(500 ミリ秒)

ターゲット語(500 ミリ秒)

図2　語彙性判断課題の刺激提示順

　すると、プライム語とターゲット語のあいだに意味上関連のある(A)の実験条件の方が、意味上関連のない(B)の統制条件よりもターゲット語に対する語彙性判断時間は短くなる。このような結果から、意味上関連した語は記憶の中でも関連付けられた形で保持されていることが推測される。

　このように意味上関連のあるプライムがターゲットの認知を促進する効果を**プライミング効果**と呼ぶことが多い。しかしプライムがターゲットの認知を抑制する効果についても報告されており、プライミング効果が促進性のものか抑制性のものかを区別する必要がある。

　プライムとターゲットが提示される語彙性判断課題のうち、プライムは聴覚で提示し、ターゲットは視覚で提示する語彙性判断課題もあり、**交互様相語彙性判断課題 cross-modal lexical decision task** と呼ばれている。また、プライムが文や文章の場合もあり、語彙性判断課題は様々な研究に用いられている。語彙性判断課題や語彙性判断課題を応用した課題は、プライミング課題と呼ばれることもある。

　短所としては、ターゲットが提示された時点で行われた処理についてしか調べることができないことが挙げられる。たとえば、プライムが文である場合、文処理に関する特定の処理の反応が文末から3語前に起きると予測して、音声提示される文のその部分にターゲット語を視覚提示して反応を見るとしよう。仮説通りの反応が出ることもあるが、記憶容量などとの関係でプライムである文の処理に時間が掛かり、調べようとしている特定の処理が予

測した位置より遅い位置で行われると、予測した反応が得られない。また、個々の単語には様々な特性(音韻的長さ、表記の違い、使用頻度やイメージのしやすさ、品詞など)がある。条件間でそれらの特性を揃えて、調査対象の要因のみ異なっているような単語を刺激として用いるようにする必要があるが、わずかな違いが結果に影響を与えるため、細心の注意を払って刺激を準備する必要がある。

2.2　マスク下のプライミング課題

　この課題では、凝視点(+)のあとにプライム語よりも長いハッシュマーク(#)の列が提示される。そのあとプライム語が 40 ミリ秒～80 ミリ秒程度、非常に短い時間提示され、続いてターゲット語が PC のモニタ上に提示される(図3)。そして実験参加者はターゲット語に対する語彙性判断を求められ、ターゲット語が提示されてから語彙性判断をしてボタンを押すまでの時間が記録される。このような語彙性判断課題を**マスク下のプライミング課題**と呼ぶ(Forster and Davis 1984)。

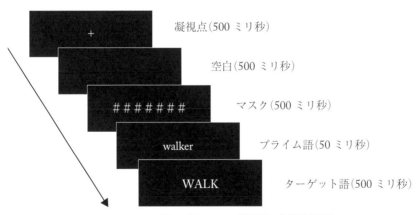

凝視点(500 ミリ秒)

空白(500 ミリ秒)

######

マスク(500 ミリ秒)

walker

プライム語(50 ミリ秒)

WALK

ターゲット語(500 ミリ秒)

図3　マスク下のプライミング課題の刺激提示順

　プライム語は提示時間が短いうえ、ハッシュマークの列とターゲット語がプライム語を隠すようなマスクの役割をするため、実験参加者はプライム語

が提示されたことにさえ気付かないことが多い。何かがハッシュマークの列とターゲット語のあいだに提示されたことに気付くことがあっても、書かれている語が判読できる人は少ない。実験参加者がプライム語の提示に気付かなくても、ターゲット語の認知に影響があることが報告されている。

　マスク下のプライミング課題は、視覚的に提示された語の認知処理の初期段階を調べるために使われることがある。たとえば、語の中には、複数の形態素が集まってできているものがある。たとえば、英語の walker という語は「歩く」を意味する動詞の walk と「～する人」を意味する er からできている。walk や er のような要素はそれ以上分解すると意味を成さない。このように意味を表す最小の単位を**形態素 morpheme** と呼ぶ。意味の中心となる方の形態素を**語根 root** と呼び、語根に付加して文法的機能を表したり、意味を付加したり、品詞を変えたりするはたらきをしている形態素を**接辞 affix** と呼ぶ。walker では walk が語根で er が接辞である。「ゆかいさ」という語では「ゆかい」が語根で「さ」が接辞となっている。このように複数の形態素で構成される語が視覚的に提示されると、その認知の初期段階では、語根から接辞が剥離されると言われる。これを**接辞剥離 affix stripping** という（Marslen-Wilson 2007）。つづりに表される形態素に基づいて分解されるため、**書記形態分解 morpho-orthographic segmentation**（または **decomposition**）（Rastle, Davis, and New 2004）と呼ぶこともある。この処理に基づくと、前述した walker なら、視覚的に提示されると walk と er に分解され、「ゆかいさ」は「ゆかい」と「さ」に分解される。

　このような語の分解について調べるとき、マスク下のプライミング課題が用いられている。多くの先行研究では、条件の異なる 3 種類のプライム語が同じターゲット語の語彙性判断にどのように異なる影響を与えるのか調べている（表 2）。

表 2　3 種類のプライム語とターゲット語の組み合わせ

	プライム語	–	ターゲット語
同一条件	walk	–	WALK
実験条件	walker	–	WALK
統制条件	player	–	WALK

　ここで扱っている例では、同一条件はプライム語がターゲット語と同一の語、実験条件はプライム語がターゲット語に er の付いた派生語、統制条件はプライム語がターゲット語と意味上関連のない語である。3 種類のプライム語は条件間で各語の頻度、音韻的長さ（英語はシラブル数、日本語は拍数や文字数など）、文字の種類や文字数（日本語はひらがな、カタカナ、漢字の数）など、調査しようとしている以外の要素で結果に影響を与えそうな要因（交絡要因。第 1 章参照）を条件間でできる限り統一する。また、プライム語とターゲット語のあいだに空白が入らないため、同じ種類の文字やフォントでプライム語とターゲット語を提示すると、実験参加者には同じ語が両方の提示時間を足した長さ分提示されたように見える。プライム語 50 ミリ秒、ターゲット語 500 ミリ秒なら、同じ語が 550 ミリ秒間提示されたように見えてしまうため、ターゲット語とプライム語の文字の種類やフォントを異なるものにする必要がある。アルファベット言語の語を提示する場合は、プライム語を小文字にして、ターゲット語を大文字にする、日本語はプライム語をひらがなで提示したら、ターゲット語をカタカナにするなどである。

　先行研究ではプライムとターゲットが同一の条件では、同一ではない条件よりも語彙性判断時間が短くなることが報告されている（Forster and Davis 1984）。もし、affix stripping の仮説の通り、派生語の walker から接辞の er が外されて、語根の walk になるとすれば、実験条件では walk の語根に対して、それと同じ WALK が提示されることになり、同一条件とほぼ同じようなプライム語とターゲット語の組み合わせとなるため、実験条件と同一条件に対する語彙性判断時間に統計的に有意な差がないことが予想される。一方、統制条件では player から er が外されて語根の play になり、そこにターゲット語の WALK が提示されても、意味上の関連性もなければ綴り字も異なるため、実験条件や同一条件とくらべて語彙性判断時間が長くなることが予測される。Rastle, Davis, Marslen-Wilson, and Tyler（2000）の研究では、プライム語の提示時間が 43 ミリ秒のときは、プライム語とターゲット語のあいだに意味的な関連性がある条件や半分程度の文字が重なっている条件ではプライミング効果が得られず、形態素が共通している条件でのみプライミング効果が観察された。しかし、プライム語の提示時間が 72 ミリ秒や 230 ミ

リ秒のときは、意味的関連性がある条件や文字が重なっている条件でもプライミング効果が見られたことが報告されている。また、接辞のように見えるが接辞ではない疑似接辞の付いた語をプライム語とした条件（corner-CORN）でもプライミング効果が報告されている（Rastle, Davis, and New 2004）。このような結果から視覚的に提示された語の認知処理の初期段階では書記形態に基づく処理が行われていると考えられている。ただし、先行研究は主にアルファベット言語を調査対象としており、日本語のようにアルファベットとは性質の異なる文字を使用している言語についてはどの種類の文字でも同様の結果が得られるのかまだ分からない部分があり（Nakano, Ikemoto, Jacob, and Clahsen 2016）、さらなる研究が待たれる。

　次節以降では、DMDX（Forster and Forster 2003）というソフトウェアと、時間解像度の高いゲームパッドを用いて、語彙性判断課題を実際に行う方法を解説する。また、DMDX を用いてリモートで実験を実行する方法もあわせて紹介する。

3.　DMDX を使った実験：準備編

　語彙性判断課題は刺激提示からボタン押しまでの時間を計るので、仕組みとしては自己ペース読文課題と同様の実験であり、インターネット上で動作するプログラムでも実行できるが、文脈の中で語を読む自己ペース読文課題と異なり、語彙性判断課題では文脈から独立して次々と提示される語に対する反応時間を計るため、より精密な時間解像度が望まれる。以下では、DMDX（Forster and Forster 2003）というソフトウェアと、時間解像度の高いゲームパッドを用いた方法を紹介する。

3.1　ハードウェアとソフトウェア

　必要なハードウェアは、OS が Windows のコンピュータ 1 台、それからもしあれば USB 接続のできるゲームパッド 1 台である（図 4）。キーボードからでも入力はできるが、どの実験参加者も同じ指で安定して操作できるなど操作性の良さやキーボードとコンピュータのあいだで交わされる 1 秒間

の送信頻度(ポーリングレート。第2章3節参照)などの関係で、ミリ秒単位の精度が求められるような実験の場合は、ゲームパッドなどが使用されることが多い。実験中に外部からの干渉を出来るだけ減らすため、ネットなどの接続を切り、DMDX 以外のソフトを終了する。

図4　ラップトップコンピュータとゲームパッド

　次に、DMDX というソフトを、下記のサイトからダウンロードしてインストールしよう。

http://www.u.arizona.edu/~kforster/dmdx/download.htm

　DMDX は Jonathan Forster が作成したプログラムで、コンピュータ内蔵クロックを利用して、刺激を提示するタイミングを調整したり、反応を測定したりすることができる無料のソフトである。USB 接続ができれば、市販の様々な機器を接続できる。

> **メモ**：PC についてだが、DMDX のホームページを見ると、相性の良い PC(2022 年 3 月末は Dell Inspirons)が記載されている。いっぽう、モニタに映す文字や画像はモニタの大きさに応じて変わって

しまう。モニタが小さいとモニタに提示する文字も小さくなってしまうため、ある程度の大きさが必要である。ラップトップコンピュータは小さくて軽いものが携帯には便利だが、実験には 15 インチ以上のモニタが見やすいようである。

3.2 TimeDX

PC のスタートメニューを開けると、DmDX というフォルダが追加されている。その中に DmDX Auto mode というプログラムと TimeDX というプログラムが入っている。TimeDX は刺激を提示する上でのモニターの精度を調べたり、DmDX とモニタやサウンドカードなどの調整を行うために使用する。DmDX の Help 機能やサイト(http://psy1.psych.arizona.edu/~jforster/dmdx/help/dmdxhdmdx.htm) には DmDX 4.1.2.2 以降は DmDX Auto mode を使用すれば、TimeDX は必ずしも使わなくても良いと述べられている。しかし、刺激提示の精度に関して配慮すべき点などが分かるので、一度は使ってみると良い。TimeDX をクリックして開こう。メニューバー(図 5)の一番右の Help を開けると、左欄の目次の中に Using TimeDX がある。これをクリックすると機器の調整やテストなどに関する 11 個の Step が箇条書きにされているが、以下にはモニタに刺激を提示するときの精度に関わるため必ず実施しなければならないものを取り上げる。

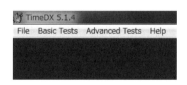

図 5　TimeDX のメニューバー

3.2.1　Select Video Mode

メニューバーの File から Select Video Mode を選択して開ける。解像度、bit 数、色の数などのモニタの特性のリストが表示される(図 6)。Select Video Mode を開けると自動的に、現在使用中のモニタに該当する項目が選

択される。一番下の段の Just Select It をクリックすると、Select Video Mode が閉じる。

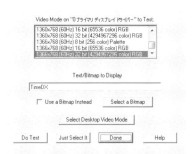

図 6　Select Video Mode の画面

3.2.2　Time Video Mode

　メニューバーの Advanced Tests から Time Video Mode を選ぶと、Refresh Rate という画面表示が出たのち、図 7 の表示が現われる。表示される数値は使用しているモニタによって異なる。Do Test をクリックするとテストが始まる。マウスをクリックすると、テストが終了する。上部に横並びに表が 4 つあり、それぞれ Sleep Times, TimeOut Values, Max. lines to Blit, Refresh Interval と書かれている。テストをすると、各表の一番下にある Tuned value が変わることがある。Save Last Used values in Registry をクリックする。そのあと Done をクリックして終了する。

> **メモ**：Refresh Rate（リフレッシュレート）について。モニタで静止画像や文字を見ると、肉眼で見る限りはずっと同じものが提示され続けているように見えるが、実際は 1 秒間に何十回も画面が更新されている。その更新の割合を Refresh Rate と呼ぶ。たとえば、Refresh Rate が 60Hz なら、1 秒間に 60 回更新されることを表す。

82

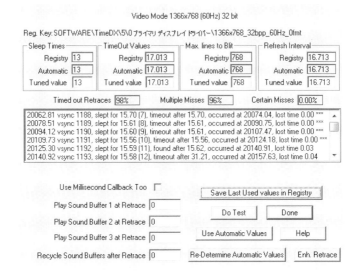

図7　Time Video Mode の画面

　メニューバーの Basic Tests から Refresh Rate を選び、クリックすると、図
8 が現れる。Do Test をクリックすると、画面に Refresh Rate のメッセージ
が数秒表示されたのち、元の表示に戻る。一番上に使用しているモニタの解
像度や Refresh Rate などの特性が表示される。図の例ではモニタの Refresh
Rate が 60Hz で画面が 16.708 ミリ秒に 1 回更新されることが分かる。これ
が 4 節以降に出てくる tick 1 回の長さである。Refresh Rate は、刺激などを
提示する時間の長さを指定するときに、リフレッシュされる回数で表すこと
があるので、メモしておくと良い。たとえば、ある単語を 500 ミリ秒画面
に提示したいときはリフレッシュに掛かる時間約 30 回分の長さ（16.708 ミ
リ秒×30 回 ≒ 501 ミリ秒）提示するよう指定する。実際の例は、本章の図
15 のスクリプトに掲載されている。

図 8　Basic Tests の Refresh Rate の画面

3.2.3　入力機器の名前を調べよう

　TimeDX を起動させ、メニューバーの Basic Tests の中から Input Test を選択する。すると図 9 の表示が現われる。上の欄にマウスやキーボードの下に図 4 の写真にあるゲームパッドが表示されている。この名前をメモしておくと良い。ゲームパッドが手元になくてとりあえずキーボードを入力機器にしてみるときは、キーボードの名前をメモしておこう。

　ゲームパッドまたはキーボードをハイライトして、その下にある Test のボタンをクリックすると、ゲームパッドのボタン名のリストが表示される。ゲームパッドのボタンをいくつか押してみよう。このとき、ゲームパッドでの表示名と TimeDX 上の表示名と必ずしも一致していないことに注意しよう。たとえば図 9 では、ゲームパッドには 3 と表示されているボタンが、TimeDX 上では「#2, < ボタン 2>」と表示されている。

　自分が実験で使用するボタンを押して、TimeDX での表示名をメモしておくと良い。のちにスクリプトを書くときに使用する。

　Input Test は Done をクリックして閉じる。TimeDX も閉じる。

図9　Input Test の画面

4.　DMDX を使った実験：実践編

　ハードウェアとソフトウェアの準備ができたら次は DMDX の動作を制御するためのスクリプトを書いてみよう。DMDX ではスクリプトが書かれたファイルを item file と呼んでいる。以下では語彙性判断課題のための item file の作成について説明する。PC のスタートメニューを開けると、DmDX というフォルダがあり、その中に DmDX Auto mode というプログラムが入っている。これは刺激提示や反応測定のために使用する。クリックして開けてみよう。

4.1　item file を作成しよう

　item file は、モニタに提示する刺激や刺激を提示する順番やタイミング、提示する時間の長さ、記録を開始しはじめるタイミングなどを指定する。

　ここでは、図 2 に示した提示法、つまり、「黒い背景の画面」に、「白い文字」で、「凝視点、空白、プライム語、ターゲット語をそれぞれ 500 ミリ秒ずつ提示」し、「ターゲット語に対する語彙性判断課題の長さを記録する」ための item file を書いてみよう。ゲームパッドなどがなくても、とりあえず DMDX を動かしてみることができるように、今回はキーボードを使用する。語彙性判断をした場合に、提示された文字列が単語と判断した場合はキーボードの M を、非単語と判断した場合は V のキーを押すことにする。また、最初の画面に Start と表示され、Enter キーを押すと実験が開始されるような item file を下記に例として示す（図 10）。

```
<id "キーボード"> <mr "+Enter"> <mpr "+M"> <mnr "+V">
<vm 1366, 768, 768, 32, 60> <dbc 000000000>          (1) parameters
<dwc 255255255> <cr> <n 5> <msfd 500> <d 60> <t 4000> <nfb>

0 "Start";                                            (2) 開始のメッセージ

-2 "+" /   / <ms% 500> "にがい" / <ms% 500> * "らでい"/ ;
+5 "+" /   / <ms% 500> "かくまう" / <ms% 500> * "うるおす"/ ;
+1 "+" /   / <ms% 500> "あつがる" / <ms% 500> * "さむがる"/ ;   (3) 5 回分の試行
-3 "+" /   / <ms% 500> "さした" / <ms% 500> * "けあた"/ ;
+4 "+" /   / <ms% 500> "いたわる" / <ms% 500> * "なみだ"/ ;

0 "終了です。";                                        (4) 終了のメッセージ
```

図 10　語彙性判断課題用 item file の例
（注意：Windows10 では <vm 1366, 768, 768, 32, 60> を削除する。）

　この例は、(1) parameter と呼ばれる実験全体の条件を制御する値を指定するための行、(2) 実験の開始を知らせるメッセージの提示を指示する行、(3) 5 試行分の刺激とその提示のタイミングや反応の測定を始めるタイミングを指示する行、(4) 実験の終了を知らせるメッセージの提示を指示する行の 4 つの部分で構成されている。DMDX の Help 機能に掲載されている例では、タスクに関する実験参加者への指示のほかに練習用の試行と本実験の試行も

86

一緒に input file に入れることが書かれており、柔軟に構成を変えることができる。

　具体的に見てみると、最初の 3 行が parameters に当たり、全体的な設定を指定している。4 行目の「0　"Start";」は実験の開始を知らせるため Start という語をモニタに提示することを指示している。5 行目から 9 行目までは図 2 に示されている流れで、提示する刺激とその長さを 5 試行分指定している。また、時間を記録し始めるタイミング（* で示されている）も示されている。最後の行「0　"終了です。";」は実験の終了を知らせるメッセージの提示が指示されている。

　とりあえず、図 10 のスクリプトを Word で書いてみよう。ただし、OS が Windows 10 以降の場合は、item file から <vm 1366, 768, 768, 32, 59>（使用しているモニタによって数値は異なる）を削除しておく必要がある。後述してあるように web 上での実施のときは実験参加者の使用しているモニタの仕様が分からない。そのような場合は <vm desktop> としておくと、実験に使用しているモニタの使用に合わせて自動調整される。ファイルを保存するときにはリッチテキストの形式（.rtf）で保存する。本章では仮に LDT_SAMPLE というファイル名にしておく。単語のフォントサイズや種類の設定は何種類か用意されている。ここでは WYSIWYG（what you see is what you get）を紹介する。この方法ではリッチテキストのフォントサイズや種類がそのままモニタに反映される。大きさやフォントを変えて試してみると良い。

　また、各試行は刺激以外は同じ文字や数字が繰り返されているため、Excel などを使って作成したものを、Word などにコピーして貼り付け、ファイルをリッチテキストとして保存して作成することもできる。

　item file には DMDX の動作を指定するための keyword と呼ばれるコマンドや提示する刺激が記述されている。keyword は <> にくくられている部分である。<> 内には、トークン token と呼ばれる様々な動作を指定する変数名またはその省略形（例：id…使用する入力機器を指定する）と、値（例：機器の名前）が組み合わせられている。トークンと値のあいだにスペースが入らなければならない。たとえば、id とその値の " キーボード " とのあいだ

にスペースを入れて、<id " キーボード "> とする。

　1 行目の <mr "+Enter"> <mpr "+M"> <mnr "+V"> には入力機器のキーやボタンとその役割が記載されている。入力機器についているボタンなどの名称は、Input Test の上の段に表示された機器名を（図 9）選んでハイライトし、Test をクリックすると表示される。キーボードのキーやゲームパッドのボタンを押してみると、Input Test の下の段に表示されている名称のうち、対応する名称がハイライトされる。たとえば、筆者の使用しているキーボードの Enter キーは、#28, <Enter> と表示されている。input file を作成するときは、< > の中に表示されている方を使用する。# の付いた番号は <id #keyboard> のように # を付けて入力機器を指定した際に使う。しかし、Forster 氏によると # は汎用ではなく、# の後ろに様々な入力機器名を記入できるようにはなっていない。Windows 2000 の登場よりも前に各国仕様の Windows や非アルファベット文字用キーボード等に対応するためにされた工夫だったようだ。remote testing と呼ばれる方法を使うときは、各参加者の使用しているキーボードが英語仕様とは限らない。そのようなとき、# を使用する方が誤動作が少ないそうである。図 10 では <> のボタンの名称と組み合わせた例が示されている。各 keyword の詳細については表 3 を参照して欲しい。

　5 行目から 9 行目の左端に書かれている「+」と「−」の記号は押すべきボタンを示している。「+」は yes を示すボタンが押されたら、「−」は no を示すボタンが押されたら、正解であるという意味である。数字は項目の番号を示し、任意の数である。ただし、4 行目と 10 行目の「0」は、その行が実験参加者への指示であることを示し、「0」のうしろの "" でくくられたテキストを表示する。刺激語などモニタ上に提示するテキストは "" でくくらなければならない。たとえば、「にがい」という語を刺激として提示するには「にがい」を "" でくくり、「"にがい "」とする。

　スラッシュ / は、frame を表している。上記のスクリプト内で、5 行目以降の / で区切られた部分が frame 1 つ分に相当し、各 frame に適用される。また、frame 内に提示時間を指定しておくと、parameters で指定したデフォルトの提示時間よりも、優先して実行される。セミコロン ; は、各試行の

88

終了を指示する。アスタリスク * は前述したように、反応時間の記録の開始を指示する。

　DMDX で使用することができる keyword は DMDX の Help 機能の中に掲載されている。ここでは上記のスクリプト内で使用している keyword について説明する。

表3　例(図10)のスクリプトで使用されている keyword

keyword	機能、例など
id, Input Device	キーボードや外付けの入力機器を指定する。機器の名称は TimeDX で調べることができる。TimeDX のメニューバーのうち Basic Tests から Input Test を起動させると、コンピュータに接続されている機器名が表示される。 使用するキーの名称は # ではじまる名称を使用した場合は、ほかのキーの名称も # がついている方を使用する。<> の中に表示されている方を使用する場合は、ほかのキーの名称も <> の中に表示されている方を使用する。例えば Enter キーは #28 となっているので、<id #keyboard> としたら、その後、Enter キーは #28 として記載する必要がある。 例：<id "キーボード"> <mr "+Enter">、(または <id #keyboard> <mr +#28>、以下ではどのキーか分かり難いので、# の付いていない事例の方を挙げておく。)
mr, Map Button to Request	<u>動作の要求をボタンに関連づける。</u> + はキーなどを押す、−は引くことを表す。 例：<mr "+Enter"> Enter キーを押すと実験が始まる。
mpr, Map button to Positive Response	<u>Yes の反応をボタンに関連付ける。</u> 例：<mpr "+M"> Yes 反応には M のキーを押す。
mnr, Map button to Negative Response	<u>No の反応をボタンに関連付ける。</u> 例：<mnr "+V"> No 反応には V のキーを押す。

vm, Video Mode	<u>モニタの属性。</u>下記 N1～N5 の 5 つのプロパティをこの順番で指定する。 N1 the horizontal size N2 the optionally reprogrammed vertical size N3 the real vertical DirectX video size that is re-programmed to N2's size N4 the color depth N5 the refresh rate オプション desktop など 例：`<vm 1366, 768, 768, 32, 60>`,`<vm desktop>` 以前は DMDX をダウンロードすると、様々な値をマニュアルで設定するようになっているプログラムも共にダウンロードされることがあった。しかし現在ダウンロードされる DMDX AUTO と表示されるプログラムでは、vm の値が自動的に設定されるようになり N1～N5 を記載する必要がなくなった。`<vm desktop>` は現在使用中のデスクトップ PC のモニタの設定が探知されて、使われるようになっている。
dbc, Default Background Color	<u>モニタの背景色を指定する。</u> 例：`<dbc 000000000>` 背景色を黒にする。
dwc, Default writing color	<u>文字の色を指定する。</u> 例：`<dwc 255255255>` 文字の色を白にする。
cr, continuous running	<u>継続して実験を実施する。</u>
n, Number Of Items	<u>項目の数</u> 例：`<n 5>` 5 試行の意味。
fd, Set frame duration	<u>フレームの提示時間を指定する。</u> 例：`<fd 30>` 刺激を tick 30 回分の長さ（約 500 ミリ秒）提示する。 tick 1 回分の長さ（リフレッシュにかかる時間）は TimeDX で refresh rate を調べると表示される（3.2.2 節）。

msfd, Frame Duration in Milliseconds	<u>フレームの提示時間をミリ秒で指定する。</u> 例：<msfd 500> 刺激を 500 ミリ秒提示する。 ただし、DMDX の help 機能では、tick1 回分の長さをミリ秒に換算するとき、少数点以下を切り上げるようになっている。60Hz のモニタに 50 ミリ秒間、刺激語を提示したい場合、tick3 回分ではなく、4 回分の長さ提示されてしまう可能性があることもあったが、現在は改善された。Remote testing では各参加者の使用機器で tick1 回分が何ミリ秒に該当するのか分からないため、ミリ秒で指定する方が参加者間での提示時間等を統制しやすい。ここでは 2 語の語彙性判断課題の item file は msdfd や msfd を使用し、4.5 節のマスク下のプライミング課題では dfd や fd を用いた例を掲載した。
d, Delay from request to next item's display request	<u>ボタンを押すなどコンピュータに対する要求があってから、次の item を tick 何回分の長さ遅らせるか。</u> 例：<d 60> ボタンを押したら、ticks 60 回分の長さ（約 1秒）遅れて次の刺激が出る。上記の例ではボタンを押すのは実験開始前に Start の画面が出たときと、各試行の最後で語彙性判断をするとき。Start の画面を見てボタンを押して、1 秒後に最初の凝視点が提示される。各試行の終わりにボタンを押すと、その 1 秒後に次の試行の凝視点が提示される。
t, Subject response Time	<u>実験参加者がボタン等を押して反応しないとき、最大どのくらいの時間待つのかを示す。</u> 例：<t 4000> 最大 4000 ミリ秒（4 秒）待つ
nfb, Disable feedback display	<u>フィードバックなし。</u>
ms%, Frame Duration in Milliseconds	<u>フレームの提示時間をミリ秒で指定する。</u> 例：<ms% 500>
*, Turn RT Clock On	<u>このフレームが表示されるときに時計を動かす。（反応時間を測定する。）</u>

以下に item file の 3 行目と 4 行目の指示内容を記しておく。

```
0 "Start";
```

このコードによって、「Start」が表示される。parameters の 1 行目の <mr "+ Enter"> で Enter キーを押すと実験が開始されることが指示されている。

```
-2 "+" / / <ms% 500> "にがい" / <ms% 500> * "らでい"/ ;
```

このコードにおける最初の「-」は、語彙性判断の正解が negative という意味である。「2」は項目に付けた任意の番号で、結果のファイルに記載される。ランダムな順番で提示したときなどに項目番号を参考にしながら、割り振った条件とあわせたりするときに役立つ。凝視点「+」が 500 ミリ秒提示され、空白が 500 ミリ秒提示される。(凝視点と空白の提示時間は parameters の 2 行目の <msfd 500> で指示されている。) そのあと、プライム語「にがい」が 500 ミリ秒、続いてターゲット語「らでい」が 500 ミリ秒提示される。「らでい」の提示時に反応時間が記録される。

　item file を書いたら、リッチテキストで保存する。その際、item file の文字を提示したい種類のフォントとサイズにしておく。たとえば、Courier New の 36 ポイントで書いて保存すると、その種類とサイズで提示される。

4.2　Item File を実行してみる

　DMDX を起動する。OS が Windows 7 の場合は DMDX を、Windows10 のときは DMDX Automode を起動させる。

　右上の Browse ボタンをクリックすると別のウィンドウが開きディレクトリの一覧が表示されるので(図 11)、作成した item file が保存してあるディレクトリにアクセスして、ファイルを選び、そのファイルを開く。

92

図 11　DMDX を立ち上げると表示される画面（背面）と Browse の画面（前面）

　次に Syntax Check のボタンをクリックすると、item file の一部が表示される（図 12）。

図 12　item file 等の表示

　Subject ID の欄に任意の語や数字を記入し（例では Test）、Run のボタンを
クリックすると、黒い背景に白い文字で Start と表示される。

　Enter を押すと、刺激の提示が始まる。終了すると、item file の最後の行
の「終了です。」が提示される。Escape キーをクリックすると、Save the
Data? というメッセージが表示される（図 13）。ここで「はい」を選択すると
データが保存されるが、「いいえ」を選択するとデータが保存されないので
注意が必要だ。

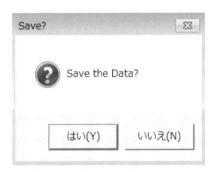

図 13　データを保存するかどうか尋ねている画面

4.3　収集したデータを見てみよう

　記録されたデータは、スクリプトを記載した item file と同じディレクトリ
に、item file と同じ名前のテキストファイルとして保存されている。それを
クリックして開けてみよう。下記（図 14）は図 10 の語彙性判断課題の結果の
ファイルを Windows 7 の VEGGIE と命名した PC で実施した際のもので
ある。読者のみなさんのファイルと、日時や PC 名や refresh rate や語彙性
判断時間が異なるため、記載されている名称や数字が異なっているかもしれ
ないが、全体の構成は同じはずである（Windows 10 で DMDX Auto Mode
で実施するとファイルを保存した場所などの記載も加わる）。

94

```
Subjects incorporated to date: 001
Data file started on machine VEGGIE
*************************************************************
Subject 1, 06/29/2018 19:08:21 on VEGGIE, refresh 16.71ms, ID
Test
   Item        RT
      2    -826.96
      5     669.64
      1     619.07
      3    1113.10
      4     699.49
```

図 14 結果のファイル

　2 行目の終わりの ID Test は、Subject ID の欄に入力した実験参加者の ID である。測定したデータは実施した試行順に 1 から 5 までの数字のあとに記載されている。この数字は図 10 の item file で指定した数字に対応する。－は誤答を表し、そのとなりの数字はターゲット語が提示されてからキーを押すまでの時間を表している。たとえば、「2　－826.96」は、1 試行目に項目 2 が提示され、その反応が誤答であり、ターゲット語が提示されてから826.96 ミリ秒後にキーを押したことが示されている。本章では統計分析まで扱うことはできないが、このファイルを Excel などで編集して分析を行う。
　2 人目の実験を同じ item file で実施すると、このテキストファイルにデータが自動的に追記されるようになっている。

4.4　マスク下のプライミング課題を実施してみよう
　下記の item file（図 15）は、マスク下のプライミング課題を 5 試行実施するためのものである。

```
<id "Elecom Wired Gamepad"> <mr "+ボタン 2"> <mpr "+ボタン 5">
<mnr "+ボタン 4"> <vm 1366, 768, 768, 32, 60><dbc 000000000>
<dwc 255255255> <cr> <n 5> <fd 30><d 30> <t 4000> <nfb>


0 "Start";
-2 "+" /  / "######" / <fd 3> "にがい" / <fd 30> * "らでい"/ ;
+5 "+" /  / "######" / <fd 3> "かくまう" / <fd 30> * "うるおす"/ ;
+1 "+" /  / "######" /<fd 3> "あつがる" / <fd 30> * "さむがる"/ ;
-3 "+" /  / "######" / <fd 3> "さした" / <fd 30> * "けあた "/ ;
+4 "+" /  / "######" / <fd 3> "いたわる" / <fd 30> * "なみだ"/ ;
0 "これで終了です。";
```

図 15　マスク下のプライミング課題用 Item File の例

　2節で取りあげた2語提示の語彙性判断課題の item file（図10）と大きく異なる点は、フレームの提示時間がミリ秒単位ではなく、tick数で表されていることと、プライム語の提示時間（<fd 3>）が短いことである。そのほかに2節の item file と異なる点は、空白（/ /）とプライム語のあいだに　マスク（"#####"）が提示されるようになっていること、プライム語（MS明朝）とターゲット語（MSゴシック）のフォントが異なっていることも挙げられる。

5.　リモートでの実施

　ウェブ上で実験ができれば、対面での実施を避けることができたり、遠方の人に実験に参加してもらうことができて便利である。DMDX に関しては、DMDX Help に Remote Testing Overview（http://psy1.psych.arizona.edu/~jforster/dmdx/help/dmdxhremotetestingoverview.htm）という項目があり、複数の方法が紹介されている。"The Luxury Yacht solution." に従うと、remote testing 専用のプログラムを Dropbox などに保存しておき、そのリンクを実験参加者に送り、参加者にプログラムをダウンロードしてもらう。そのプログラムを各自のパソコンで開けてもらうと実験が開始され、個々の結

果のデータが指定するメールアドレスに送られてくると共に、参加者全員の結果が1つのリストとなってDMDXの作成者であるForster氏が管理するArizona大学のサーバ psy1（http://psy1.psych.arizona.edu/DMDX/ または http://psy1.psych.arizona.edu/cgi-bin/unloadazk4web）に保存されるようになっている。結果のリストは前述のリンクをクリックすると見ることができる。DMDXのサイトの説明によると、実験協力者のPCにダウンロードしたソフトがインストールされることはなく、実験が実施されて記録されたデータが指定したメール宛に送られたあと、自動的に一時ファイルが削除されるようになっており、参加者がプログラムをアンインストールする必要はない。参加者にプログラムをダウンロードのフォルダに保存してもらうようにすると、ダウンロード内のほかのファイルが時間の経過と共に削除されるように設定してあれば、一緒に削除される。

　インターネット上で動くプログラムはネット接続の安定性や速さが実験結果に影響する可能性があるが、DMDXによるリモートでの実験では各参加者のPC上で動作し、結果は実験後にサーバに送られるようになっているため、そのような問題は避けることができる。DMDXによる remote testing での有効性については、Witzel et al. (2013) がマスク下のプライミング課題と文字探索課題による検証を行い、remote testing による実験のデータの有効性を示している。remote testing では入力機器はキーボードに限られるが、対面の実験ではキーボード以外の入力機器が使用できる。また同じ機器を使用できるため安定した設定やデータが得られる、などの利点がある。リモートで実施する場合は指を常時キーの上に置いておくよう指示したり、実験は静かな環境で行い、画面から目を離さないようにすることなども指示に盛り込む必要が考えられる。

5.1　リモート用の file を準備しよう

　リモートで実験を実施するために必要なファイルは、poster.exe、DMDX.exe、item file（.rtf）、バッチファイル（.bat）の4つである。poster.exe はDMDXと共に使える便利なプログラムを集めた zip ファイル（DMDXUTILS.ZIP）の中に入っており、DMDX help 内のリンク（http://

www.u.arizona.edu/~jforster/dmdx/dmdxutils.zip）からダウンロードできる。
item file は図15で作成したものに、ID を記入する指示や ID を記録するス
クリプトを付け加える必要がある。バッチファイルは、windows 下で動作す
るコマンドを記載したファイルで、拡張子が .bat となっている。

　図16に item file の例を示す。

```
<ep> <fd 30> <vm desktop> <id #keyboard><dbc 000000000>
<dwc 255255255> <nfb> <cr><n 3> <inst hardmargin> <scramble 1> <eop>
```
(1) parameters

```
$~1103 ma++ mb++ mc++ md++ <mpr +#28>;
+1101 <delay 2> <inst .1,.1,.8>"IDなどを ", " 入力して ", " ください。
", "IDなどの ", " 入力が ", " 終わったら ", "Enterの ", " キーを ", " 押して
", " ください。" <inst nl>, <inst nl>, ~c, "|" <prose cursor>, ~d
<prose a,b,c,d> <mwb +#28, 1102 bu,-1101> ;
1102 <emit typed text is:~a~b:>;
```
(2) ID の入力
指示、表示、
記録

```
0 <umb> <mr +#28> <mpr +#50> <mnr +#47><msdfd 500><d 60>
<t 4000> " 練習をはじめます。Enter を押してください。";
```
(3) 語彙性判
断用設定

```
0 " タスクについて "<line -6>,
" モニタ上に単語が表示されます。"<line -4>,
" そのあとに続いて文字列が表示されます。"<line -3>,
" 例、「たぬき」ー「きつね」，「たぬき」ー「きねつ」"<line -2>,
" その文字列が日本語にある単語かどうか判断してください。"<line 0>,
" あると思ったらキーボードの M を、ないと思ったら V を、" <line 1>,
" できる限り速く正確に押してください。"<line 2>,
" 次に進むには Enter を押してください。" <line 4>;
```
(4) 教示文

```
+999 <ms% 500>"+" /  /<ms% 500> " めがね " /<ms% 500> * " レンズ "/;
-999 <ms% 500>"+" /  /<ms% 500> " ラジオ " / <ms% 500> * " たるほ "/;
```
(5) 練習用刺激

```
0 " 練習を終わります。"<line -1>,
" 左人指し指を V に、右人指し指を M に置いてください。"<line 1>,
" Enter を押して本番に進んでください。"<line 2>;$
```
(6) 本実験へ
進む指示

98

```
-2 <ms% 500>"+" /  /<ms% 500> "にがい" / <ms% 500> * "らでい";
+5 <ms% 500>"+" /  /<ms% 500> "かくまう" / <ms% 500> * "うるおす"/;
+1 <ms% 500>"+" /  /<ms% 500> "あつがる" / <ms% 500> * "さむがる"/;
$0 "休憩です。再開するには Enter を押してください。"; $
-3 <ms% 500>"+" /  /<ms% 500> "さした" / <ms% 500> * "けあた"/ ;
+4 <ms% 500>"+" /  /<ms% 500> "いたわる" / <ms% 500> * "なみだ"/;
+6 "+" /  /<ms% 500> "つくえ" / <ms% 500> * "みかん"/ ;


$0 "これで実験は終わりです。"; <line -2>,
" Survey Code は xxxxxx です。"<line -1>,
" zzz 会社のサイトで報告してください。"<line 0>,
" コピー機能は使えないので手書きで写してください。"<line 1>,
" 写し終わったら、画面を閉じて終了してください。" <line 2>,
" ご参加有難うございました。" <line 3>;$
```

(7) 本実験の刺激と休憩の指示

(8) 終了と報告用コードに関する記述

図 16　Remote testing での語彙性判断課題用 Item File の例

　下記に図 16 について大まかに説明する。各 keyword の詳細は表 3 と表 4 を参照して欲しい。

(1) parameters の部分で、<ep> と <eop> は parameters の範囲を示している。parameters が 1 行で収まり切らないときにどの部分が parameter か示すために、<ep> と <eop> で囲う。入力機器はキーボードで、使用するキーは Enter と V と M の 3 つとしてある。異なる国の各参加者が使用するキーボードが何語仕様なのか分からないため、キーボードは #keyboard で、Enter は #28 で、M は #50、V は #47 で示している。<Inst hardmargin> は、4、5 行目の教示文を表示する範囲を指定するための keyword である。

　　対面の実験で DMDX を使用する場合は実験者が参加者の ID を入力するようになっているが remote testing の場合は参加者に自分で入力してもらうための script が必要である。

(2) ID の入力指示、表示、記録では、ID の入力に関する指示を表示し、入力された ID を画面に表示して結果のファイルに記録するための keyword や値が並んでいる。すべての keyword が必要であり、#28

（Enter キー）、指示文、item 番号の +1101 と -1101, 1102 などは他の値などに変えることができるが、必要が無ければこのままでもよい。また feedback はしないように設定しておく必要がある。図 16 の例では 1、2 行目のパラメータの中で <nfb> と設定されている。

(3) 語彙性判断用設定では、語彙性判断課題のための keyword が並んでいる。<umb> で ID 入力に使用したキーを一旦解除し、新たに <mr +#28> <mpr +#50> <mnr +#47> で語彙性判断で使用するキーを指定している。

(4) 教示文では、教示文と練習用の刺激と本実験へ進む指示を表示するようになっている。1 行として表示したいテキストの末尾に「<line 行番号 >,」と書く。画面の中央に表示したい行を <line 0> とし、それより上はマイナスの番号を付ける。番号を飛ばすと、その行が表示されず間があく。

(5) 練習用刺激は、練習を実施するためのスクリプトである。

(6) 本実験へ進む指示では、練習が終わったあと、指を指定のキーの上に置いてもらってから本実験に進む指示を表示するようになっている。

(7) 本実験の刺激と休憩の指示は、図 16 では合間に休憩を挟むようになっている（「0 " 休憩です。再開するには Enter を押してください。"; 」）。前後の $ マークは実験文がランダムに表示されても $ マークに挟まれた箇所の位置が変わらないようにしている。

(8) 終了と報告用コードに関する記述は、本実験の刺激提示後、被験者に報告してもらうコードに関する記述となっている。文言やコードは必要に応じて変更して欲しい。図 16 の item file で使用されており、表 3 に記載されていない keyword のうち主なものを表 4 に示す。各 keyword には表 3 や表 4 に記載されている以外にも数多くの機能やオプションがある。

表4　例(図16)のスクリプトで使用されている主な keyword

keyword	機能、例など
emit,	<emit *text*> では *text* の部分が .azk ファイルに出力される。
ep, ExtendedParameters	parameters が長いときに keyword の <eop>（<EndOfParameters> の略）と共に、parameters の範囲を示す。 例：<ep> と <eop> parameters が長いときに両者で囲んでその範囲を示す。
Instruction,	教示文などのテキストをモニタに表示するときの範囲を指定する。 Instruction N1, N2, N3, **オプション** N1 左座標、N2 上座標、N3 右座標のほか、オプションとして hardmargin（右座標を超える前に改行される）や nl（new line の略。改行される）などが用意されている。日本語のように語句のあいだにスペースが入らない言語は、図16の例のように、<Instruction hardmargin> のあとに語句を細切れにして " " で囲み、カンマ(,)で区切っておくと、右座標を超えないように改行される。inst と省略するとオプションのみが item file 全体に有効となる。 例：<inst hardmargin> テキストが画面の右端を超えないようにする。 <inst nl> テキストが改行される。
msdfd, Millisecond Default Frame Duration	デフォルトのフレームの提示時間をミリ秒で指定する。 例：<msdfd 500>　刺激を500ミリ秒提示する。
mwb, Multi-Way Branch	たとえば回答に関して複数の入力の選択肢がある場合などに、入力に合わせて動作を分岐させる。 例：<mwb +#28, 2, bu, -1001> 図16では、#28(Enter キー)を押すと ID の入力が終了し、2番に分岐し入力された ID が item file 名 .ask に記録されるようになっている。事例の bu は Branch の略。<bu N> は分岐して N 番の item になるの意。-N は前に戻る。 例：<bu -1001>　-1001番に戻る。

prose,	例：<prose a, b, c, d> 文章の入力を助ける。macro や branch などと組み合わせることができる。a〜d は先に作成しておいた macro 名。a と b はデータファイルに出力するために適切な普通のテキストで、c と d は 2 語以上入力された場合に " " や delimiter（区切りを示す記号）で囲まれた項目を表示するのに適切な範囲が記されている。<prose cursor> は 2 つのマクロが指定する範囲内に表示され、通常の入力画面と同じように動作するようにするための工夫であるので、そのまま使っておくと良い。
s, Scramble	疑似ランダム化して表示する。 例：<scramble 1> 全体を 1 つのブロックとして扱い、その中の trial がランダムな順に表示される。
umd, Un-Map Button Keyword	前に指定してあったキーやボタンを解除する。 例：<umb>　キーやボタンの解除
$,	$$ で囲まれていない部分がランダムな順番で表示されるとき、$$ で囲まれた箇所の位置が固定されて表示される。Keyword の scramble とセットで使用する。 例：図 16 で教示文や休憩の指示文の前後に使用されている。

　バッチファイルも自分で作成する必要がある。下記に例（図 17）を示す。**itemFileName**、**メールアドレス＠アドレス**、メールのタイトル（**subject=** のうしろ）の部分を変更する必要がある。それぞれの = と前後の文字のあいだに半角スペースを入れないようにする。下記の例では見やすいように太文字で表示してあるが太文字にする必要はない。

```
start /wait "DMDX" dmdx.exe -auto -run itemFileName.rtf
if not exist itemFileName.azk goto diags
poster.exe /cgi-bin/unloadazk4web email= メールアドレス＠アドレス
subject=unloadazk4web+itemFileName+testing -iemailaddr hash=
itemFileName.rtf results=itemFileName.azk
if errorlevel 1 pause
goto end
:diags
poster.exe /cgi-bin/bsdemailer email= メールアドレス＠アドレス
subject=unloadazk4web+itemFileName+failure -iemailaddr
diagnostics=diagnostics.txt
if errorlevel 1 pause
:end
```

図 17　poster.exe と共に使用するバッチファイルのスクリプト例

　item file 名は、作成した item file の名前に変える（test.rtf など）。対面の実験の場合は、itemFileName.azk は記録したデータのファイル名だが、remote testing ではファイルに記録されたデータがメールの本文に表示される。メールのタイトル（subject= のうしろ）は送られてくる結果に関するメールのタイトルとなっている。＝と前後の文字のあいだにスペースを入れないようにする。unloadazk4web+itemFileName+testing の方はプログラムがうまく動作したときに結果と共に送られてくるメールのタイトルの例である。unloadazk4web+itemFileName+failure はプログラムがうまく動作しなかったときに送られてくるメールのタイトルの例である。うまく動作しなかった場合は file did not open など本文に原因が記載される。メールアドレスは結果の送り先のメールアドレスに変更する。

　スクリプトが書けたら、ファイル名の欄に " " の中にファイル名と拡張子を入れて(" ファイル名 .bat")保存するとバッチファイルができる。

5.2　リモート用の file を自己解凍ファイルにしよう

　4 つのファイルが揃ったら、有料の WinZip Self-Extractor などのプログラ

ムで自己解凍 zip ファイルを作成する（自己展開 zip と呼ばれている）。この際、注意することは 4 つのファイルをフォルダに入れて zip ファイルにしてはならない、ということである。4 つのファイルをカーソルなどで選んでおき、まず通常の zip ファイルにする。それから WinZip Self-Extractor を起動して、自己解凍 zip ファイルにする。

　WinZip Self-Extractor の操作中、3 つのメッセージを入力する欄が出てくるのであらかじめ用意しておくと良い。DMDX Help から体験用のプログラムをダウンロードすることができ（http://www.u.arizona.edu/~jforster/dmdx/commstest2.exe）、作成すべきメッセージが分かる。体験用のプログラムをクリックして開けてみると、1 つ目のメッセージは実験実施中に通知などがポップアップすると実験に影響するため、ポップアップしない設定にする必要があることが表示される。2 つ目のメッセージは、DMDX が使用している PC などにインストールされることはないということなどと、実験をはじめるには Setup のボタンをクリックして欲しいということが英語で表示されるようになっている。さらに Setup のボタンの下にある About をクリックすると、DMDX は単語や図などを極短時間に表示して実験を実施するプログラムで、作成者は K. I. Forster & J. C. Foster（アリゾナ大学）であることや、本ファイルが WinZip Self-Extractor を使用していることなどが記載されている。

　WinZip Self-Extractor の操作中、元のファイルが Standard self-extracting Zip file（標準的な自己解凍 zip ファイル）か Self-extracting Zip file for Software Installation（ソフトのインストール用自己解凍 zip ファイル）かを選択する画面が表示されるので、後者を選ぶようにする。その後、上記の 1 つ目のメッセージを入力する欄が表示される。

　その次に option として When run on Windows Vista: Run as user か Run as administrator かを尋ねてくる。Administrator である必要はないため、前者のユーザとしてソフトを走らせる方を選ぶようにする。

　次に Command to issue when unzip operation completes: という欄が表示される。ここには .¥ を付けたバッチファイル名を入れる（.¥ バッチファイル名 .bat）。自己解凍 zip ファイルが出来上がったら、このファイルを

Dropbox などに保存しておく。実験協力者にリンクを送ってダウンロードしてもらい、協力者の PC で実験を実施する。その際、ダウンロードするファイルを download 用のフォルダに保存してもらうよう依頼すると、参加者の方で download フォルダ内のファイルが時間の経過に従って削除されていくように設定してあれば、ほかのダウンロードしたファイルと共に削除される。あるいは、実験参加を依頼するときに、ダウンロードしたファイルを実験終了後削除して構わない旨を伝えておくと良いだろう。

5.3　自己解凍ファイルを試してみよう

　自分で作成した自己解凍ファイルで試しに実験を実施してみよう。うまく行った場合はメールに結果が送られてくる。また前述した psy1 のリンク先に item ファイル名で始まる結果リストへのリンクが作成されている。複数回の実施では、結果は追書きされていく。

　psy1 に保存されているファイルは一定期間を過ぎると自動的に削除されるようになっている。手動で削除するためには図 17 の script のように hash=**itemFileName**.rtf が入れてある必要がある。削除するためには、poster.exe と item file を入れた自分の PC のディレクトリで DMDX を走らせて結果のファイル（itemFileName.azk）を生成させる。そのあと、Windows のアクセサリの中にあるコマンドプロンプトというプログラムを立ち上げ、上記 3 つのファイルが入っているディレクトリで以下のコマンドを走らせると削除される。

```
poster.exe /cgi-bin/unloadazk4web hash=itemFileName.rtf
delete= itemFileName.azk
```

5.4　暗号化する仕組みを利用する方法

　上記の remote testing の方法は簡単にデータが確認できて便利だが、指定のリンクをクリックすると誰でもデータのリストを見ることができてしまう。反応時間のリストに ID の数字が入っている程度では何かに利用できる可能性は低いが、DMDX help には見られたくないときに SSL（送受信する

情報を暗号化する仕組み）を利用する方法も紹介されている。SSL を利用する場合は、DMDX の利用者が独自にサーバを立てる方法と Forster 氏の運営するドメインを利用させてもらう方法が紹介されている。サーバの設定等は本書で扱える範囲を超えるため、ここでは Forster 氏の管理するドメインを利用させてもらう方法を紹介する。

　必要なものは、DMDX.exe と item file、前述した DMDXUTILS.ZIP に入っている sslposter.exe とバッチファイルである。これら 4 点を自己展開 Zip ファイルにして使用する。基本的に poster.exe のときと同じ方法で、実験は実施できる。

　バッチファイルは、図 18 のうち、**itemFileName**、**メール ＠ アドレス**、**itemFileNamehash** を変更する。太文字になっているが、太文字にする必要はない。hash=**itemFileNamehash** を入れ忘れると、データの取り出しや結果の .azk ファイルの削除ができなくなってしまうので入れ忘れないように確認しよう。

```
del *.azk
start /wait "DMDX" dmdx.exe -auto -unicode -ignoreunknownrtf -run
itemFileName.rtf
if not exist itemFileName.azk goto diags
sslposter.exe /cgi-bin/unloadazk4web email=メール＠アドレス
subject=unloadazk4web+sslcommstest+testing -iemailaddr
hash=itemFileNamehash results=itemFileName.azk
datadir=/home/jforster/DMDX/
goto end
:diags
sslposter.exe /cgi-bin/bsdemailer email=メール＠アドレス
subject=poster+sslcommstest+failure -iemailaddr
diagnostics=diagnostics.txt
:end
```

図 18　sslposter.exe と共に使用するバッチファイルのスクリプト例

うまく動作すれば指定のメールアドレス宛に実験結果が保存されたという

106

通知が来るが、結果は暗号化して隠しているためメールには表示されない。うまく動作していない場合は failure のメールも届かないことがあるので、まず最初に poster.exe の方を使って、結果の送信や html ファイル上での結果の表示等を確認してから sslposter.exe を使用すると良いだろう。

　結果を表示するには、図 19 のスクリプトをインターネット閲覧用検索エンジンのアドレスバーに URL を入力する。itemFileName と **itemFileName** はバッチファイルに記入したものと同じになるように入力する。???????=??????? の部分は暗号解読に関する秘密の鍵と呼ばれるコードであるが、Forster 氏に直接問い合わせる必要がある。連絡先はDMDX のメーリングリストなどで知ることができる。

```
https://psy1.psych.arizona.edu/cgi-
bin/unloadazk4web?hash=itemFileNamehash&retrieve=itemFileName.
azk&datadir=%2fhome%2fjforster%2fDMDX%2f&subject=itemFileName
&???????=???????
```

図 19　sslposter.exe を使用した際に結果を .htm(l) ファイルに表示させるためのスクリプト

　図 18 の 1 行目の del*.azk は新たな item ファイルが使用されたときに前の .azk ファイルが削除されるようにするための工夫だそうである。一方、同じファイルを複数回実施すると結果が追書きされるため、ファイルのサイズが大きくなっていく。sslposter.exe を使用した場合は、時間の経過により自動削除されないため、保存容量の限界を超えないよう使用者が削除する必要がある。結果ファイルを削除するためには、図 20 のスクリプトをインターネット閲覧用検索エンジンのアドレスバーに URL を入力する（図 19 のretrieve を delete に変更したもの）。削除すると元には戻らないため結果のデータを保存してから削除しよう。

```
https://psy1.psych.arizona.edu/cgi-
bin/unloadazk4web?hash=itemFileNamehash&delete=itemFileName.
azk&datadir=%2fhome%2fjforster%2fDMDX%2f&subject=itemFileName
&???????=???????
```

**図 20　sslposter.exe を使用した際に結果ファイル (.azk) を削除するためのス
クリプト**

　結果のファイルはまめにバックアップを保存したり削除して、管理するよ
うにしよう。

6.　おわりに

　DMDX の Help 機能には本章で紹介したものほかにも様々な機能が掲載
されている。DMDX で語彙判断課題を動かすことをきっかけに、ほかの種
類の課題も作成できるようになれば幸いである。また、本章で DMDX につ
いて執筆することを許可してくださると共にこのような便利なプログラムを
作成・維持し続けてくださっている Forster 氏に心から感謝申し上げる。

第4章
言語産出の実験方法

　言語がどのように話されているかの過程を解明する研究を**言語産出 language production** の研究という。第2、3章で紹介した容認性判断課題、読文課題、語彙性判断課題などが解明しようとする言語理解のプロセスに比べ、言語産出のプロセスは実験環境下で統制するのが難しい。よって、理解の研究と比して相対的に研究が遅れていたが、近年は産出実験の方法論が確立されつつあり、様々な研究が進められている。

　本章ではまず、過去に行われてきた文産出における実験方法の詳細に注目し、またこれらの実験方法の利点と欠点、そしてオンライン上で行うことができる心理実験ソフト Gorilla（Anwyl–Irvine et al. 2020）のプログラムを使用しての実験方法の説明を行う。

1.　言語産出の研究方法の歴史

　初期の言語産出の研究は特に Victoria Fromkin や Merril Garrett といった研究者たちによって進められ、それらの研究は主に言い間違い（スピーチエラー）やコーパス研究を中心としたものであった（Fromkin 1971、Garrett 1980）。これらの研究の良い点は、実際に人の自然な会話を記録したデータであるので、人工的な会話を分析したことにはならないという点である。しかしこれらの研究方法は限界も抱えていた。スピーチエラーの研究については、エラーが起こる頻度が低すぎて調べることができないエラーが存在したり、またコーパスにおいては、調べたい現象を探すことがとても難しいという問題点を抱えていた。その後、Willem Levelt や Kathryn Bock といった研究者が中心となり、心理実験を用いた言語産出の研究が進められ、現在は心理実験を中心とした研究が主となっている（Levelt 1989、Bock 1986）。

　本章では、現在主流となっている心理実験方法について紹介していきた

110

い。今回は特に3つの実験（**絵描写タスク picture description task**、**文再生タスク sentence recall task**、**談話タスク dialogue task**）について紹介し、また各実験方法の利点と欠点を説明していく。

　なお、各実験方法の説明を簡単にするために、今回は「警察官が消防士をつついている」という内容を能動文（警察官が消防士をつついた）もしくは受動文（消防士が警察官につつかれた）で読み、その後に続く絵の説明がそれらの文に影響を受けるかどうかを検証する実験を行ったと仮定する。いわゆるプライミング効果（e. g., Bock 1986）を見る実験である（第3章も参照）。次節（第2節）では前述した3つの実験手法の概略を見て、第3節で Gorilla というオンライン実験プラットフォームを使った実験設定方法を説明する。

2.　文産出の実験方法

2.1　絵描写タスク picture description task（e. g., Bock 1986）

　心理言語学の言語産出研究において、この絵描写タスクは頻繁に使用されている実験方法である。この実験の方法は、絵を見て文として説明するというもので、具体的な実験方法は下記のような流れである。

　まず、コンピュータのスクリーンに**プライム絵 prime picture** が提示される。その後**プライム文 prime sentence** が提示され、実験参加者はこの文が絵を正しく説明しているかどうかを判断する。今回は、「警察官が消防士をついた（能動態）」もしくは「消防士が警察官につつかれた（受動態）」のどちらかが提示されるように実験のプログラムが作られているので、参加者はその文が絵を正しく説明しているかどうかを、予め設定されているキーボードやマウスを押すことで判断し、その解答が画面に提示される。その後、**ターゲット絵 target picture** が提示され、参加者はこの絵の内容を発話して説明する。今回の場合は、「歌手がヴァイオリニストをついた」もしくは「ヴァイオリニストが歌手につつかれた」という文で説明できる。

　このような実験を行うと、多くの実験参加者はプライム文を読んだあと、その構造（能動態もしくは受動態）に影響されて、ターゲット絵をプライム文

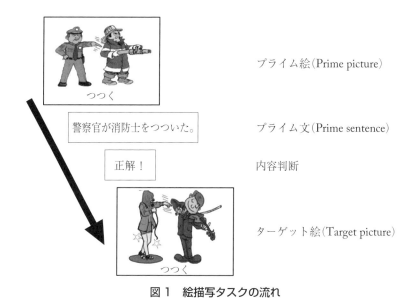

プライム絵(Prime picture)

プライム文(Prime sentence)

内容判断

ターゲット絵(Target picture)

図 1　絵描写タスクの流れ

と同じ構造で説明する傾向が高くなったという発見がされている(Bock 1986)。

2.2　絵描写タスクの利点と欠点

　Bock(1996)によると、このような絵描写タスクには利点と欠点がある。利点として挙げられるのは実験自体が非常に実施しやすい点である。実験に必要な絵を準備さえできれば、実験プログラムは非常に作成しやすい。

　欠点として挙げられるのは、絵にできない文は実験でテストできないということである。絵で表現できる文というものには限りがあり(能動態、受動態など)、もし絵で表現できないような複雑な文を産出してもらいたいようなときは、この実験方法を使用するのは難しいと言える。

2.3　文再生タスク sentence recall task（Bock and Warren 1985、Ferreira 2003）

　次に紹介するのが文再生タスクである。このタスクでは、実験参加者に文を一時的に覚えてもらい、後ほど思い出してもらう（再生してもらう）。これは記憶テストのような印象を受けるが、実際にはそうではない。この実験において文の記憶を一時的にうろおぼえ状態にすると、大体の文の意味を覚えているのみで、文の構造そのものを覚えていないため、人は覚えている内容をまた文として組み立てようとする。過去の研究によると、このプロセスは「伝えたいメッセージを、文法的に組み立て、音声として発話する」という言葉を話す過程を再現していると主張されているため（e. g., Ferreira 2003）、文産出の実験としてよく利用されている。

　具体的な実験方法は図2の通りである。この実験方法は Ferreira（2003）、Tanaka（2018）を参照としているが、まずフィラー文が5秒間提示され、実験参加者は5秒間にこの文を記憶する。その直後にプライム文が5秒間提示され、同じく5秒間で記憶する。その直後にプライム文の一部だけ提示されるので、実験参加者は残りの文を発話する。その後同じように、フィラー文が5秒間提示され、同じく5秒間で記憶する。続いてターゲット文が5秒間提示されるので、同じように5秒間で記憶する。その後、同じくターゲット文の一部だけ提示されるので、実験参加者は残りを発話する。このときに、記憶したターゲット文はうろおぼえの状態となっており、プライム文の構造に影響を受けていれば、ターゲット文はプライム文と同じ構造で思い出す確率が高くなる。

2.4　文再生タスクの利点と欠点

　この文再生タスクの利点は、非常に様々な文をテストできることである。先ほど紹介した絵描写実験においては、絵にできないような刺激文を対象としたときには実験が行えないという欠点があった。しかしこの文再生タスクでは一旦記憶することができればどのような文でも実験が可能となる。実際に態や語順（Tanaka et al. 2011）のみならず、関係詞 that の省略（Ferreira 2003）、メトニミー（Tanaka 2018）といった研究など、様々な刺激文を実験で

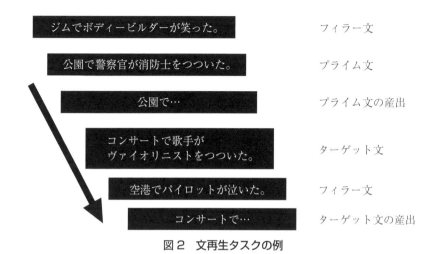

ジムでボディービルダーが笑った。　　　　フィラー文

公園で警察官が消防士をつついた。　　　　プライム文

公園で…　　　　　　　　　　　　　　　　プライム文の産出

コンサートで歌手が
ヴァイオリニストをつついた。　　　　　　ターゲット文

空港でパイロットが泣いた。　　　　　　　フィラー文

コンサートで…　　　　　　　　　　　　　ターゲット文の産出

図 2　文再生タスクの例

使用することが可能になる。

　欠点として挙げられるのは、Bock (1996) によると、まず記憶との関連性の問題である。このタスクでは、文を一時記憶させていくが、記憶力には個人差があるので、その記憶力に影響を受ける可能性がある。また、一時的な記憶をさせることで、難しい構造を含む刺激文を使用すると、実験参加者によっては文を記憶できず、データを失いやすいということが挙げられる。

2.5　談話タスク Dialogue task（Branigan et al. 2000、 Hartsuiker et al. 2004）

　これまで挙げられてきた実験は参加者があくまでも 1 人で作業を行うものである。しかし会話は 1 人で行うものではないため、その点を実験として調べようと改善された実験方法として「談話タスク」が挙げられる。これは実験協力者と実験参加者を組み合わせて「擬似的な対話」を作り出すというものである。

　Branigan et al. (2000) を参考にして、実際の実験方法を紹介する。

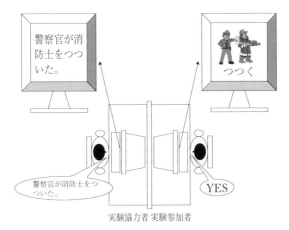

図3　談話タスク（フェーズ1）

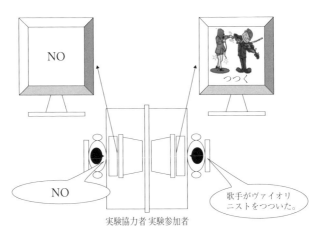

図4　談話タスク（フェーズ2）

　この実験では実験協力者とともに参加者が実験を進めていく。まず図3のように、実験協力者のスクリーンに能動文、もしくは受動文が提示され、それを参加者に聞こえるように発話する。参加者の画面にはその文が説明された絵が提示されており、実験協力者が発話した文がその絵を正しく説明しているかどうかを「はい」もしくは「いいえ」で答える。その後、図4のよ

うに、異なる絵が参加者のスクリーンに提示され、その絵を実験協力者に説明する。実験協力者のコンピュータスクリーンには、YES または NO といった文字が提示されており、実験協力者はこれをそのまま読むことになる。ここでは、実験協力者が発話した文の構造に影響を受け、その構造で絵を説明する傾向が高くなると予想される。

2.6　談話タスクの利点と欠点

　談話タスクの利点は、まず実際の対話に近いかたちでの実験ができることである。本章の 2.5 でも説明したように、会話は 1 人で行うものではなく、人と人との関係から進められる。その点でも擬似的ではあっても対話という形で実験を行うことで、実際にどのような会話が人と人で行われているのかがわかるであろう。また、実験として少ない人数の参加者でも効果が出るという利点もある。

　欠点として挙げられるのは実験方法の複雑さである。この実験は協力者も必ず必要となり、実験を実施する上では少々複雑になる。

　以上、主に 3 つの実験方法を紹介した。どの実験にも利点と欠点はあり、何を狙いとして実験を行いたいのかを考え、実験方法を選ぶのが良いだろう。

3.　Gorilla を使用した実験プログラムの作成方法

　オンライン上で実験を行うサイトは新型コロナウィルス感染症の拡大により、急速に増えてきた。今回はその中でも Gorilla（Anwyl-Irvine et al. 2020、https://gorilla.sc/）というオンライン実験プラットフォームを紹介する。Gorilla は洗練されたインターフェースを持ち、また実験の設定にもグラフィカル・ユーザー・インターフェース（GUI）を採用しているため、プログラミングに馴染みがなくても比較的とっつきやすいという利点がある。また初版で紹介した E-Prime は大変高価なソフトウェアだが、Gorilla についてはアカウント開設や実験課題のセットアップは無料でできる。ただし実験参加者の数に応じた課金（執筆時：1 人につき＄1.25）があるので完全無料で

116

はない。

> **メモ**：Gorilla は 2023 年 8 月現在において説明などが英語のみの対
> 応となっている。しかし刺激文などは日本語で提示することは可能
> である。

3.1 実験の作成

　今回は図 1 の絵描写タスクを実施するために実験を作成していきたい。
まず最初のステップとして、Excel でスプレッドシート・ファイルを作成す
る。実例として、本章では図 5 のような内容のシートに沿って解説する。
ファイル名は任意だが、ここでは priming1. xlsx とする。Primepicture 列と
Targetpicture 列には、実際に使用する画像ファイル名を入れる。

	Home	Insert	Draw	Page Layout	Formulas	Data	Review		Tell me	

	randomise_blocks	randomise_trials	display	Primepicture	Primesentence	ANSWER	Targetpicture	recording
1	randomise_blocks	randomise_trials	display	Primepicture	Primesentence	ANSWER	Targetpicture	recording
2			Priming	PF1ana.png	A		1 PF1anb.png	
3			Priming	PActAn1a.png	B		2 PActIn5b.png	
4			Priming	PActIn5a.png	C		1 PActAn4a.png	

図 5　実験ファイル

　この Excel ファイルは後ほど Gorilla にアップロードする。枠で囲まれて
いるファイルの列名で重要なものは下記のものである。
- randomize_trials…ランダムに刺激文や絵などを提示したい場合は、ran-
domise_trials で対象の列に 1 を入れると、1 の間でランダムに提示され
る。
- display…実験のトライアルを作成し、その名前をここに記入する（図 9
を参照）。
- その他の列名…実験を作成していく上でこの名前を記入すると列の刺激
文や絵などを提示できる。またある答えに対するフィードバックの不正
解などを提示することもできる。

　それでは実験を作成していこう。Gorilla のサイトへ行き、まずはアカウントを作成する。問題なくアカウント作成が成功すると、図6のページを開くことができる。

図6　Gorilla のページ

　ここで Projects をクリックし、図7の右上にある + Create a new project をクリックし、実験を作成していく。

図7　Create a new project のページ

　まずここでは実験の名前を作成する。今回は Structural priming と名前をつけ、進めていくと、図8の画面となる。

図 8　実験の作成

今回関係するのは Experiments と Tasks & Questionnaires であり、Experiments では全体の流れ、Tasks & Questionnaires では実験自体を作成する。まず Task を作成していく。

3.2　タスクの作成

まずは右上の＋Create から実験の流れを作成していく。ここをクリックすると、図 8 の画面が現れる。

今回関係しているのは、Experiment と Task Builder Task である。Experiment は実験の大きな流れを（はじめから終わりまで）、Task Builder Task は提示する内容などを決定する。ここではまず Task Builder Task をクリックして実験を作成していく。図 9 の画面が現れ、Create New から実験の名前を作成する（なお、Clone Existing とは、かつて作った実験などをそのままコピーできる機能である）。

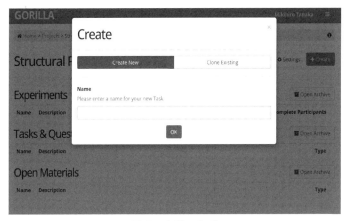

図 9　名前の作成

今回は名前を Priming とする。その後図 10 の画面が現れる。

図 10　Task の画面

ここに Task Structure, Spreadsheet, Stimuli, Manipulations, Script とあるが、今回の実験で重要なのは Task Structure, Spreadsheet, Stimuli である。

・Task Structure…実験の刺激文をどのように提示するかなどを決定する。
・Spreadsheet…刺激文のリストなどを Excel などのファイルでアップロードする。

120

・Stimuli…絵などを提示する際にここにアップロードする。

　まずは Task Structure で実験の流れを作成する。今回の実験は図1の絵描写タスクにある、「プライム絵」「プライム文」「内容判断」「ターゲット絵」の4つを作成する。

　まず図10の左下にある Click＋をクリックし名前を作成する。ここは図5の display の列にある名前を記入しなければリンクされないので、Priming とする。その後図11にあるように、Priming の下にある＋をクリックする。

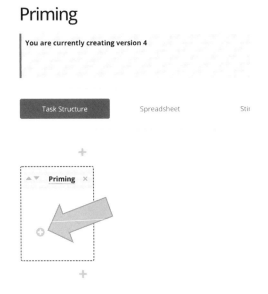

図11　プライム文の画面作成

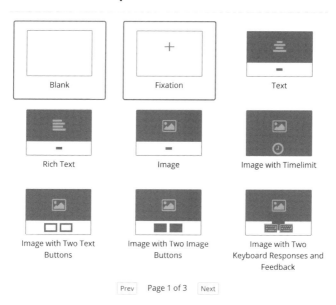

図 12　テンプレートの作成画面

Choose Template と表示されるが、ここでは画面にどのようなものを提示するのかを決定することができる。今回はすべて最初から作成することとし、なにも書かれていない Blank を選ぶ。OK をクリックすると Screen 1 という画面が現れ、このブランクのスクリーンをクリックすると、図 13 のような画面になる。

122

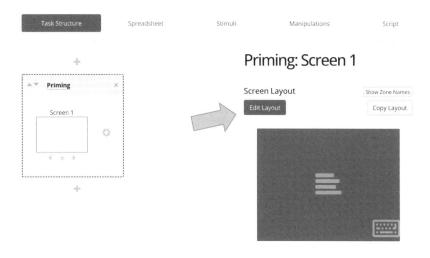

図 13　画面の作成

　ここでは刺激文や絵をどのように提示していくかを作成していく。まず Edit Layout から Add Zone をクリックしていくと、図 14 の画面となる。

図 14　ゾーンの追加

　刺激文や絵などはこの真ん中にあるゾーンに提示されるので、全画面に提示されるように設定する。上下左右にある白いマルをクリックしながら端に広げることで図15のようになる。

図15　画面の端へ引き伸ばす方法

今度はこのゾーンをクリックすると、図16の画面が現れる。

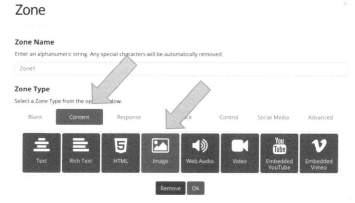

図16　Zone Type の決定

124

　ここでは刺激の提示やフィードバックの方法などを決定することができる。提示する刺激は文や絵のみならず、音声やビデオ、YouTube などさまざまなものを設定できるが、今回は絵を提示するので、Content から Image を選び、OK を押すと図 17 の画面となる。

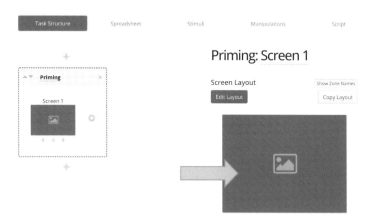

図 17　プライム絵の設定

　この広げたゾーンをクリックすると図 18 の画面になる。

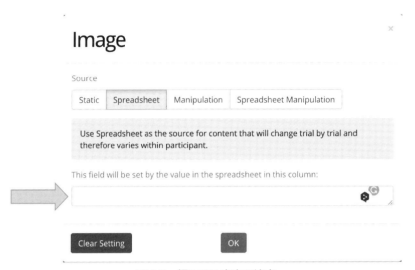

図 18　提示する内容の決定

　今回重要なものは、Static と Spreadsheet である。Static とは常に同じもの
を提示することを意味する。例えばここで Test と入れると、必ず Test と提
示されて実験が始まる。例として、Fixation などを使用する際に利用すると
よい。

　もう 1 つの Spreadsheet であるが、図 5 に書かれている列名の列の刺激文
を提示することを決定できる。今回は Prime 絵を提示するので、図 5 にあ
る列名の一番上にある Primepicture という名を入れるとそこにある絵をすべ
て提示することができる。よって Spreadsheet に Primepicture と記入する（図
19 を参照）。

126

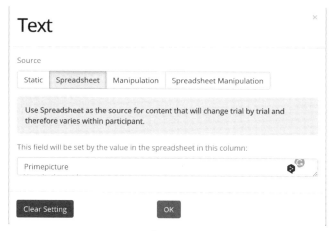

図 19　プライム絵の設定

　これからは提示する時間を決定する。Edit layout-Add zone をクリックする。今度はこの zone を右下へ移動させる（図 20 を参照）。

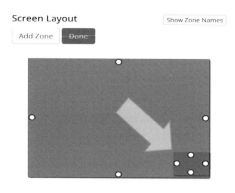

図 20　提示時間の設定

　右下へ移動させたあと、このゾーンをクリックし、今度は Control から Timelimit Screen を選ぶ。OK―Done を押す。

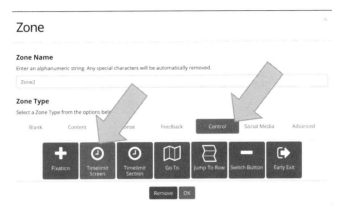

図 21　Zone type の決定（時間設定）

> メモ：ここでは他に Fixation や他のページに移動（Go To）、また途中で終了（Early Exit）といった機能を使用することも可能である。Gorilla の Support ページ（support.gorilla.sc/support/html）を参照にされたい。

128

その後図 22 のような説明が現れる。ここでこの画面の提示できる時間を決定することができる。特に Automatically advance to the next screen after＿＿ms とあるので、ここに数字を入れると時間を決定できる。今回は 5000（5 秒）としたいので、5000 とする（図 22 を参照）。

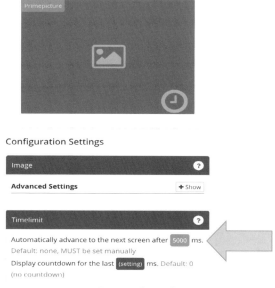

図 22　時間設定

これで Primepicture の screen がある程度完成した。

次のプライム文の作成を進める。また Screen1 の横にある＋をクリックし、Blank を作成する。今回は内容がほぼ似ているので、コピーをする方法を使用しよう。Gorilla では以前作成した画面や実験をそのままコピーすることができるので、同じ実験を始めから作成しなくてもよい。

Screen1 に戻り、右上にある Copy Layout をクリックする（図 23）。

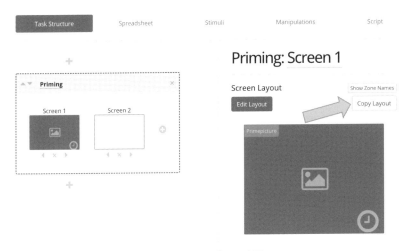

図 23　コピーの方法

　そのままコピーを貼り付ける Screen をクリックすると、そのまますべて
コピーが可能となる。

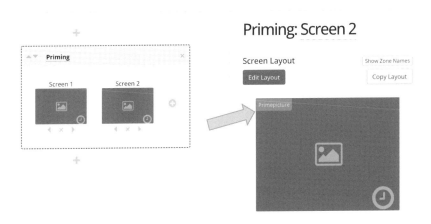

図 24　コピーの方法

　今回は Prime 文を提示するので、Edit Layout からゾーンをクリックして
Content を選び、Rich text を選ぶ。done を押して終了する。またゾーンを

クリックして Spreadsheet の列名を Primepicture から Primesentence に変更する。

> **メモ**：Rich text を選ぶと大文字にしたり、イタリックにしたりすることができる。

　また時間を設定する代わりに、正誤判断タスク（文が絵を正しく説明しているかどうかを判定するタスク）に対する反応を記録する方法を作成する。Edit layout から右下のゾーンをクリックし、Response—Keyboard Response（Multi）を選ぶ。Multi を選ぶのは 1、2 で正しい、間違っていることを判断するものである。その後 OK—Done をクリックする。

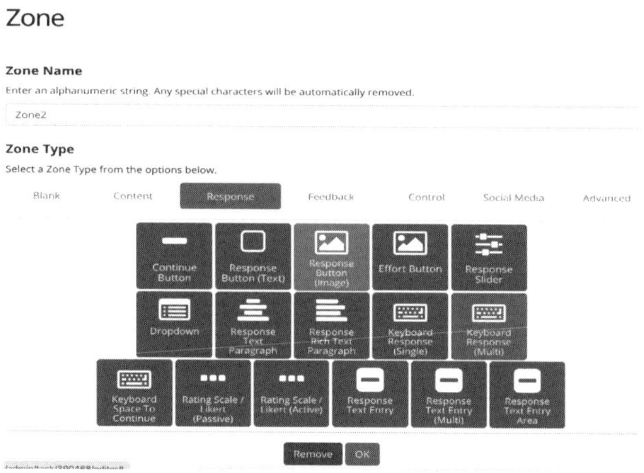

図 25　反応を測定する方法の決定

> **メモ**：キーボードの反応以外にもスケールや Dropdown など、様々な反応測定を選ぶことができる。

　その後下にスクロールすると、図 26 の画面が現れるので、キーボードの反応を設定する。

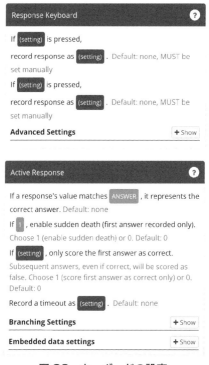

図 26　キーボードの設定

　Response Keyboard に If＿＿is pressed, record response as＿＿. という文が 2
つある。1 と 2 のボタンが押されたらそれぞれを記憶したいため、If 1 is
pressed, record response as 1. If 2 is pressed, record response as 2. と設定する。

　Active Response は 1 と 2 の解答がどことマッチするのかを設定する箇所
である。If a response's value matches＿＿＿, it represents…とあるが、図 5 に示
した Excel ファイルの列にどのボタンが解答なのかが書かれており、それに
合わせるかたちで列名を記入する。ここでは図 5 の列名にある ANSWER
をそのままにしておく。

　また答えてもらった解答が正解かどうかを画面に出すため、Response
Accuracy を追加していく。Edit Layout―Add Zone とする。Zone はそのま
ま真ん中の下に移動させ、Zone をクリックする。そこで Feedback から

Feedback Accuracy を選ぶ。

図27　フィードバックの設定

　OK—Done をクリックすると、画面の下に下記の図のような画面が現れる。ここでフィードバックの詳細を決定する。

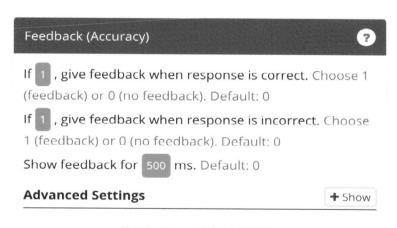

図28　フィードバックの設定

　ここでは If 1, give feedback when…という文が 2 つ続いている。ここでは correct と incorrect の反応を画面に出すことができるように作成する。今回はそのままにしておく。

　また Show feedback for＿＿ ms. は feedback をどの長さで提示するのかを決定する。今回は 500 と記入する。

　次はターゲット絵の screen を作成する。ここはプライム絵をコピーした際と同じ作業を行う。Screen 1 を Screen 3 にそのままコピーし、図 29 の矢印にある Primepicture を Targetpicture に変更する。

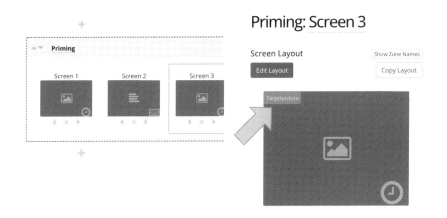

図 29　ターゲット絵の設定

　今回はターゲット絵を見て発話するので、その音声を録画する必要がある。その機能を追加する。Edit layout—Add Zone とし、Zone を左下に移動させ、Zone をクリックして Advanced から Audio Recording を選ぶ。

> **メモ**：Gorilla の録音機能は 2022 年 4 月現在で Beta 機能であるので、設定次第では正常に機能しない可能性があることを注意したい。

134

図 30　録音機能の追加

> **メモ**：録音以外にもビデオの録画、マウスのトラッキング、Screen
> Calibration といった機能もある。

　OK―Done とクリックし、次の画面を下にスクロールすると、下記の図
のような画面が現れる。

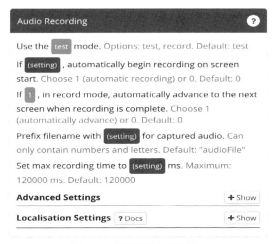

図 31　録音機能の詳細設定

ここで録音の方法を調整する。

・Use the test mode. …Test モードとある箇所を record に変更する。

・If___, automatically begin recording on screen start. …自動的に録音がされるようになるか、実験参加者が自分のタイミングで録音をできるようになるかを設定する。今回は自動的に録音できるようにするので、1 を選ぶ。

・If 1, in record mode, automatically advance to the next screen when recording is complete. …録音が終わると次の画面に自動的に進むかを決定するので、1 を選ぶ。

・Prefix filename with___for captured audio. Can only contain numbers and letters. …ここでは録音をしたファイルがどこに保存されるのかを決定する。ここでは図 5 の列で書かれている recording と記入する。そのように記入することで、録音した音の URL が recording という列に保存されていく。

・Set max recording time to___ms. …ここで録音の時間を決定する。今回は 8 秒間録音するので、8000 と記入する。

さらに Advanced Settings も設定する。

136

図 32 詳細決定

　今回関係するのは Always show stop button: yes. のみで、ここでは録画の
ボタンを常に提示するかどうかを決定する。Yes と書くことで実験実施の際
に録音がされる画面では常に録音ボタンが提示される。
　提示するものの設定は以上になる。これからは図 5 にあった刺激文や絵
などをまとめたリスト（Spreadsheet）と絵をアップロードする。

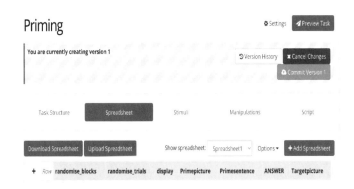

図 33 Spreadsheet のアップロード方法

Spreadsheet をクリックし、まず右にある Add Spreadsheet をクリックす

る。名前を List 1 と変更する。

　その後 Upload Spreadsheet を選び、今回作成した Prime1. xlsx をアップ
ロードする。アップロード後図 34 の画面が現れる。

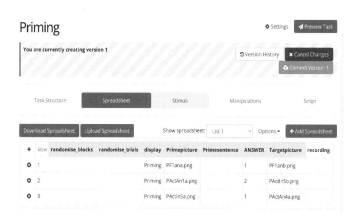

図 34　Spreadsheet のアップロード方法

　ここからは実験で提示する絵をアップロードする。今度は Stimuli をク
リックする。Add stimuli をクリックし、必要なファイルをすべてアップロー
ドすると図 35 の画面が現れる。

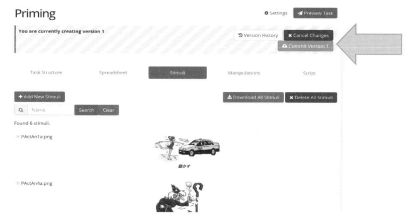

図 35　画像ファイルのアップロード方法

138

これで必要な実験の流れの作成が終了した。

最後に図 35 にある Commit Version をクリックする。これは今作成した
ものを適用するという意味があり、今後様々な実験を作成して変更したとき
は、必ず Commit しておく。

> **メモ**：Commit Version をクリックしておかないと、実験を実施して
> も古いバージョンのままになることもあるので、注意が必要である。

また図 35 の右上に Preview task とあり、これをクリックすることで実験
を試しに実施することができる。

3.3 実験の大きな流れの作成

まず Structural Priming のページに戻る。図 36 の右上の Experiment をク
リックする。

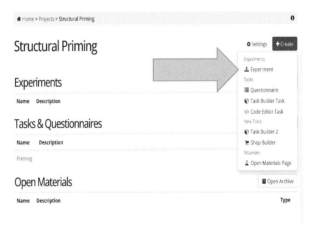

図 36　実験の主な流れの設定方法

名前を作成するとあるので、Priming と名前を作成する。

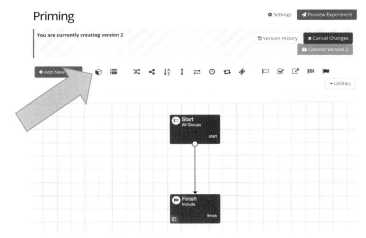

図 37　実験の流れ

　ここでは実験を始めて（Start）、終わりまでの流れ（Finish）が書かれている。これまで作成した実験をここに反映するためには、図 37 の上の Task をクリックする。図 38 のような画面が現れるので、作成した Priming をクリックして OK とする（ここに Priming が現れない場合は Commit をしていない可能性があるので注意しよう）。

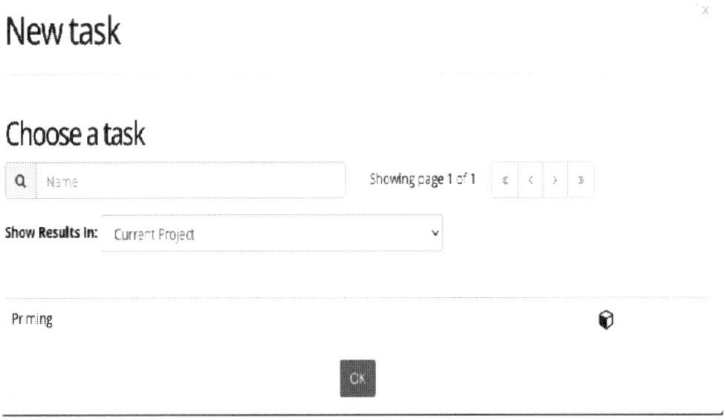

図 38　作成した実験の追加方法

その後左側に作成したタスクが現れる。

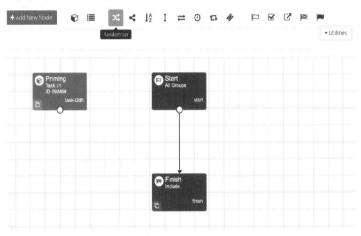

図 39　作成した実験の追加方法

　作成した Priming を Start と Finish の真ん中に移動させる。また、Start に
ある白いマルから出ている矢印を Priming に、Priming の白いマルを Finish
につなげるように移動させる。

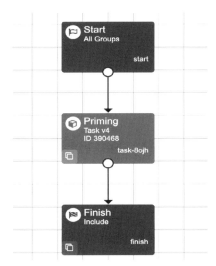

図 40　作成した実験の移動方法

　これで実験をスタートして、終わらせるという流れが完成した。

　また心理言語学では、刺激文 3–4 つの異なるバージョンを作成して提示することもある。これをマニュアルで操作するのではなく、自動的にランダムに振り分けていくことを設定する。

　図 39 の左の Add New Node をクリックし、Randomiser を追加する（図 41）。その後図 42 の画面が提示される

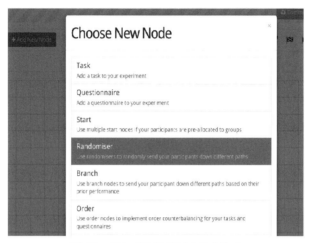

図41　ランダムに提示する方法 1

New randomiser node ❓

When setting up your randomiser's Ratios, bear in mind that participants may drop out later, making your ratios unbalanced.

Group allocations

Group

| 1 |

Ratio

| 1 |

Group

| 2 |

Ratio

| 1 |

⊕ ⊖

Randomisation Mode

- **Balanced** means that participants are allocated in the above ratios in sets of the total ratios, so for two branches with ratios 10 and 10, for every 20 participants, 10 will get the first branch and 10 will get the second. This is *random without replacement*.
- **Random** means completely random, with each branch having the probability of its ratio divided by the total ratio. Therefore, two branches with ratios 1 and 1 is identical to two branches with ratios 50 and 50. This is *random with replacement*.

| balanced ⌄ |

Save

図42　ランダムに提示する方法 2

　図42では Group 1、Ratio 1、Group 2、Ratio1 と記入する。こうすることで、同じタイプの実験であるが、2つのバージョンを作成することができる。

　Randomisation Mode であるが、これは完全に2つのバージョンを作成し

た場合に、それぞれ 10 人ずつに実験をこなしてもらうものにする Balanced
を選ぶ。Save をクリックすると、Randomiser が現れるので、Start と
Priming の間に移動させる。

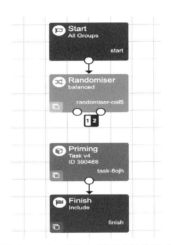

図 43　ランダムに提示する方法 3

　まず、Start にある白いマルからの矢印をクリックしながら Randomiser に
つなげる。また Randomiser の下に 2 つの白いマルは別々の実験につなげる
ことができるので、今回は先程の Task を追加する作業でもう 1 つ同じ
Priming の実験を追加しておく。そして Randomiser の白い丸を 2 つの
Priming につなげ、Priming の白いマルを同じく Finish につなげることで、
実験が完成する。

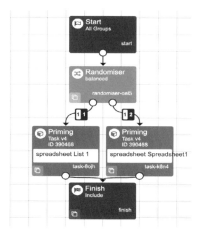

図 44　ランダムに実験を進める方法

　なお、どの刺激文のリストを提示するかについては、Priming をクリック
し、下記の画面を提示する。ここで Spreadsheet から List 1 を選ぶ(もう 1 つ
の Priming Task では List 2 を作成して選ぶ)。これを Save すると完成する。

図 45　実験の追加方法

　またここでも Commit Version をクリックして実験をセーブし、作成した
ものを適用することを忘れないようにしよう。

3.4　実験実施に向けて

　ここでは実験実施の際に必要な手続きやデータの確認方法を説明する。

Project—Structural priming—Experiments（ここでは Priming）とクリック
し、Recruitment を開く。

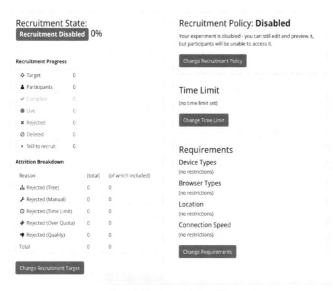

図 46　実験実施状況の確認と詳細設定 1

Recruitment Progress では実験の実施状態が確認できる。実験参加者に実
験を実施してもらうためには、左下の Change Recruitment Target をクリッ
クする。

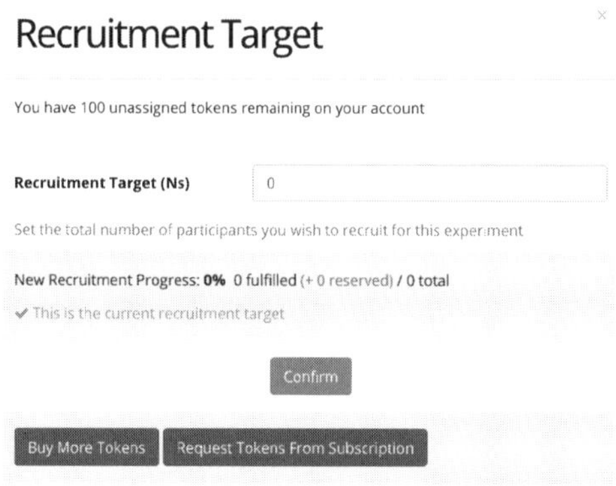

図 47　実験実施状況の確認と詳細設定 2

　この Recruitment Target（Ns）に数字を入れることで、集める人数を設定する。実験を実施するためには、Token を購入する（右下の Buy More Tokens）。すでに購入したが、反映されていない場合はその横にある Request Tokens From Subscription をクリックして、購入した Token を使用できるように反映させる。図 48 にあるように、Tokens とある箇所に購入した Token の数を記入する（200 Tokens を購入した場合は 200 と記入する）。なお、Gorilla を実施するためには 1 名につき 1 Token 使用することになる。

　ここまで決定することで、実験を実施することができる。

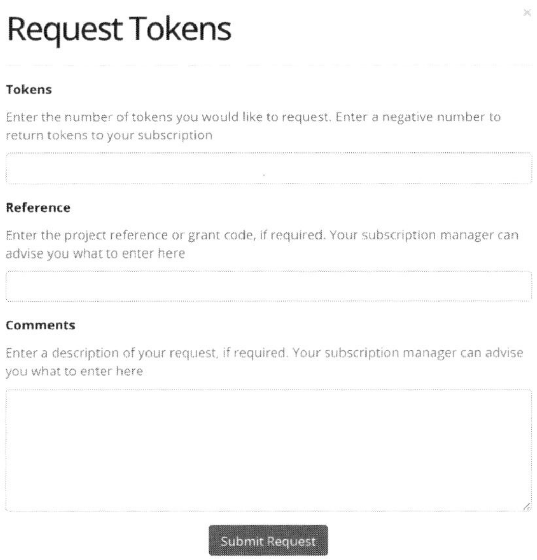

Request Tokens

Tokens

Enter the number of tokens you would like to request. Enter a negative number to return tokens to your subscription

Reference

Enter the project reference or grant code, if required. Your subscription manager can advise you what to enter here

Comments

Enter a description of your request, if required. Your subscription manager can advise you what to enter here

Submit Request

図 48　実験実施状況の確認と詳細設定 3

　次はこの実験サイトの URL をどのように知らせるかを決定する。図 46 右上の Recruitment Policy から Change Recruitment Policy へ進むと、図 49 の画面が出てくる。

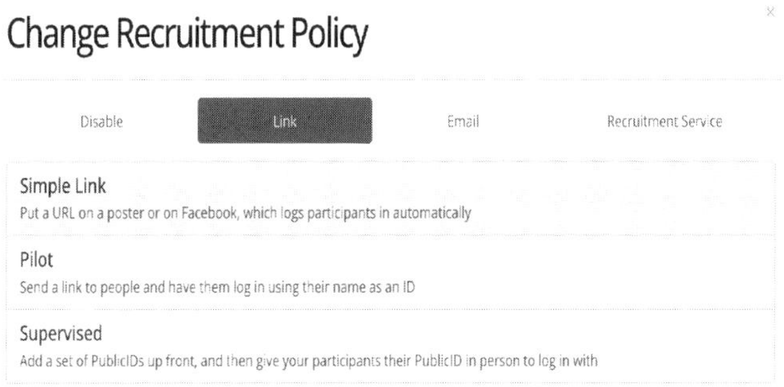

Change Recruitment Policy

Disable　　Link　　Email　　Recruitment Service

Simple Link
Put a URL on a poster or on Facebook, which logs participants in automatically

Pilot
Send a link to people and have them log in using their name as an ID

Supervised
Add a set of PublicIDs up front, and then give your participants their PublicID in person to log in with

図 49　実験実施状況の確認と詳細設定 4

148

ここでは URL を作成し、実験をそのまま1クリックで実施できる Simple Link、ログインをさせて実験を実施することができる Pilot、また個別に URL を作成して実験を行うことができる Supervised という機能がある。

次は時間や実験の実施ができるデバイスを設定する。

Time Limit

(no time limit set)

Change Time Limit

Requirements

Device Types
(no restrictions)

Browser Types
(no restrictions)

Location
(no restrictions)

Connection Speed
(no restrictions)

Change Requirements

図 50　実験実施状況の確認と詳細設定

Time Limit は実験の時間を調整できる。Requirements はコンピュータ、タブレット、スマートフォンで実験を実施できるかどうかをコントロールできる（なお、執筆時において、今回のような録音が必要な実験はスマートフォンでうまく実施できていない）。またブラウザの種類もコントロールできる。その他は参加者が実験を実施する場所(国)、早い回線かどうかといったところまでコントロールすることができる。

また図 51 の Participants という箇所から誰が実験に参加したか、終わったかその途中かが確認できる。

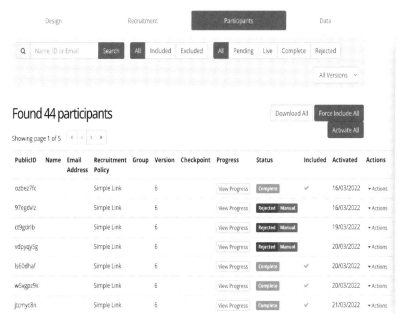

図 51　実験実施状況の確認

Status に書かれている意味は下記の通りである。

・Complete…実験が終了している。

・Live…実験中、もしくは途中になっている。

・Rejected Manual…実験者が手動で実験を無効にしたという意味である
　（Token は返却され、また使用することができる）。

　また Included のチェックマーク…これは Token を使用して実験のデータ
を有効に集められるという意味である（チェックマークがついていない場合
はデータをダウンロードできない）。

　また右に Actions—Download data とあり、そこから詳しいデータがダウ
ンロードできる。録音した音声とデータファイルがすべてダウンロードで
き、その詳細も下の図のように確認することができる。

150

Screen Numl	Screen Nam	Zone Name	Zone Type	Reaction Tim	Reaction On:	Response Ty	Response	Attempt
1 intro	advancemen	continue_but	3830.5					
2 consent	advancemen	continue_but	3457.3					
3 Screen 2	Zone1	response_tex	7240.8					
3 Screen 2	advancemen	continue_but	7240.8					
4 Screen 3	Zone1	response_tex	37826.6					
4 Screen 3	advancemen	continue_but	37826.6					
5 description	advancemen	continue_but	21609.5					
6 Screen 1	Zone4	continue_but	33874.9					
7 Screen 4	advancemen	continue_but	2895.2					
1 number1	Zone1	timelimit_sc	2999.65					
2 prime1	Zone2	timelimit_sc	7999.108					
3 prime2	Zone4	response_key	4509.7				1	1
4 number2	Zone1	timelimit_sc	1999.804					
5 target_A	Zone2	audio_record	43.5				STARTED RECORDING	
5 target_A	Zone2	audio_record	8048.7				STOPPED RECORDING	
5 target_A	Zone2	audio_record	8064.3				82317-6-6061676-task-mc	
5 target_A	Zone2	audio_record	8065.9				https://gorilla.sc/uploads/	
5 target_A	Zone2	audio_record	8072.2					
1 number1	Zone1	timelimit_sc	2999.592					
2 prime1	Zone2	timelimit_sc	7999.044					
3 prime2	Zone4	response_key	3755.3				1	1
4 number2	Zone1	timelimit_sc	1999.719					
5 target_A	Zone2	audio_record	25.7				STARTED RECORDING	
5 target_A	Zone2	audio_record	8045.7				STOPPED RECORDING	
5 target_A	Zone2	audio_record	8048.5				82317-6-6061676-task-mc	
5 target_A	Zone2	audio_record	8048.8				https://gorilla.sc/uploads/	
5 target_A	Zone2	audio_record	8063					
1 number1	Zone1	timelimit_sc	2999.616					
2 prime1	Zone2	timelimit_sc	7999.005					
3 prime2	Zone5	response_key	4035.9				2	1
4 number2	Zone1	timelimit_sc	1999.798					
5 target_A	Zone2	audio_record	20.9				STARTED RECORDING	
5 target_A	Zone2	audio_record	6740.6				STOPPED RECORDING	
5 target_A	Zone2	audio_record	6747.4				82317-6-6061676-task-mc	
5 target_A	Zone2	audio_record	6747.7				https://gorilla.sc/uploads/	

図52　分析方法

　今回の文産出で重要な録音データは Response にあり、URL が書かれているので、音声がオンラインで保存されていることがわかる。

　なお、実験の例などは Gorilla の Home—Support—Samples（https://app.gorilla.sc/support/samples）にあり、各自の実験にそのままコピーすることも可能であるので、活用してほしい。

4.　おわりに

　この章では心理言語学において言語産出の実験がどのように行われているかを概観した。まず主にどのような実験が使用されているのかを3つの例を使用して紹介し、さらにはオンライン上で実験を実施できるプログラム Gorilla を紹介した。心理言語学の実験ソフトはコロナ禍以前からオンラインで実施できるように進められてきたが、その動きが加速し、現在では完全にオンラインで実験を行うことは可能である。将来的にこのソフトを実験室で使用することで、対面での実験も可能である。現在はまた beta バージョ

ンとなっているが、様々な実験方法が可能になっており、眼球運動実験、反応時間など、文産出のみならず文理解の実験も実施できるソフトとして使用できると期待される。

第5章
「中納言」を使ったコーパス調査

　言語学においてコーパスとは音声や言語を集積したデータベースのことを指し、古語・危機言語・方言を含めたものが整備されている。コーパスから必要な用例を取り出すために、付加情報としてアノテーションと呼ばれる言語情報の整備が進んでいる。さらにアノテーションを統計処理することにより、言語の実態を明らかにする試みが進められている。

　この章ではコーパスを用いた用例調査について紹介する。最初にコーパスとアノテーションとは何かについて紹介する。次に国立国語研究所で開発が進められている検索系「中納言」について、「中納言」に格納されている様々なコーパスとともに利用方法を説明する。

1.　コーパスとアノテーションと検索系

　コーパス corpus とは言語データを構造化して大規模に集積したものである。古くは用例カードとして集められ、五十音順などに並べられて、言語研究や辞書編纂などに用いられてきた。

　コンピュータ上で、ASCII 文字列のみならず、多言語の文字が扱えるようになり、書記言語のコーパスが電子ファイルとして構築され頒布されるようになった。最初は新聞社が新聞記事データを CD-ROM などで販売していたが、2000 年代に入り、書籍・白書・教科書・法律などの様々な書記言語のコーパスが整備されてきた。

　音声言語の分析としては、法的制約が少ない国会議事録などの転記テキストに基づく分析が進められてきた。さらにコンピュータ上で音声データが扱えるようになり、読み上げ音声の収録に基づくコーパス構築が進められた。また、自発音声に基づく独話のコーパスが構築されるようになり、さらに特定の課題を共同で解決する対話を収録した課題対話や日常の雑談などを収録

した自由対話のコーパスが構築されつつある。これらの対話のコーパスにおいては、アクションカメラや全方位カメラなどの機材が安価になったため、相互行為などの研究のために動画の収録が行われている。音声言語研究においては、音声や動画の集積が一次資料としてのコーパスであり、分析のために転記が行われる。

これらのコーパスには、言語研究のための様々な情報が付与される。こういった一次資料についての付加情報を**アノテーション** annotation という。文字化されたテキストデータには、単語分かち書き・品詞情報・統語情報・意味情報などが重畳的に付与される。音声言語には、転記テキストが二次情報として提供されているほか、分節音情報や韻律情報などが付与されている。

言語習得の研究のために、児童・生徒の第 1 言語学習者の作文や第 2 言語学習者の作文・発話などに基づくコーパスが構築されている。また、言語の地域的な変異について研究するために、方言や危機言語の音声コーパスの構築も進められている。このような学習者のデータについては、文字の誤りや発話の誤りもアノテーションの対象となる。

さらに危機言語や方言などにおいては、音韻的な変異を記録することが求められる。共通語などで利用されている転記規則がそのまま利用できず、転記規則の拡張が求められる場合もある。古典語においては、原本画像からの翻刻により文字化することが求められる。

近年、コーパスの大規模化を進めるために、ウェブをコーパス化する試みも進められている。ウェブ上には、一般の母語話者が生成するユーザ生成コンテンツが含まれる一方、非母語話者が生成する表現や機械生成コンテンツも含まれる。しかしながら、ウェブは既に電子化されているために、文字コードなどの正規化のみで文字化資料が大量に得られるというメリットがある。

これらのコーパスの文字化資料をウェブ上で検索するシステムが公開されている。文字化資料の文字列検索だけでなく、様々なアノテーションに基づいて検索できるようになった。音声資料においては、一次情報である音声を再生する機能が実装されている。古典語においては、一次情報である原本画

像へのリンクが付与されている。

　以下、2 節では、国立国語研究所で開発が進められている日本語のコーパスの検索系「中納言」の概要について示す。3 節では、「中納言」の使い方について解説する。4 節では、練習課題として二重目的語構文の語順の検討のためのデータ抽出手法について紹介する。

2.　検索系「中納言」の概要

　「中納言」は国立国語研究所が公開している検索系である。国立国語研究所で開発・管理している様々なコーパスを検索できる。

2.1　「中納言」の検索機能

　検索系「中納言」には、短単位検索・長単位検索・文字列検索・位置検索の 4 つの検索機能がある。図 1 に 4 つの検索機能タブを示す。

図 1　4 つの検索機能タブ

　短単位検索は、国語研の短単位に基づく形態論情報（2.2 節参照）に基づき検索する機能である。短単位に対する語彙主義に基づいた UniDic 品詞体系を使って検索することができる。

　長単位検索は、国語研の長単位に基づく形態論情報に基づき検索する機能である。長単位に対する用法主義に基づいた UniDic 品詞体系を使って検索することができる。

> **メモ**：UniDic とは、形態素解析用の形態論情報が付与された辞書である。「短単位」、「長単位」、「語彙主義」、「用法主義」について

は次節で解説する。

文字列検索は単語の分かち書きなどを気にせずに表記を検索する機能である。これは形態論の知識が不要な簡易的検索方法であるが、検索対象があくまで表記であるために、表記ゆれなど検索できないほか、音声言語の検索には、そのコーパスの転記規則を知っておく必要がある。

位置検索は一度検索したあとに再度同じ用例を表示するための機能である。サンプル ID および開始位置などのコーパス中で一意に決まる位置情報に基づき検索できる。本機能はコーパス用例を論文等で引用する際に出典情報とともに位置情報を明記することにより、永久リンク（パーマネントリンク）として利用できる。

2.2 形態論情報の定義

先に述べた通り、「中納言」の特色として形態論情報に基づいて検索できることが挙げられる。検索のためには国語研で整備を進めているコーパスの形態論情報について知っておく必要がある。ここでは、形態論情報の概要について説明する。

まず「中納言」で検索できる単位として、短単位と長単位がある。**短単位**とは、言語の形態的側面に着目して規定した言語単位である。短単位の認定にあたっては、最小の単位（以下、最小単位）を規定したうえで、最小単位に対する結合規則により規定されている。

・和語・漢語は高々 2 最小単位（すなわち 1 ないし 2 最小単位）の線形結合体を 1 短単位とする
・外来語は 1 最小単位を短単位とする

|母＝親| |食べ＝歩く| |言＝語|資＝源| |研＝究|所| |本＝箱|作り|
|コール|センター| |オレンジ|色|

　上記用例中、| が短単位境界を表し、= が短単位で連結される最小単位を表す。原則は上の 2 つであるが、外来語・数・付属要素・固有表現・記号について例外規則が規定されている。

　長単位とは、文節を基にした言語単位である。長単位は、文節の認定を行ったうえで、各文節の内部を規則に従って自立語部分と付属語部分に分割していくという手順で行う。長単位では複合語を構成要素に分割することなく全体で 1 つとして扱う。これによりサンプルごとの特徴的な語を把握することができる。以下の用例中、‖ が長単位境界、| が短単位境界を表す。

‖ 公害 | 紛争 | 処理 | 法 ‖ に | おけ | る ‖ 公害 | 紛争 | 処理 ‖ の ‖ 手続 ‖ は ‖、‖ 原則 ‖ と | し | て ‖ 紛争 | 当事 | 者 ‖ から ‖ の ‖ 申請 ‖ に | よっ | て ‖ 開始 | さ ‖ れる ‖。‖

　形態論情報は以下の 10 項目からなる：

- ・**書字形出現形**
- ・**発音形出現形**
- ・**語彙素**
- ・**語彙素読み**
- ・**語形**
- ・**書字形**
- ・**活用型**
- ・**活用形**
- ・**品詞**
- ・**語種**

　書字形出現形は、表層のテキスト中の文字列を表す。しかしながら、後述する数字変換処理（numTrans）をしている場合には、漢数字など変換された文字列である可能性もある。

　発音形出現形は、表層のテキスト中の文字列の発音をカタカナで示したものである。

　語彙素読みは、カタカナ表記の辞書見出しに相当する。これに対し、**語彙素**は代表表記の辞書見出しに相当する。注意点として、固有名詞の語彙素は全てカタカナ表記を採用している。

　語形は、辞書見出しに対する語の形を区別する。**書字形**は、さらに異表記を区別する。図 2 に語彙素「矢張り（ヤハリ）」について、語形や書字形との関係について示す。

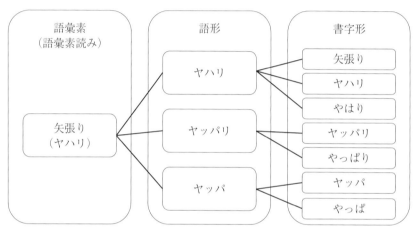

図２　語彙素と語形と書字形（例：「矢張り」）

　活用型は活用語がどのような活用形を持つかを表し、「五段－カ行」などの形式で 2 階層からなる。**活用形**は、活用語について書字形出現形や発音形出現形がどの形態かを表す。活用語は 1 つの語彙素（語彙素読み）に対して、語形・書字形（発音形）・書字形出現形（発音形出現形）・活用形について、異なる要素を持つ。図 3 に語彙素「走る（ハシル）」について、語形・書字形・書字形出現形・活用形との関係について示す。書字形および書字形出現形はコーパス中に出現するか否かに基づいて辞書に収録するかどうかを決める。

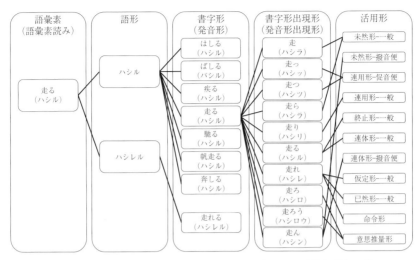

図３　語彙素と語形と書字形と書字形出現形と活用形（例：「走る」）

　品詞は、UniDic 品詞体系と呼ばれる４階層（大分類・中分類・小分類２レベル）からなるラベルを採用している。

　大分類のラベルは以下の 16 種類からなる。

名詞　代名詞　形状詞　連体詞　副詞　接続詞　感動詞　動詞
形容詞　助動詞　助詞　接頭辞　接尾辞　記号　補助記号　空白

　品詞ラベルの中分類以下は、短単位と長単位とで異なる考え方で設計されている。短単位に対する品詞ラベルは「可能性に基づく品詞」という**語彙主義**的な考え方で、以下のような曖昧性をもった品詞を定義する。

名詞 - 普通名詞 - サ変可能　　　　　動詞 - 非自立可能
名詞 - 普通名詞 - 形状詞可能　　　　形容詞 - 非自立可能
名詞 - 普通名詞 - サ変形状詞可能　　接尾辞 - 名詞的 - サ変可能
名詞 - 普通名詞 - 副詞可能　　　　　接尾辞 - 名詞的 - 副詞可能
名詞 - 普通名詞 - 助数詞可能

これらは、当該語彙が持つ可能な品詞を枚挙したもので、曖昧性を持たせた品詞ラベルとなっている。たとえば、「名詞 − 普通名詞 − サ変形状詞可能」は、普通名詞としてもサ変名詞としても形状詞としても用いられる語であることを表す。いっぽう、長単位は、複合化の結果実際の文脈においてどの用法で用いられているかを判断して付与されている。これを**用法主義**的な品詞ラベルと呼ぶ。アノテーション作業においては、用法を推定したうえで品詞が付与される。

語種は、その単語の出自を表し、和（大和言葉）・漢（漢字音語）・外（漢語以外の借用語）・固（固有名詞）・記号・他の 6 種類からなる。

最後に「中納言」で数値表現を検索する上での注意点を示す。音声言語コーパスにおいて、「2005 年」は「二千五年」と発音される。前者の位取り記数法に基づく表記においては "00" は発音されないため、転記時に後者の漢数字記数法に基づいて記述される。これに合わせて検索するために、一部の書記言語コーパスは、位取り記数法を漢数字記数法に変換する numTrans という操作が行われている。語彙素で検索する際には漢数字記数法に基づいて検索する必要がある。

2.3 「中納言」で利用できるコーパス

本節では「中納言」で利用できるコーパスについて紹介する。

『**現代日本語書き言葉均衡コーパス**』(*Balanced Corpus of Contemporary Written Japanese*: BCCWJ)（Maekawa et al. 2014）は、書籍・雑誌・新聞・白書・教科書・法律などのレジスタ（使用域）にまたがって収集された書き言葉の均衡コーパスである。一部、ブログやネット掲示板などのウェブテキストが含まれる。

> **メモ**：ことばは目的や状況、媒体などによって使用語彙や用法に異なる傾向を見せる。こういったことばの使用範囲をレジスタという。

BCCWJ はレジスタ毎に無作為にサンプルを抽出しており、日本語の全体像の代表性を有する均衡コーパスである。1 億語からなるデータを格納して

おり、このうち 1% の 100 万語からなるコアデータ（書籍・雑誌・新聞・白書・Yahoo! ブログ・Yahoo! 知恵袋の 6 レジスタ）の短単位・長単位形態論情報は人手で付与されている。残りのデータ（非コアデータ）には自動解析による短単位・長単位形態論情報が付与されている。有償版の BCCWJ 契約者は「関連データ配布」サイトより、係り受け・述語項構造・共参照などのアノテーションデータがダウンロードできる。

　『日本語話し言葉コーパス』（*Corpus of Spontaneous Japanese*: CSJ）（Maekawa et al. 2000）は日本語の自発音声 661 時間分を集積したものである。転記したものが「中納言」上で検索できる。CSJ は長単位形態論情報が付与されていないために、短単位検索・文字列検索・位置検索のみが利用できる。音声のタイプとして、学会講演・模擬講演・課題志向対話・自由対話・朗読などからなる。転記テキストは全体で約 750 万語になる。このうち約 50 万語がコアデータで、音声研究などで利用可能な様々な言語情報が付与されている。コアデータ 50 万語と、非コアデータの一部（非コア・人手修正）50 万語の合計 100 万語が、人手で形態論情報を付与したもので、残りの 650 万語（非コア・自動解析）が形態素解析器により自動付与したものである。

　『日本語日常会話コーパス』（*Corpus of Everyday Japanese Conversation*: CEJC）（Koiso et al. 2022）は、首都圏における日常の言語生活における発話を 200 時間分集積したデータである。性別・年齢でバランスした個人密着法による収録データ 185 時間分と、個人密着法で不足した会話種別を補完する特定場面法による収録データ 15 時間分からなる。転記・形態論情報（短単位・長単位）を付与されたデータが利用できる。このうちコアデータ 20 時間分は人手で形態論情報を付与したもので、残りが形態素解析器により自動付与したものである。

　『昭和話し言葉コーパス』（*Showa Speech Corpus*: SSC）（丸山ほか 2022）は、1950 年代から 1970 年代にかけて国立国語研究所において作成された古い録音資料群を再構成し、転記・形態論情報を付与した 44 時間分の話し言葉コーパスである。独話データ 17 時間 18 万語と会話データ 27 時間 34 万語からなる。

　『名大会話コーパス』（*Nagoya University Conversation Corpus*: NUC）（Fujimura et al. 2012）は、科学研究費基盤研究（B）（2）「日本語学習辞書編纂に向けた電子化コーパス利用によるコロケーション研究」の一環として作成された、129 会話、合計約 100 時間の日本語母語話者同士の雑談を文字化したコーパスである。国語研究所に移管され、短単位形態論情報が整備された。「中納言」上では、短単位検索・文字列検索・位置検索が利用できる。

『現日研・職場談話コーパス』（*Gen-Nichi-Ken Corpus of Workplace Conversation*: CWPC）（現代日本語研究会 2011）は 1990 年代に行われた調査研究『女性のことば・職場編』『男性のことば・職場編』の談話の文字化テキストを元に作成したデータである。『女性のことば・職場編』は 1993 年 9 月から 10 月にかけて、首都圏の有職女性 19 名（20–50 代）を調査協力者として自然談話を収録し、文字化したデータである。『男性のことば・職場編』は 1999 年 10 月から 2000 年 12 月にかけて、首都圏の有職男性 21 名（20–50 代）を調査協力者として自然談話を収録し、文字化したデータである。同データに短単位形態論情報を付与したものが「中納言」上で検索できる。

『日本語歴史コーパス』（*Corpus of Historical Japanese*: CHJ）（国立国語研究所 2018）は奈良時代から明治・大正時代にかけての文献のコーパスである。日本語の歴史研究について利用される。作品によっては底本や原本画像へのリンクが付与されている。短単位・長単位形態論情報が付与されているサンプルと、短単位形態論情報のみ付与されているものの 2 種類が存在する。リンク先は国語研で所蔵しているものやオープンデータとして公開されている無償のものと、ジャパンナレッジ（小学館）などの有償のものがある。原本の表記（万葉仮名やキリシタン資料のローマ字）などの検索も可能である。

『昭和・平成書き言葉コーパス』（*Showa-Heisei Corpus of written Japanese*: SHC）は、『日本語歴史コーパス』と『現代日本語書き言葉均衡コーパス』の間の空白期間に出版された雑誌・書籍・新聞のデータを収録したものである。1933 年から 2013 年までの間から 11 カ年分のデータとして、雑誌 2740 万語・ベストセラー書籍 345 万語・新聞 256 万語（合計 3340 万語）を収録している。データの利用に際しては、著作権法の「デジタル化・ネットワーク化の進展に対応した柔軟な権利制限規定」（第 30 条の 4、第 47 の 4, 5）に基づく「軽微な利用」の範囲内で公開しているため、表示される文脈長は前後

30 語に制限しているほか、元テキストのダウンロードができないことに注意されたい。

『**日本語諸方言コーパス**』(*Corpus of Japanese Dialects*: COJADS) (Kibe et al. 2018) は 1977–1985 年に実施された文化庁の「各地方言収集緊急調査」の談話データである。元データは国内 47 都道府県 200 地点あまりにおける 4000 時間の方言談話の録音テープからなり、一部は『全国方言談話データベース 日本のふるさとことば集成』(国書刊行会 2002–2008) として刊行されている。このデータの一部に転記・音声アラインメント・ネイティブチェック・標準語対訳テキストの付加を行い、「中納言」で検索できるようにした。現在標準語による短単位検索と、方言形の文字列検索が「中納言」上で可能である。

『**中国語・韓国語母語の日本語学習者縦断発話コーパス**』(*Corpus of Japanese as a Second Language*: C-JAS) (迫田ほか 2014) は、1991 年 7 月 –1994 年 3 月に中国語母語話者 3 名・韓国語母語話者 3 名の計 6 名に対して 3 年間縦断的に調査・収録した発話コーパスである。46.5 時間・57 万語の用例が「中納言」上で検索可能である。

『**多言語母語の日本語学習者横断コーパス**』(*International Corpus of Japanese as a Second Language*: I-JAS) (迫田ほか 2020) は、日本を含む 20 の国と地域で、異なった 12 言語を母語とする日本語学習者 1000 人の話し言葉および書き言葉を収集することを目標に、横断的に調査・収集された発話データと作文データである。対面調査によりストーリーテリング・対話・ロールプレイ・絵描写・ストーリーライティングなどの課題を行ったほか、メール文やエッセイなどの作文課題を行っている。日本語学習者は日本語能力レベルや言語背景情報などの情報が付与されているが、対照分析用に日本語母語話者のデータも収集されている。1000 名分のデータからなる。短単位形態論情報のみが整備されており、「中納言」上では短単位検索と文字列検索が利用できる。I-JAS はタスクによっては、学習者 (日本語母語話者を含む) と調査者の対話も含まれるが、デフォルトでは学習者 (日本語母語話者を含む) の発話のみが検索対象となっている。

3. 検索系「中納言」で検索してみよう

　本節では実際に「中納言」で検索する方法について、アカウントの申請方法から解説する。なおアカウントの申請にはショートメッセージを受けとる携帯電話・スマートフォンが必要である。

3.1 「中納言」のアカウント申請

　「中納言」の利用にはユーザ登録の申請が必要である。「中納言」のユーザ登録は以下の URL から行う。

　https://chunagon.ninjal.ac.jp/useraccount/register

　以下、「登録コードをショートメッセージで受け取る」申請方法（図4）について解説する。登録には、ユーザ名となる「メールアドレス」「姓」「名」「所属」「ショートメッセージを受け取る携帯電話・スマートフォンの電話番号」が必要である。

図4　アカウント申請画面（ユーザ情報登録）

　入力後、利用したいコーパスの「利用規約を確認する」ボタンを押し、利用規約の PDF を読む。用途を記載したうえで、「このコーパスの規約に同意して利用を申請する」にチェックを入れる（図5）。

図5　アカウント申請画面(利用規約同意)

　申請後、申請が受理された時点で次のようなメールが登録メールアドレスに届く。

「中納言」のユーザ登録申請が承認されましたのでご連絡差し上げます。
以下の URL にアクセスして、メールアドレスとパスワードおよび、ショートメッセージあるいは郵便で別途お送りする登録コードを入力していただきますとユーザ登録が完了致します。
https://chunagon.ninjal.ac.jp/useraccount/
activate?id=XXXX&key=YYYY...

　また、4ケタの登録コードが携帯電話・スマートフォンのショートメッセージで送られてくるので、URL をクリック後、情報を登録することで、ユーザアカウントが発行される。

3.2　「中納言」のログイン

　「中納言」のログインは以下の URL から行う。

https://chunagon.ninjal.ac.jp/

166

図6 「中納言」ログイン画面

　ユーザ名として登録した電子メールを入力し、登録時に入力したパスワードを入力する。パスワードが分からない場合には「※パスワードを忘れた方はこちら」をクリックすると、パスワードが再発行される。

　ログイン後、コーパス選択画面が表示される。状態が「利用可能」になっているコーパス名をクリックすることにより、検索画面に遷移する。

	コーパス名	略称	個別検索	包括的検索	備考
書き言葉	現代日本語書き言葉均衡コーパス 中納言版	BCCWJ	☑	☑	従来より利用いただいているBCCWJのデータです（コーパスの紹介ページ）。こちらのページからBCCWJアノテーションデータをダウンロードできます。
書き言葉	国語研日本語ウェブコーパス 中納言版	NWJC		☑	
話し言葉	日本語話し言葉コーパス	CSJ	☑	☑	コーパスの紹介ページ
話し言葉	日本語日常会話コーパス モニター公開版	CEJC		☑	コーパスの紹介ページ
話し言葉	昭和話し言葉コーパス	SSC	☑	☑	コーパスの紹介ページ SSCの全データ（音声・転記・札幌論情報・メタデータ等）をダウンロードできるよう準備中です。（近日公開予定）
話し言葉	名大会話コーパス	NUCC	☑	☑	コーパスの紹介ページ
話し言葉	現日研・職場談話コーパス	CWPC	☑	☑	コーパスの紹介ページ
通時	日本語歴史コーパス	CHJ	☑	☑	コーパスの紹介ページ
方言	日本語方言コーパス	COJADS		☑	コーパスの紹介ページ
日本語学習者	中国語・韓国語母語の日本語学習者横断発話コーパス	C-JAS		☑	プレインテキストは「データ配布」からダウンロードできます。
日本語学習者	多言語母語の日本語学習者横断コーパス	I-JAS	☑	☑	I-JASに関する詳細な情報は「I-JAS関連資料」をご参照ください。プレインテキスト・音声・作文は「データ配布」からダウンロードできます。

図7 「中納言」コーパス選択画面

3.3 「中納言」の文字列検索

　「中納言」のデフォルトの検索画面は短単位検索であるが、形態素の単位がわからない場合、まず文字列検索を行うとよい。図 8 に「心理言語学」という文字列を検索する際の画面を示す。

図 8　「中納言」文字列検索画面

　この例では、対象文字列は原文文字列ではなく、NumTrans 処理を施したテキスト（BCCWJ-NT）を指定している。結果表示単位は短単位であり、キー表示形式は語の単位である。検索文字列には、SQL の LIKE 式で利用できるパターン演算子（検索対象を特徴づける記号）が利用できる。

%	任意の文字列
_	任意の 1 文字
[　]	文字クラス
[^　]	文字クラスの否定

　「心理言語学」の検索結果画面を図 9 に示す。キーに文字列中の最右形態素が表示され、前文脈に当該文字列の形態素境界が表示される。列の表示項目は、チェックボックスで選択できる。コーパスにもよるが、コーパス情報・形態論情報・出典情報などが選択できる。permalink は当該事例を表示する URL を返す。これは共同研究者などに事例を示すために利用できる。なお、この permalink 機能は、I-JAS の中納言には備わっていない機能であるが、I-JAS については元テキスト・音声ともに全文が「関連データ配布」

のリンク先からダウンロードできる。

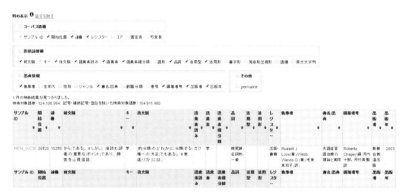

図９　「中納言」文字列検索結果画面

3.4　「中納言」の短単位検索

　短単位検索は、短単位形態論情報に基づいて検索を行う機能である。キー
で設定した検索語が、検索結果の表示上で中央に配置される。こういった検
索結果の表示方法を KWIC（Keyword In Context）と呼ぶ。形態論情報は書字
形出現形・語彙素・語彙素読み・語形・品詞・活用型・書字形・発音形出現
形・語種・WHERE 句が指定できる（図 10）。WHERE 句の指定には SQL
の知識が必要である（SQL については解説省略）。

短単位検索

図 10　短単位検索：キーの条件指定

語彙素は辞書の見出し語相当の形態論情報である。図 10 の例では「語彙素：青い」を選択しており、以下のような書字形出現形の事例が得られる。

キー：語彙素：青い
結果：あお，あおい，あおき，あおく，あを，あをき，あをく，あをし
　　　青，青い，青かっ，青かる，青かろう，青き，青く，青けれ，青し
　　　蒼，蒼い，蒼かっ，蒼から，蒼き，蒼く，蒼し
　　　碧，碧い，碧き，碧く，碧し

語彙素読みはカタカナで指定する。たとえば「語彙素：アオイ」を指定すると、検索結果は以下のようになる（下線は「語彙素：青い」との差分）。

キー：語彙素読み：アオイ
結果：あお，<u>アオイ</u>，あおい，あおき，あおく，<u>あふひ</u>，あを，あをき

> あをく， あをし， <u>葵</u>， <u>向葵</u>， 青， 青い， 青かっ， 青かる， 青かろう
> 青き， 青く， 青けれ， 青し
> <u>青井</u>， 蒼， 蒼い， 蒼かっ， 蒼から， 蒼き， 蒼く， 蒼し
> <u>蒼井</u>， 碧， 碧い， 碧き， 碧く， 碧し

語形はカタカナで指定する。異語形「アオシ」の用例が取り除かれて、検索結果は以下のようになる。

キー：語形：アオイ
結果：あお， アオイ， あおい， あおく， あふひ， 葵， 向葵
　　　青， 青い， 青かっ， 青かろう， 青く， 青けれ， 青井
　　　蒼， 蒼い， 蒼かっ， 蒼く， 蒼井
　　　碧， 碧い， 碧く

書字形を「青い」にすると、「青い」の表記の活用形が全展開される。

キー：書字形：青い
結果：青， 青い， 青かっ， 青かろう， 青く， 青けれ

書字形出現形を「青い」にすると、「青い」のみが出力される。

キー：書字形出現形：青い
結果：青い

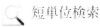
短単位検索

```
▼ 前方共起条件の追加

❶ キー      ― ―    ▼  1  ▼  語    ▼  ■キーの条件を指定しない ❶

  語彙素読み  ▼  が  アオイ              ⊟
  AND 品詞     ▼  の  大分類 ▼  が  名詞     ▼  ⊟ ⊞ 短単位の条件の追加

▲ 後方共起条件の追加
```

図 11　短単位検索：キーに対する複数条件指定

キーに対しては複数の条件を指定することができる。図 11 の例は「語彙素読み：アオイ」と「品詞：大分類：名詞」の and 検索問い合わせを示す。

キー：語彙素読み：アオイ　and　品詞：大分類：名詞
結果：アオイ，あおい，あふひ，葵，向葵，青井，蒼，蒼井

以下の例は「語彙素：青い」と「品詞：大分類：形容詞」と「活用形：大分類：連用形」の and 検索問い合わせである。

キー：語彙素：青い　and　品詞：大分類：形容詞　and　活用形：大分類：連用形
結果：あおく，あをく，青かっ，青く，蒼かっ，蒼く，碧く

短単位検索においては、共起条件を前方と後方に指定することができる。図 12 の例では、前方共起条件を用いて、形容詞「青い」の連体形に後置する名詞を出力する。

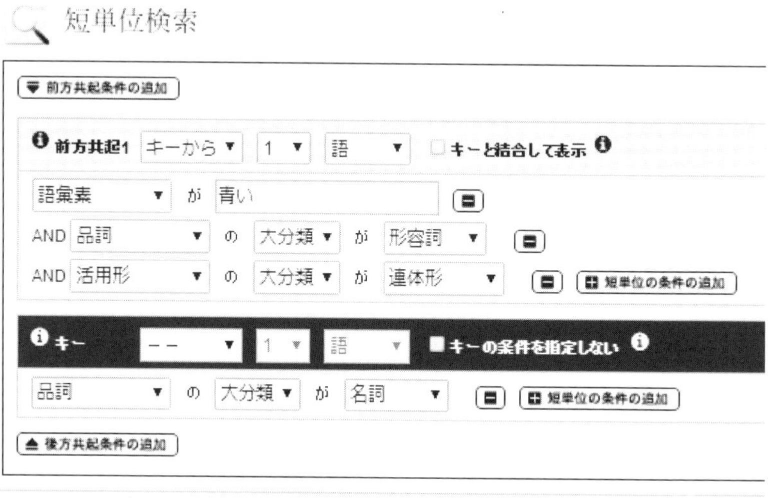

 短単位検索

> ▼ 前方共起条件の追加
>
> **❶ 前方共起1** キーから ▼　1 ▼　語　▼　☐ キーと結合して表示 ❶
>
> 語彙素 ▼　が　青い　　　　　　☐
> AND 品詞 ▼　の　大分類 ▼　が　形容詞 ▼　☐
> AND 活用形 ▼　の　大分類 ▼　が　連体形 ▼　☐　➕ 短単位の条件の追加
>
> **❶ キー**　　　—— ▼　1 ▼　語　▼　☐ キーの条件を指定しない ❶
>
> 品詞 ▼　の　大分類 ▼　が　名詞 ▼　☐　➕ 短単位の条件の追加
>
> ▲ 後方共起条件の追加

図 12　短単位検索：前方共起条件

　以下に、図 12 に対応する検索条件式と検索結果頻度上位 10 位までの単語を示す。検索条件式は SQL 言語に似た文法を採用している。

検索条件式：キー：品詞 LIKE "名詞%" AND 前方共起：(語彙素 ="青い" AND 品詞 LIKE "形容詞%" AND 活用形 LIKE "連体形%") ON 1 WORDS FROM キー
結果(頻度上位 10 位まで)：目，空，海，顔，光，瞳，鳥，色，部分，眼

　図 13 の例では、後方共起条件を用いて、助詞「の」＋語彙素「青い」に前置する名詞を出力する。

図 13　短単位検索：後方共起条件

　以下に、図 13 に対応する検索条件式と検索結果頻度上位 10 位までの単語を示す。

検索条件式：キー：品詞 LIKE " 名詞 %" AND 後方共起：（書字形出現形 =
" の " AND 品詞 LIKE " 助詞 %"）ON 1 WORDS FROM キー AND 後方共起：
語彙素 =" 青い " ON 2 WORDS FROM キー
結果（頻度上位 10 位タイまで）：空，ねぎ，前，目，上，海，北国，島，
長ねぎ，例，幸福

　検索結果を見ると、必ずしも名詞＋「の」と「青い」との間に係り受け関係がない用例（「幸福の青い」）も存在する。隣接していても統語的に係り受け関係がないものもあるので注意する必要がある。

3.5　「中納言」の長単位検索

　長単位検索は、短単位と同じユーザインターフェイスであり、長単位形態論情報による検索や前方・後方共起条件による検索が可能である。しかな

がら、単位が異なることから、書字形などを完全一致した形式で指定することが難しい。以下では、書字形などをパターン演算子で指定する方法について紹介する。なお、パターン演算子は短単位検索でも利用できる。

　図14の例は、語彙素が3文字以上で、最後2文字が「青い」である長単位の形態素を出力する。％が0文字以上の任意の文字列で、＿が1文字の任意の文字を表す。つまり「％＿青い」は「青い」に先行する文字が1文字以上である語彙素を指定する。

図14　長単位検索：パターン演算子による検索例

キー：語彙素：％＿青い
結果（頻度2以上）：薄青い，薄青く，うす青く，薄蒼く，うす青い

　図15に長単位検索の後方共起条件を用いて、助詞「の」＋語彙素「青い」に前置する名詞を出力する検索例を示す。図13の短単位検索と同じ問い合わせであるが、出力される形態素の単位が異なる。

図 15　短単位検索：後方共起条件

検索条件式：キー：品詞 LIKE " 名詞 %" AND 後方共起：（書字形出現形 =
" の " AND 品詞 LIKE " 助詞 %"）ON 1 WORDS FROM キー AND 後方共起：
語彙素 =" 青い " ON 2 WORDS FROM キー
結果（頻度上位 10 位タイまで）：前，上，目，ポロねぎ，長ねぎ，北国，
ねぎ，ひとつ，例，空，幸福

3.6　「中納言」の位置検索

　位置検索は、一度検索した際の〈サンプル ID と開始位置〉（BCCWJ,
CHJ）、〈講演 ID と開始位置〉（CSJ）、〈会話 ID と開始位置〉（NUC）などに
より、コーパス中の位置を一意に指定する情報に基づいて用例を表示する機
能である。図 16 の例は、BCCWJ のサンプル ID PB34_00230 と開始位置
26820 の用例を表示する。論文に用例を引用する場合には、この情報ととも
に出典情報を記載すればよい。なお、C-JAS「中納言」と I-JAS「中納言」
にはこの機能は備わっていない。

176

図16 位置検索

3.7 「中納言」のその他の機能

コーパスによって検索対象を絞り込むことができる。図17の「検索対象を選択」をクリックすると、メタデータに基づく絞り込みが可能になる。

図17 検索対象・検索動作変更画面

検索対象を選択する機能においては、BCCWJの場合はデフォルトでは出版年に基づく絞り込みができる。レジスタを選択することにより、レジスタ毎の詳細なジャンルを指定できる。たとえば、BCCWJで書籍を選択した場合には、日本十進分類法（NDC）の類目（第1次区分）により絞り込める（図18）。

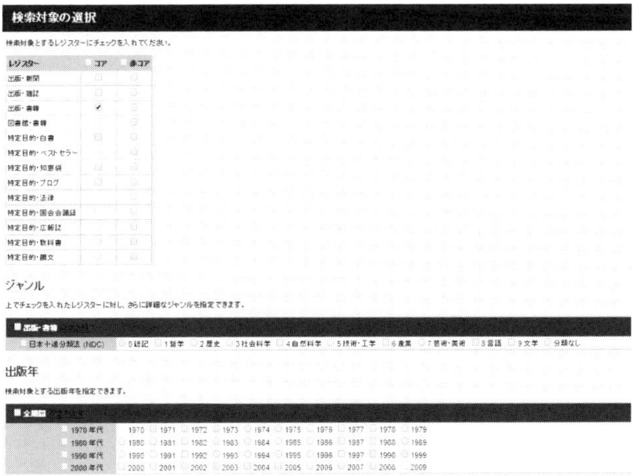

図18 検索対象の選択画面(レジスタ：出版・書籍 選択時)

「中納言」には、4種類の検索機能ごとの履歴が保存されている。特に指定しなければ、すべての検索履歴は保存される。画面中、内側のタブで「履歴で検索」を選択することで、過去の検索履歴が表示される(図19)。「編集して検索」ボタンを押すと「検索条件式で検索」タブに移り、検索条件式を編集することができる(図20)。検索条件式の編集についてはSQLの知識が必要になるが、以前と同じ検索をするためには編集せずにそのまま検索ボタンを押せばよい。

図19 「履歴で検索」機能

178

図20 「検索条件式で検索」機能

　「中納言」では、検索結果を10万件までダウンロードできるダウンロード機能がある。ダウンロードオプションを開くと図21のような画面が表示される。システム「Excel向け」を指定すると、文字コードがUTF-16LEのタブ区切りファイルが、拡張子 .csv でダウンロードできる。このファイルは、Microsoft Excel がインストールされている計算機で、ダブルクリックすると Excel 上で開くことができる。プログラミング言語などにより自力で整形したり、エディタでファイルを開いたりする場合には、UTF-8 で保存することをおススメする。「インラインタグを使用」にチェックを入れると、前後文脈の形態素に形態論情報を付加することができる。

図21　ダウンロードオプション

4.　練習課題：二重目的語構文の語順の分析

　以下では簡単な課題として、長単位検索を用いた二重目的語構文の語順の検討を行う。図22に、名詞＋「が」＋名詞＋「に」＋名詞＋「を」＋動詞の連接を長単位検索により調べる検索問い合わせを示す。出力を前後10形態素に制限し、文脈中の文区切り文字を「区切り記号と同じ」にし、共起条件の範囲を「文境界をまたぐ」にしておくこと（図23）。これにより、常に前後10形態素が表示され、後のExcel上の処理が簡便になる。

図22　二重目的語の語順の比較

180

図 23　文脈表示の制限

　システム「Excel 向け」とダウンロードオプションで指定した場合の
Excel の出力を図 24 に示す。H 列を選択したうえで、［挿入］→［ピボット
テーブル］をクリックする。

図 24　Excel 上での語彙素のピボットテーブルの作成

　ピボットテーブルの行に「語彙素」、値に「個数／語彙素」を指定したうえで、行ラベル（フィールドA3）を「その他の並び替えオプション」で「個数／語彙素」の降順に並び替えたものを図25に示す。

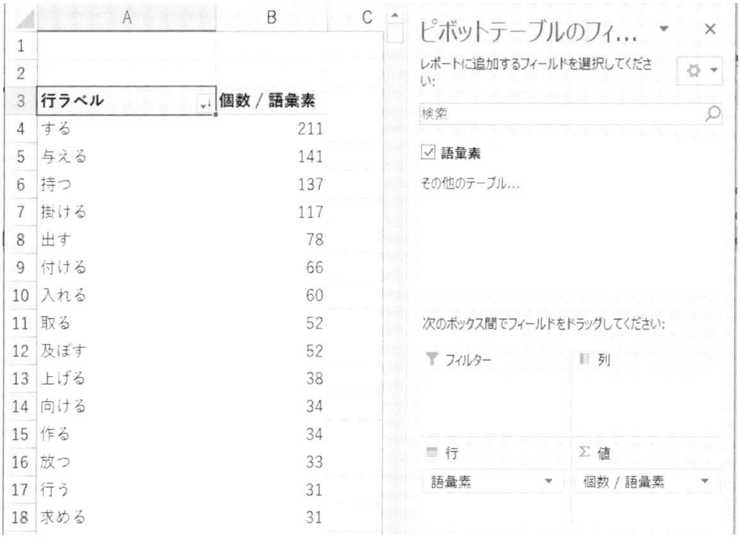

図25　ピボットテーブルによるガーニーヲ語順の述語の分布

　実際の分析には動詞に後置する助動詞（れる・られる・せる・させる）や補助動詞（くれる等）による格交替の影響も検討する必要があるが、隣接した格要素を対象とした簡易的な調査として語彙の分布を見ることができる。

　次に、名詞句の分析を行う。元のシートに戻って、D列の前文脈とE列のキーとの間に10列の空列を入れる。D列の前文脈を選択したうえで、［データ］→［区切り位置］で区切り位置指定ウィザードを立ち上げた後、区切り文字「その他」を選択し"｜"を入力して分割する（図26）。

図 26　前文脈の単語分割

　そのうえで、H 列から M 列の 1 行目に見出しとして、「主語」「直接目的語」「間接目的語」などと手入力したうえで、「語彙素」までの列を選択し、再度ピボットテーブルを作成する（図 27）。

主語	ガ	間接目的語	ニ	直接目的語	ヲ	空白	キー	後文脈	語彙素読み	語彙素
(バッター)	(が)	(即座)	(に)	(声)	(を)		かけあっ	て	どちら	カケアウ	掛け合う
(マスコミ)	(が)	(とたん)	(に)	(頭)	(を)		もたげ	てくる	の	モタゲル	擡げる
(福島交通)	(が)	(東邦銀行)	(に)	(融資)	(を)		申し込ん	で	断ら	オモウシコム	申し込む
(女児)	(が)	(保母さん)	(に)	(パンツ)	(を)		とりかえ	てもらっ	トリカエル	取り替え
(日本人)	(が)	(現地)	(に)	(工場)	(を)		建てよう	という	場	タテル	

（ピボットテーブルの作成ダイアログ）

分析するデータを選択してください。
● テーブルまたは範囲を選択(S)
　テーブル/範囲(T): 'kwic-2583089'!$H:$R
○ 外部データソースを使用(U)
　接続の選択(C)...
　接続名:
　このブックのデータモデルを使用する(D)

きか	せられ	キク	利く
かける	よう懇請	カケル	掛ける
もっ	ている，| モツ	持つ
出す	ことを	ダス	出す
浮かべ	、ポイ	ウカベル	浮かべる
上げ	、その	アゲル	上げる
かけ続け	て困っ	カケツヅケ	掛け続ける
もたせかけ	て、坐	モタセカク	凭せ掛け

図 27　ガーニーヲ要素と述語要素のピボットテーブル作成

　たとえば、行に「直接目的語」、列に「語彙素」、値に「個数／語彙素」を指定したうえで、行・列ともに「個数／語彙素」で降順に並び替えると、図28 のようなヲ要素（直接目的語）と述語語彙素の組み合わせの分布が得られる。練習として、主語や間接目的語でも同様のことをしてみよう。さらに、ガ－ヲ－ニ語順についても同様の調査を行い、比較してみよう。

個数／語彙素 列ラベル												
行ラベル	する	与える	持つ	掛ける	出す	付ける	入れる	取る	及ぼす	上げる	向ける	作る	放つ
(手)			1	14	13	6	6	5		2			
(影響)		32							34				
(顔)					15					1	10		
(声)			32	2		1			8				
(目)			1		4								
(姿)				1									
(力)	2	1			2	22		1					
(火)			1		19	2							5
(足)			1			1							
(興味)			18										
(身)													
(腰)				2									
(口)			4		2								
(関心)			13					1					

図 28　ヲ要素（直接目的語）と述語語彙素の組み合わせの分布

　最後に分析のための頻度の扱いについての注意点を述べる。ここで示した頻度はコーパス中の生頻度 raw frequency である。分析には 100 万語あたり

の相対頻度（pmw）として正規化して分析するほうが望ましい。正規化するための分母の情報としては、各コーパスの公開ページにある語数表を用いるとよい。

> **メモ**：pmw とは per million words の略である。生頻度は検索対象とするコーパスの規模に左右されるため、100 万語あたりの相対頻度とすることで他の研究との比較検討がしやすくなる。これを数値の正規化という。

5. おわりに

本章では簡易的なコーパス調査について、国立国語研究所で開発・管理している様々なコーパスの検索方法について紹介した。2022 年 3 月に「中納言」に格納されている全てのコーパスを短単位で串刺し検索する「まとめて検索 KOTONOHA」を公開した。さまざまな観点（ファセット）で複数のコーパスを検索することができる。

第6章
COCA を使ったコーパス調査

　言語研究でコーパスを使用する目的としては、例文の採取、語彙や構文の生起頻度調査、コロケーション（共起語句）の確認などがある。こうした目的のために近年最も広く用いられているコーパスの1つが Mark Davies 氏が開発し、English-Corpora.org というサイトで公開している Corpus of Contemporary American English（COCA）である。COCA は様々なジャンルの現代アメリカ英語（話し言葉と書き言葉を共に含む）のデータをバランスよく収録した大規模英語均衡コーパスで、総収録語数は10億語を超える。英語において全般的に用いられる高頻度表現の調査はもちろん、やや周辺的または例外的な表現を調査する際にも有用である。すべての機能を利用するには有料アカウントにアップグレードする必要があるが、ほとんどの機能は無料で利用できる。

　この章では COCA を用いてコーパスから英語表現の実例や頻度情報を得るための具体的な方法を紹介する。1節では最も基本的な使い方を示す。2節では検索文字列のシンタックスについて詳しく解説する。3節では COCA で利用可能な複数の検索モードの違いと特徴について述べる。4節では English-Corpora.org で利用可能な COCA 以外の英語コーパスのいくつかを紹介する。

1.　COCA を使ってみる

　まずは Web ブラウザを開いて https://www.english-corpora.org/coca/ にアクセスしてみよう。図1のような画面が現れる。

186

図1　検索画面(SEARCH)

　早速語句の検索を行いたいところだが、COCA を利用するにはユーザ登録が必要である。画面右上の黄色い Log in アイコン▣をクリックすると登録画面へのリンク（REGISTER）が現れるのでさらにこれをクリックする。または直接下記の URL を打ち込んでアクセスすると図2の画面になる。

ユーザ登録 URL: https://www.english-corpora.org/register.asp

Name			(e.g. Mary | Smith)
Email address		
Password		◉
Country	-- SELECT-- ∨
Category	○ University professor: languages / linguistics ○ Graduate student: languages or linguistics ○ University professor: not languages / linguistics ○ Teacher: not university; not graduate student ○ Graduate student: not languages or linguistics ◉ Student (undergraduate) ○ Other
	☑ I agree to the Terms and Conditions for this website
	Input the following five letters: `taaea`
	SUBMIT RESET PROBLEMS ??

図2　ユーザ登録画面

　ここで氏名、メールアドレス、パスワード、国名、ユーザカテゴリー（教員、大学院生、学部生など）といった情報を入力する。利用条件に同意し、画面に示された文字をその通りに打ち込んで SUBMIT すれば、確認メールが届く。メールに記載されたリンクをクリックするとユーザ登録が完了する。

　ユーザ登録が完了したら COCA の画面右上の Log in アイコン🔲をクリックしてメールアドレスとパスワードを入力しよう。無事にログインできればアイコンが緑色に変わり、いよいよ COCA を用いたコーパス検索が可能になる。

> **メモ**：English-Corpora.org の無料アカウントでは、1 日の検索数が 50 回まで（言語学の研究者や大学院生は 200 回まで）に制限されており、いくつかの高度な機能が使えない。有料アカウントにアップグレードすると 1 日に 200 回まで検索できるようになる（言語学の研究者や大学院生は 400 回まで）。Englsh-Corpora.org のコーパスを本格的に用いるためには、有料アカウントへの移行を検討しよう。あるいは、所属している大学などで、組織に属する複数のユーザが使えるアカデミック・ライセンスを購入していないか確かめてみるとよいだろう。

　では COCA の検索画面（https://www.english-corpora.org/coca/）に戻り、コーパス検索を試そう。例として about to * という文字列を入力してみる。ここでアスタリスク（*）は「何でもいい 1 語」を表す。Find matching strings ボタンをクリックすると、about to …（まさに…するところ）の検索結果が現れる。

> **メモ**：検索ボックスの上に、List, Chart, Word, Browse …と書かれたモード選択ボタンが並んでいるが、1～2 節では List モードを選択した状態であることを前提に説明を進めていく。各モードの特徴や使い方は 3 節で解説する。

HELP	ℹ	★	ALL FORMS (SAMPLE) : 100 200 500	FREQ	TOTAL 59,103 | UNIQUE 2,703 +
1	ℹ	★	ABOUT TO BE	4411	
2	ℹ	★	ABOUT TO GET	2721	
3	ℹ	★	ABOUT TO GO	2331	
4	ℹ	★	ABOUT TO SAY	1503	
5	ℹ	★	ABOUT TO DO	1434	
6	ℹ	★	ABOUT TO TAKE	1338	
7	ℹ	★	ABOUT TO START	1203	
8	ℹ	★	ABOUT TO MAKE	1145	
9	ℹ	★	ABOUT TO HAPPEN	1130	
10	ℹ	★	ABOUT TO BEGIN	1064	

図 3　事例パターン表示画面（FREQUENCY）

　結果画面では about to * という検索式に合致する事例を具体的な表現形式ごとにまとめたものが頻度順に示される。これを見ると about to に続く語としては be が最も多く、get, go, say, do がこれに続くことがわかる。各表現パターンをクリックすると、これらが実際にどのように使われているかを見ることができる。試しに第 4 位の about to say をクリックしてみよう。

1	2019	SPOK	NBC_Today			Q	've got a great band as well. SHEINELLE-JONES) : I was just **about to say**. KATE-SNOW) : I'm in a band
2	2019	FIC	SouthwestRev			Q	" Laurel says as she laces on her boots. # Magnus is **about to say** that he's not supposed to do that
3	2019	MOV	Doom: Annihilation			Q	go with... Hey! I swear, Winslow, if you're **about to say** what I think you're gon na say, I'm gon na sho
4	2019	MOV	The Evil Inside Her			Q	No way, I'd be freaking out. Yeah, I was **about to say** something. It's totally fake. Hmm hmm. Yeah, i
5	2019	TV	DC's Legends of Tomorrow			Q	I like Wickstable. Our little Wicksty. I can't believeI'm **about to say** this, but I think it needs skin-to-sk
6	2018	SPOK	CBS_Morning			Q	to be publicly identified. And I hope you understand what I'm **about to say**. If I say enough details a
7	2018	SPOK	NBC_Today			Q	. That's why the ladies like it. SAVANNAH-GUTHRIE) : I was **about to say**. CARSON-DALY) : My wife ju
8	2018	SPOK	NBC_Today			Q	bet you make people take their shoes off. SHEINELLE-JONES) : I was **about to say** you might be surp
9	2018	MOV	Funny Story			Q	all been very accommodating to me. And... and what I'm **about to say**, I wish someone else had said
10	2018	TV	American Dad!			Q	And still, you did nothing... absolutely nothing. Weren't you **about to say** your name?! I'm Shannon.

図４　文脈付き事例表示画面（CONTEXT）

　図 4 では左側のセルに言語データの属性（年、ジャンル、データソース）が、右側のセルに実例が、それぞれ示されている。属性を示すセルのいずれかをクリックすると、さらに詳しい情報と前後の文脈を見ることができる。2018 年の TV 番組「American Dad!」からの事例（10 番目）をクリックすると図 5 のような画面になる。

Source information:

Series	American Dad! (IMDB) (Years: : 0 episodes)　Country: USA　Genre: Animation,Comedy
Series info	
Episode	My Purity Ball and Chain (2018) (IMDB) (Open Subtitles)
Episode info	Length: 21 min / Rating: / IMDB rating: 7.4 (181 votes)
Episode plot	When Steve starts acting out his sexual energy, Francine asks Stan to give him the talk, but he makes Steve join a creepy father-daughter celibacy club with him instead. Also, the family builds a water slide in the backyard.

Expanded context

for... Aah! I got a virgin for ya! Yeah! Mertz! Get him! Why aren't you stopping this?!' Cause I'm the straw that stirs the drink, biotch. Whoo-hoo! Hi, Carl. Just gon na squeeze in a quick cry before Algebra. You know the rules. Just don't look inside my black, metal trunk. Steve! Oh, hey. I wanted to introduce myself and say how great you did onstage. I thought it was really brave how you stood your ground, silently crying when Mertz pantsed you. Then how you courageously called out the names of other virgins Mertz could pick on instead... until Principal Lewis came up and mimed ejaculating yogurt all over you. And still, you did nothing... absolutely nothing. Weren't you about to say your name?! I'm Shannon. I was wondering if you'd like to join our purity group. We've been looking to modernize by adding a boy, and it's obvious you're a committed virgin. What's a purity group? Really? We just had, like, a whole assembly... Never mind. Uh, a group of us pledged to abstain from any sexual activity until marriage. Purposefully? Yeah! When you're not worrying about sex, there's time for all kinds of fun stuff. I-It's nerdy, but I'm writing a play based on Deathstroke. The supervillain from DC Comics? You know, he prefers to go by...... Deathstroke the Terminator, although his real name is Slade Wilson. And don't forget about those...... haunting Vietnam flashbacks! Or that he...... murdered his first son!

図５　詳細情報画面（CONTEXT＋）

　ここまで見てきたように、COCA の検索画面（①）で検索を実行すると、表現パターンの頻度順リスト（②）が得られる。リストの項目をクリックすると文脈つきの事例リストを取得することができる（③）。事例リストのいずれかをクリックすると、詳しい属性情報と前後の文脈テキストが得られる（④）。検索結果に含まれるデータを1つ1つ確認していきたいときは、①〜④の画面を行ったり来たりする必要がある。画面上部にタブとして設けられている SEARCH、FREQUENCY、CONTEXT、CONTEXT＋がそれぞれ①〜④に対応しているので有効活用しよう（図6）。

図6　COCA の画面上部のタブ

> **メモ**：English-Corpora.org のコーパスでは画面の上部に共通のアイコンが表示される。主要なアイコンの意味は以下の通りである。
> 📄 コーパスの特徴や使い方を説明した PDF を表示する
> ⓘ コーパスの概要を見る（目的、用法、データソース、検索タイプ）
> 📄 コーパスの統計情報を見る（セクションごとの語数など）
> ↗ 他のコーパスに切り替える（同じ検索式を他コーパスで実行）
> 👤 ログイン情報や、自分で作成したワードリストなどを確認する
> 🕘 検索履歴を見る

2.　検索式のシンタックス

　COCA には様々な機能があるが、必ずしもすべてを使いこなせるようになる必要はない。しかし検索式のシンタックスを知っておくことは非常に重要である。求めたい事例を的確に得るための検索式を自在に作成できさえすれば、様々なオプションやモードは目的に応じて後で1つずつ試していくことができる。そういう意味で、本節は COCA を活用するために最も重要な内容を含むと言える。

2.1 基本的な検索

COCA の検索シンタックスでは、スペースで区切られた文字列のまとまり 1 つ 1 つが「語」を表現する。ここではそのようなまとまりを**スロット**と呼ぶことにしよう。各スロットでは表現の**表層形**に加えて、**レンマ形**(基本形)や**品詞**を用いた指定が可能である。

表 1　表層形・レンマ形・品詞による検索

タイプ	検索式	対応表現の例
表層形	was helping	was helping
レンマ形	BE HELP	be, is, am, are, was, were, been, being help, helps, helped, helping
品詞	[v*], VERB, V, _vv [n*], NOUN, N, _nn	get, go, know, help, taken, etc. people, way, help, students, etc.

基本的に、小文字で入力された文字列は「表層形」として解釈される。したがって単に kick と入力した場合、kicks や kicked や kicking は結果に含まれない。活用形も含めたいときには、大文字で入力することによりレンマ形を指定できる。つまり KICK と入力すれば、kick、kicks、kicked、kicking がすべてヒットする。

複数のスロットで構成される検索式を作成して、句や構文の事例を検索することができる。例えば次のようにすると

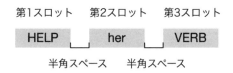

[help/helps/helped/helping + her + 動詞] というパターンを指定したことになる。第 1 スロットの HELP はレンマ形指定なので、help、helps、helped、helping といった活用形がヒットする。第 2 スロットの her は表層形指定なので、her のみが検索対象となる (him や them といった語はヒット

しない)。第 3 スロットの VERB は品詞指定であり一般的な動詞がすべて
ヒットする。この検索を実行した結果を図 7 に示す。

HELP	ⓘ	★	ALL FORMS (SAMPLE) : 100　200　500	FREQ	TOTAL 4,507	UNIQUE 1,259 ◆
1	ⓘ	★	HELP HER GET	328	
2	ⓘ	★	HELP HER FIND	165	
3	ⓘ	★	HELPED HER GET	163	
4	ⓘ	★	HELP HER MAKE	67	
5	ⓘ	★	HELPED HER FIND	60	
6	ⓘ	★	HELP HER UNDERSTAND	51	
7	ⓘ	★	HELP HER FEEL	49	
8	ⓘ	★	HELPING HER GET	46	
9	ⓘ	★	HELP HER LEARN	44	
10	ⓘ	★	HELP HER BREATHE	36	

図 7　検索結果(HELP her VERB)

では、目的語の her を代名詞全般としたいときにはどのように表記するの
だろうか。また表層形やレンマ形に品詞指定を加えて、「名詞としての
help」や「動詞としての kick」を表現したいときにはどうすればよいのだろ
うか。もちろんこうした指定も可能である。COCA の検索式での品詞指定
の方法について、次の 2.2 で詳しくみていこう。

2.2　品詞指定の方法

　COCA の使い方を学び始めた人が最もつまづきやすいのが思い通りに品
詞を指定する方法である。実は COCA では歴史的な経緯により品詞の指定
方法が複数あり、角カッコ ［　］ を用いて細かい品詞指定が可能な旧表記
(Type 1) や、品詞を大文字で表記して大まかな品詞指定を行う新表記 (Type
2, 3) などが使用できる。表 2 に COCA の説明ページの資料を一部改変した
ものを示す。

表2 COCA で利用できる 4 種の品詞指定形式

旧表記	新表記	新表記 短縮形	CQP 形式	対象となる品詞	例
Type 1	Type 2	Type 3	Type 4		
[nn*]	NOUN	N	_nn	一般名詞	sun, love
[np*]	NAME	NP	_np	固有名詞	John, Chicago
[n*]	NOUN+	N+	_n	一般名詞と固有名詞	sun, Sonny
[vv*]	VERB	V	_vv	語彙的な動詞（do, be, have を含まない）	decide, jumped
[v*]	VERB+	V+	_v	すべての動詞（do, be, have を含む）	decide, has, is
[j*]	ADJ	J	_j	形容詞	nice, clean
[r*]	ADV	R	_r	副詞	soon, quickly
[p*]	PRON		_p	代名詞	she, everyone
[i*]	PREP		_i	前置詞	from, on
[a*]	ART		_a	冠詞	the, his
[d*]	DET		_d	決定詞	these, all
[c*]	CONJ		_c	接続詞	that, and, or
[x*]	NEG		_x	否定辞	not, n't
[m*]	NUM		_m	数詞	five, 5

> **メモ**：一般名詞と固有名詞を合わせた［n*］や－n の中に代名詞
> （[p*], －p)が含まれないことに注意。

　以前は品詞指定の際に旧表記である Type 1 のみを用いていたが、現在では新表記の Type 2 とその短縮形である Type 3 が利用可能である。括弧を用いず大文字で表すことで、直観的かつ容易に品詞指定ができるようになった。ただし現在も Type 1 を使うことは可能である。表層形やレンマ形を指定しつつ、同じスロットの語に対して品詞指定も行いたいときには、Type 1 を用いる。例えば hand という語が「動詞」として用いられている事例を採取したいときには次のように指定する。

表層形+Type 1 品詞指定	レンマ形+Type 1 品詞指定
hand.[vv*]	HAND.[vv*]

つまり、表層形やレンマ形の直後にドット(.)を置き、その直後にType 1で品詞を指定するのである。ここで括弧を入力する煩雑さを回避したいのであれば、下記のようにType 4のCQP表記を用いることもできる。この場合にはドットは不要で、表層形もしくはレンマ形の直後にType 4の品詞タグを入力する。

表層形+Type 4 品詞指定	レンマ形+Type 4 品詞指定
hand_vv	HAND_vv

これらの方法を用いて、今度は［動詞help(活用形を含む)＋代名詞＋with＋一般名詞］のパターンを検索してみることにしよう。次のような検索式でこれを実現できる。

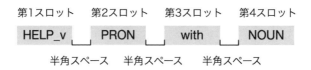

実際に検索を行うと次の図8の結果が得られる。

HELP	①	★	ALL FORMS (SAMPLE): 100 200 500	FREQ	TOTAL 724	UNIQUE 630 +
1	①	★	HELP ME WITH DINNER	7	
2	①	★	HELP ME WITH THINGS	6	
3	①	★	HELP YOU WITH THINGS	6	
4	①	★	HELPING THEM WITH HOMEWORK	6	
5	①	★	HELP THEM WITH HOMEWORK	4	
6	①	★	HELPING ME WITH MATH	4	
7	①	★	HELP HIM WITH REPUBLICANS	3	
8	①	★	HELP HER WITH HOUSEHOLD	3	
9	①	★	HELP ME WITH WORK	3	

図8　検索結果(HELP_v PRON with NOUN)

194

メ モ：Type 4 が CQP 形式と呼ばれるのは、Lancaster 大学の University Centre for Computer Corpus Research on Language（UCREL）で開発された Corpus Query Processor（CQP）というシステムでの品詞表記に基づいているからである。COCA で使用されているのと同じ品詞ラベルの詳細な定義は UCREL のサイト上で確認することができる。
https://ucrel.lancs.ac.uk/claws7tags.html

2.3　便利な品詞指定の方法

　表 2 があれば、最低限の品詞指定ができるはずだが、様々な検索式を試しながら探索的に調査を行うとき、いちいち表を参照しながら入力するのは面倒だろう。また、実際には表 2 に含まれているもの以外に多数の詳細な品詞ラベルが存在する。そこで COCA では、より便利な品詞指定の方法が用意されている。検索ボックスの右側にある［POS］と書かれた部分をクリックすると図 9 のように品詞指定セレクターが出現する。

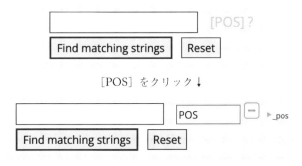

図 9　品詞セレクターの利用

　ここで、セレクターの中には POS と表示されており、その右側には小さく▶という表示があることに注意しよう。この▶をクリックするとセレクターの中の表示が _pos に変わる。もう一度クリックするとセレクターの中が POS に戻る。つまり、▶は品詞指定セレクターのモードを切り替えるトグルボタンになっているのである。セレクターの中が POS になっていると

き、セレクターをクリックすると、図10（左）のように品詞リストが表示されるので、どれか1つを選ぶと、検索ボックスの中にType 2（Type 2表記が存在する場合）の品詞ラベルが自動的に入力される。Type 2表記は品詞指定だけを行うスロットを作る際に適している。

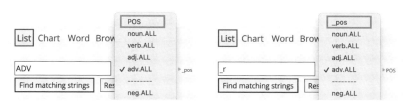

図10　2種の品詞セレクター

　次に▶をクリックしてセレクターの中に _pos と表示されている状態にしてから品詞を選択すると、今度は図10（右）のようにType 4形式で品詞が入力される。この形式は表層形やレンマ形の指定と共に同じスロットの中で品詞指定を行う際に適している。

2.4　発展的な検索
　ここまでに示したもの以外に、各スロットの指定に用いることができる便利なシンタックスや、知っておくと役に立つ「検索のコツ」がいくつかある。

2.4.1　ワイルドカード検索、NOT検索、OR検索
　1節でみたとおり、検索式を構成するスロットの中でアスタリスクを単独で用いると「何でもいい1語」を表現できる。これと関連して、表層形、レンマ形、品詞を表す文字列の中にアスタリスクを含めると「0個以上の文字」を表すことができる。このような機能を持つ記号は一般に**ワイルドカード**と呼ばれる。COCAでは「0個以上の文字」を表すアスタリスク(*)のほかに、「1文字」を表すクエスチョンマーク(?)を用いることができる。表3に使用例を示す。

表3　ワイルドカード検索

使用例	ヒットする語の例
un*ly	unfortunately, unlikely, undoubtedly, unusually, etc.
s?ng*	single, song, songs, singing, sing, singer, etc.
*holic_j	catholic, alcoholic, workaholic, melancholic, etc.
V*, _v*, [v*]	is, was, be, have, are, do, had, can, etc.

　また、各スロットの中で否定（NOT）に対応する記号としてマイナス（-）を用いることができる。また論理和（OR）に対応する記号としてバーティカルバー（|）を使うことができる。表4に例を示す。

表4　NOT 検索と OR 検索

使用例	検索結果の例
e-mail|email|mail	e-mail, email, mail
thank you so|very much	thank you so much, thank you very much
HAVE a|an * day	have a nice day, had a bad day, having an off day, had a hard day, etc.
take your -time	take your pick, take your money, take your word, take your hands, etc.
pretty -good_j	pretty sure, pretty cool, pretty clear, etc.
.|: for|and|nor|but|or|yet|so	［文頭の］For, And, Nor, But, Or, Yet, So

> **メモ**：品詞の OR 検索には現時点では Type 2 表記は使えないので Type1 表記を使う必要がある（例えば、ADJ\|NOUN ではなく、[j*]\|[n*] とする）。

　表4の最下列の例については補足説明が必要だろう。COCA では文頭を表す特別な記号が用意されていない。また、表層形の検索では小文字を用いることになっているため、語頭の文字を大文字にしても文頭の語にマッチさせることができない。そこで、あくまで擬似的な方法ではあるが、文や節の境界を指定したいとき、.\|: のような文字列を用いることで目的を達成できる

可能性がある。ピリオドやコロンといった記号も語と同様に独立したスロットを占めるため、これを利用するのである。

> **メモ**：表4の最後の検索式を用いて実際に検索を行うと、各パターンの出現頻度は示されるものの、一部のパターンはクリックしてもメッセージが現れるだけで文脈付きの事例リストが表示されない。これは生起頻度が50万件以上のパターンでは事例の一覧表示を行わないというシステム上の制約によるものである。実際のところ、50万件以上の事例を目視確認することは現実的に不可能であり、頻度値が得られれば十分なことが多い。もちろん、検索式をより詳しいものにして結果の件数を絞りさえすれば具体的な事例を確認することができる。

2.4.2　類義語検索と単語リスト機能

　COCA には類義語検索機能があり、スロットを構成する文字列の先頭に等号 (=) を付けることで、指定した語と類似した意味を持つ語を検索対象に含めることができる。その際、表層形とレンマ形のいずれも用いることができる。また、Type 1 もしくは Type 4 の記法を用いて品詞指定を行うこともできる。表5に pretty を用いた例を示す。表層形による検索の場合、pretty good（とてもいい）のような副詞用法と pretty face（かわいい顔）のような形容詞用法の区別がないため、両方の類義語が結果に含まれる。品詞指定を行うと、指定された同じ品詞の類義語だけを検索対象にすることができる。

表5　類義語検索

検索式	説明	検索結果の例
=pretty	pretty とその類義語	pretty, rather, quite, beautiful, etc.
=PRETTY	pretty とその類義語（活用形を含む）	pretty, prettier, prettiest, rather, quite, beautiful, sweeter, etc.
=pretty_j =pretty.[j*]	形容詞としての pretty とその類義語	pretty, beautiful, sweet, lovely, cute, attractive, handsome, etc.

　なお、COCA の類義語検索機能は、すべての語のすべての用法で有効な

わけではない。例えば early という語に関しては、形容詞用法（=early_j）と副詞用法（=early_r）の類義語検索が可能だが、clean の場合、形容詞用法（=clean_j）は有効だが、副詞用法を指定しても結果が得られない（動詞用法（=clean_v）の類義語検索は有効）。これは、あらかじめシステムに登録された類義語データに基づいて結果を返す仕組みになっているからである。

　有料アカウントのユーザであれば、「単語リスト機能」を用いて、特定の語の類義語リストを自ら作成することができる。これは関連する語のリストをあらかじめ作成しておき、検索式の中で参照することができる機能である。例えば、国や地域を表す形容詞（American, British, Canadian, Japanese, etc.）を nationality という名称のリストとして作成しておけば、@nationality という文字列で検索式に含めることができる。COCA では衣類を表す語のリスト @clothes がサンプルとして用意されているので、これを用いて［形容詞 pretty の類義語（レンマ形）＋衣服を表す語］のパターンを検索すると、図 11 の結果が得られる。

HELP	①	★	ALL FORMS (SAMPLE): 100 200 500	FREQ	TOTAL 1,288 | UNIQUE 183 +
1	❶	★	BEAUTIFUL DRESS	182	
2	❶	★	PRETTY DRESS	157	
3	❶	★	LOVELY DRESS	59	
4	❶	★	BEAUTIFUL RING	58	
5	❶	★	BEAUTIFUL NECKLACE	45	
6	❶	★	BEAUTIFUL SHOES	34	
7	❶	★	BEAUTIFUL SUIT	28	
8	❶	★	CUTE SHOES	26	
9	❶	★	CUTE DRESS	25	
10	❶	★	BEAUTIFUL HAT	22	

図 11　類義語検索の結果（=PRETTY_j @clothes）

3.　様々な検索モードとオプション

　COCA ではこれまでにみてきた List モードを含めて 7 つの検索モードが用意されている（7 つのモードが表示されていない場合は + をクリックすると全体が表示される）。

List Chart Word Browse +

List Chart Word Browse Collocates Compare KWIC -

図 12　7 つの検索モード

以下では、これらのモードの特徴と使い方を解説していく。

3.1　List モード

　List モードは指定された検索文字列に一致する表現をリスト表示するモードである。結果に示された表現パターンをクリックすることで、実際の事例を確認することができる。基本的な使い方はすでにみたとおりだが、ここでは COCA の重要な機能の 1 つである「セクショングループ間での比較」を行う方法を紹介する。

　検索ボックスの下に Sections とあるが、その左のチェックボックスをオンにすると、コーパス内の各セクションでの語句の出現頻度を比較することができる。ここで「セクション」とは、BLOG、WEB-GENERAL、TV/MOVIES、SPOKEN、FICTION、MAGAZINE、NEWSPAPER、ACADEMIC という 8 つのジャンルと、1990 年から 2019 年までの各年を意味する。例として、social NOUN という検索文字列を入力し、図 13 のように Sections の左側のチェックボックスをオンにした状態で検索を行ってみよう。

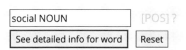

☑ Sections Texts/Virtual Sort/Limit Options

図 13　複数のセクションを表示する設定

結果は図 14 のようになる。

200

HELP	ⓘ	★		ALL	BLOG	WEB-GENL	TV/MOVIES	SPOKEN	FICTION	MAGAZINE	NEWSPAPER	ACADEMIC
1	❶	★	SOCIAL SECURITY	25043	4094	5630	464	5790	334	3282	3936	1513
2	❶	★	SOCIAL MEDIA	21616	7619	4670	357	2223	104	2618	2705	1320
3	❶	★	SOCIAL WORK	7704	139	166	9	53	59	251	224	6803
4	❶	★	SOCIAL WORKERS	7619	161	207	19	282	95	329	532	5994
5	❶	★	SOCIAL STUDIES	6105	130	182	61	71	139	105	387	5030
6	❶	★	SOCIAL WORKER	4321	201	252	338	415	383	548	660	1524
7	❶	★	SOCIAL JUSTICE	4714	1193	685	15	232	11	776	405	1397
8	❶	★	SOCIAL SERVICES	4091	380	432	286	306	93	395	855	1344
9	❶	★	SOCIAL SUPPORT	3280	106	123		24		154	39	2834
10	❶	★	SOCIAL SKILLS	3187	270	249	54	77	29	220	102	2186

図 14　ジャンル別の比較(social NOUN)

　ここでは頻度順で 10 位までに制限して示しているが、頻度に基づいた色分けがなされており、ジャンルによってパターンの分布にある程度はっきりした傾向があるのがわかる。このように特定の言語表現の使用分布をセクションごとに見ることができるのは、COCA の重要な特徴である。

> **メモ**：図 14 に示された数値は粗頻度（raw frequency）すなわち単純な出現頻度だが、セクションによって総語数に違いがあるので、色分けは 100 万語あたりの頻度に基づいて行われている。結果画面に 100 万語あたりの頻度を示すには、検索画面の Options をクリックして、DISPLAY を PER MIL に変更するとよい。

　特定のセクションや、特定のセクショングループに限定した調査を行うことも可能である。Sections の左のチェックボックスをオフにしてから Sections をクリックすると、2 つのセレクターが並んで表示されるので、そこでセクショングループを設定して両者の結果を比較することができる。ここでは、2000 年～2009 年のまとまりを第 1 セクショングループとし、2010 年～2019 年のまとまりを第 2 セクショングループとして比較を行ってみよう。

図 15　セクショングループ間で比較するための設定

> **メモ**：キーボードの Shift キーを押しながら操作すると、図 15 のように連続した要素を複数選択することができる。また、キーボードの Ctrl キー（Windows の場合）または Command キー（Mac の場合）を押しながら操作すると、離れた場所にある複数の要素を選択できる。

　図 15 のように設定して検索すると、図 16 の結果が得られる。これを見ると、2000 年代にはまだ一般的でなかった social media という表現が 2010 年代に入って非常にポピュラーな表現になったことがわかる。

SEC 1 (2000-2004, 2005-2009): 247,675,512 WORDS

	WORD/PHRASE	TOKENS 1	TOKENS 2	PM 1	PM 2	RATIO
1	SOCIAL PHYSIQUE	58	1	0.2	0.0	57.6
2	SOCIAL CREATIVITY	24	1	0.1	0.0	23.8
3	SOCIAL DILEMMAS	40	2	0.2	0.0	19.9
4	SOCIAL PERCEPTIONS	27	2	0.1	0.0	13.4
5	SOCIAL ATTRACTIVENESS	30	0	0.1	0.0	12.1
6	SOCIAL SUPPLY	28	0	0.1	0.0	11.3
7	SOCIAL DIRECTOR	22	2	0.1	0.0	10.9
8	SOCIAL DIFFERENTIATION	21	2	0.1	0.0	10.4
9	SOCIAL COMMUNICATIONS	21	2	0.1	0.0	10.4
10	SOCIAL MARGINALITY	22	0	0.1	0.0	8.9

SEC 2 (2010-2014, 2015-2019): 246,100,294 WORDS

	WORD/PHRASE	TOKENS 2	TOKENS 1	PM 2	PM 1	RATIO
1	SOCIAL MEDIA	9296	83	37.8	0.3	112.7
2	SOCIAL REWARD	50	1	0.2	0.0	50.3
3	SOCIAL ENTERPRISES	92	2	0.4	0.0	46.3
4	SOCIAL ATTENTION	88	3	0.4	0.0	29.5
5	SOCIAL CUE	29	1	0.1	0.0	29.2
6	SOCIAL EPIDEMIOLOGY	25	1	0.1	0.0	25.2
7	SOCIAL GRADIENT	24	1	0.1	0.0	24.2
8	SOCIAL DETERMINANTS	175	8	0.7	0.0	22.0
9	SOCIAL FOLLOWERS	50	1	0.2	0.0	20.3
10	SOCIAL CREDIT	20	1	0.1	0.0	20.1
11	SOCIAL MATURITY	87	5	0.4	0.0	17.5

図 16　Compare モードでの期間ごとの比較

202

> **メモ**：セクショングループ間の比較では、粗頻度ではなく、両グループでの頻度比（RATIO）に基づいて結果がソートされる。図16でグループ内での出現頻度を表す TOKENS 1 と TOKENS 2 のカラム上の数値が必ずしも降順で並んでいないのはそのためである。画面上では頻度比が 5.0 以上であれば緑色、1.5 以上であれば黄緑色にハイライトされ、各グループにおいて特徴的な語であることがビジュアルに示される。

3.2　Chart モード

　Chart モードの使い方は基本的に List モードと同じである。結果の表示が棒グラフを用いたグラフィカルなものになる点が異なる。3.1 で行ったのと同様に Sections の左にあるチェックボックスをオンにした状態で、例として sustainability と入力して検索を実行してみよう。

> **メモ**：特定のセクションを選択中の場合、セレクターで IGNORE をクリックして選択を解除しておく必要がある。

CHANGE TO VERTICAL CHART / CLICK TO SEE CONTEXT

SECTION	ALL	BLOG	WEB	TV/M	SPOK	FIC	MAG	NEWS	ACAD	1990-94	1995-99	2000-04	2005-09	2010-14	2015-19
FREQ	6890	1335	1070	35	104	21	827	429	3069	225	382	509	1000	1118	1251
WORDS (M)	993	128.6	124.3	128.1	126.1	118.3	126.1	121.7	119.8	121.1	125.2	124.6	123.1	123.3	122.8
PER MIL	6.94	10.38	8.61	0.27	0.82	0.18	6.56	3.52	25.62	1.86	3.05	4.08	8.13	9.06	10.19
SEE ALL SUB-SECTIONS AT ONCE															

図 17　Chart モードでのビジュアルな結果表示

　Chart モードでは結果が図 17 のように棒グラフで示される。ビジュアルな表示により sustainability という語が ACADEMIC を中心とした書き言葉において用いられやすいこと、また時系列的には 1990 年以降、出現頻度が継続して上昇傾向にあることが一目瞭然である。

3.3　Word モードと Browse モード

　Word モードと Browse モードは特定の単語に関する様々な情報を一覧表示するためのモードである。Word モードでは、ジャンル間での分布、辞書における定義、類義語、共起しやすい語、関連語などに関する情報を一画面上で確認することができる。例として検索ボックスに bother_v と入力して実行すると図 18 の結果が得られる（結果画面の一部を表示）。

図 18　Word モードでの結果表示

　Browse モードは他のモードと異なり、通常の検索ボックスではなく、Browse モード専用の入力画面が表示される。スクリーンショットは割愛するが、下に示す複数の方法や設定項目を用いて単語を検索することができる。

- ・Word form：語のレンマ形での検索。
- ・Meaning：意味に基づいた検索。定義文に含まれる単語や類義語と考えられる単語など入力して検索できる。
- ・Part of speech：品詞指定を行う。
- ・Range：頻度順で上位 6 万語の中でどの範囲に位置する語を検索対象にするかを指定する。

・Pronunciation：指定した語と同韻の語を検索する。

・Syllabules/stress：音節数とストレス位置を指定して検索する。

例えば technology という語を Pronunciation のボックスに入力して検索すると図 19 のように、technology と韻を踏む語のリストが得られる。リストに含まれる語をクリックすると自動的に Word モードに移行して、その語の詳しい情報を確認することができる。

	RANK	FREQ	Word	PoS	Audio	Video	Image	JA
1	602	160819	technology	NOUN	🔊	▶	🖼	🌐
1 . the practical application of science to commerce or industry 2 . the discipline dealing with the art or science of applying scientific knowledge to practical problems							
2	3733	18802	ideology	NOUN	🔊	▶	🖼	🌐
1 . an orientation that characterizes the thinking of a group or nation 2 . imaginary or visionary theorization							
3	4073	16518	biology	NOUN	🔊	▶	🖼	🌐
1 . the science that studies living organisms 2 . all the plant and animal life of a particular region 3 . characteristic life processes and phenomena of living organisms							
4	4104	16314	apology	NOUN	🔊	▶	🖼	🌐
1 . an expression of regret at having caused trouble for someone 2 . a poor example 3 . a formal written defense of something you believe in strongly							

図 19　Browse モードの結果リスト

3.4　Collocates モード

Collocates モードは言語研究のために COCA を用いるユーザにとって特に有用なモードである。中心語、共起語（collocates）、両者の幅を指定することで、コロケーション調査を行うことができる。やや操作に慣れが必要であるが、他のモードでは不可能な複雑な検索が可能になる。

例として、形容詞 thick と共起する名詞にどのようなものがあるかを調査してみよう。

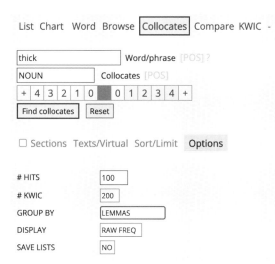

図20　Collocatesモードでの検索画面（thick/NOUN）

　Word/phraseのボックスには今回のコロケーション調査の中心語である thickを入力する。Collocatesのボックスでは共起語の指定を行う。特定の語の表層形やレンマ形を入力することもできるが、ここではNOUNという品詞指定のみ行うことにする。これらのテキストボックスの下には＋記号と0〜4の数字が並んでおり、いずれかの数字をクリックすると、中心語を0として左と右に何語までを共起範囲とするか設定できる。今回はthickの右4語以内に後続する共起名詞を対象とするため右側の「4」をクリックしよう。図のように右側1〜4語の範囲が自動的にハイライトされる。

　これで基本的な準備は完了だが、このままだと、thickの共起名詞のうち、単数形のものと複数形のものが別の要素として集計される。そこでthick bookとthick booksが同じ要素として集計されるようオプション設定を行う。画面上のOptionsをクリックすると図20のように設定可能な項目が表示されるので、GROUP BYの箇所をWORDSからLEMMASに変更する。この状態でFind collocatesボタンをクリックすると、図21の結果が得られる。

206

HELP	① ★		FREQ	
1	① ★	[HAIR]	1467	████████████████
2	① ★	[GLASS]	678	██████
3	① ★	[LAYER]	616	██████
4	① ★	[SKIN]	558	█████
5	① ★	[SMOKE]	444	████
6	① ★	[ACCENT]	417	████
7	① ★	[CLOUD]	409	████
8	① ★	[WALL]	358	███
9	① ★	[SLICE]	325	███
10	① ★	[FOG]	266	██

図 21　thick/NOUN の検索結果

　この結果から、thick と最も多く共起するのは hair であり、glass, layer, skin, smoke, accent がそれに続くことがわかる。こうしたデータは、thick が日本語でいうところの「厚い」だけでなく、「濃い」や「強い」とも重なる幅広い意味を持った形容詞であることを示唆する。

　ところで、Collocates モードでの検索は List モードで thick NOUN と入力して検索するのとはどう違うのだろうか。実際のところ、表面的には両者は大きく違わない。ただし、List モードでは 1〜4 語といった可変的な共起幅を指定することはできない。Collocates モードでの検索結果画面に示された共起語をクリックし、文脈と共に実例を表示させてみると、a thick Persian carpet、her thick wool coat、thick laminated paper といった、中心語と共起語との間に別の語が挟まれた事例が正しく含まれている。今回は「右側 4 語まで」を共起範囲とし、thick の限定形容詞としての用法に着目したが、「左側 4 語」も範囲に含めたならば、his voice was thick、the fog was so thick といった叙述形容詞としての用法も検索対象になる。Collocates モードは List モードでの検索の幅をさらに広げてくれるモードであると言える。

　Collocates モードのもう 1 つの特徴としては、相互情報量（mutual information, MI）の値の順で結果を表示できる点が挙げられる。相互情報量は「中心語と共起語が互いに相手の情報をどの程度持っているかを示す値」である（石川 2021: 127）。相互情報量には、語がコーパス全体の中で高頻度で出現する場合はその影響を抑制し、コーパス全体での出現頻度に比して共起頻度が高い場合にはこれを重視するという性質があるので、中心語にとって特徴的な共起語を特定するのに役立つ。

> **メモ**：相互情報量は COCA の画面上では MUT INFO と表示される。その値は次のように算出される。
> $MI = log((AB * sizeCorpus)/(A * B * span))/log(2)$
> ・A = 中心語の頻度（出現事例数）
> ・B = 共起語の頻度（出現事例数）
> ・AB = 両者の共起頻度（共起事例数）
> ・$sizeCorpus$ = コーパスのサイズ（総語数）
> ・$span$ = 両語間の幅（語数）

　例として、manage to という表現の後にどのような動詞が続きやすいかという問いを立て、これに関する調査を行うという想定で Collocates モードを試してみよう。中心語となるのは manage とそれに続く to であるので、Word/phrase ボックスにこれらを入力する。ただし、その際、動詞 manage の様々な活用形を結果に含めるため、MANAGE と大文字にしてレンマ形での指定を行う。共起語となるのは何らかの動詞であるので、Collocates ボックスで単純に VERB と指定する。次に共起幅の指定であるが、これには少し注意が必要である。MANAGE to を 1 つのまとまりとして考えると、その直後の動詞を調べるためには「右 1 語」を指定すればよいはずだが、ここでは「右 2 語」を指定しなければならない。これは、Word/phrase で指定した検索式の中で最も左にある語の位置が「0」となるため、1 語右にある to のさらに右にある語を指定する必要があるからである（図 22）。

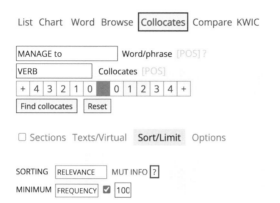

図22　Collocates モードの検索画面（MANAGE to/VERB）

　次にいくつかの設定を行う。まず、先にみた thick NOUN の場合と同様、共起語のバリエーションをレンマ形で表示するようにしておこう。Optionsをクリックして GROUP BY で LEMMAS を選択しておく。また Sort/Limitをクリックして、図22 のように、SORTING を FREQUENCY からRELEVANCE に変更する（そうすると右側に MUT INFO と表示される）。さらに重要なこととして、MINIMUM の項目で FREQUENCY を選択・チェックし、閾（しきい）値は100 にセットしておこう。相互情報量（MUTINFO）はその性質上、コーパスを通じての生起頻度が低い共起語を高く評価する傾向がある。そのため、共起語を相互情報量に基づいて並べたとき、わずかの事例しか存在しない特殊な組み合わせが上位を占めるということが起こる。共起語の最低出現頻度を設定しておくと、このような事態を防ぐことができる。

　以上の設定を行った上で実行すると、図23 の結果が得られる。manage toと各共起語の相互情報量の値は、右側のMIと書かれた列に表示されている。

HELP	①	★		FREQ	ALL	%	MI
1	①	★	[ESCAPE]	739	57851	1.28	7.20
2	①	★	[SNEAK]	157	16869	0.93	6.74
3	①	★	[SURVIVE]	546	65887	0.83	6.57
4	①	★	[CONVINCE]	308	43085	0.71	6.36
5	①	★	[CONVEY]	107	16225	0.66	6.25
6	①	★	[SQUEEZE]	153	24349	0.63	6.18
7	①	★	[AVOID]	559	101807	0.55	5.98
8	①	★	[RETAIN]	116	25883	0.45	5.69
9	①	★	[OVERCOME]	117	27315	0.43	5.62
10	①	★	[SLIP]	173	49259	0.35	5.34

図 23　コロケーション検索結果(MANAGE to/VERB)

　動詞 manage の中心的な意味は「(苦労の末に) どうにか…する」と言われるが、図 23 に示された上位 10 位までの語は、いずれもこの性質にマッチした意味内容の語となっている。このように Collocates モードを用いた調査は、共起語の傾向に基づいて語句や構文の中心的意味をあぶり出すという目的に用いることができる。

3.5　Compare モード

　Compare モードは 2 つの語句 (Word 1 と Word 2) を比較するためのモードである。3.1 節でセクショングループ間の比較を行う方法をみたが、Compare モードでの比較では Word 1 と Word 2 がそれぞれどのような語と結びつきやすいかを比較することができる。Compare モードでは 2 つの語句のコロケーション検索を行うため、Collocates モードの使用方法を知っていることが前提となる。

　例として形容詞の big と large がどのような名詞と共起しやすいかを調査してみよう。活用形を含めるため、Word 1 には BIG、Word 2 に LARGE とレンマ形で中心語を入力する。共起語は名詞なので、Collocates に NOUN と指定する。また、共起語の検索幅は前後とも 4 語に設定しておこう。その他のオプションについては Options の GROUP BY を LEMMAS とし、Sort/Limit では SORTING を RELEVANCE としておく(図 24)。

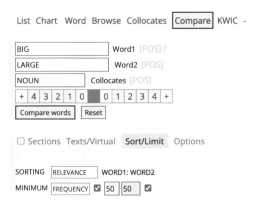

図24　Compare モードの検索設定（big と large の比較）

　Compare モードでは MINIMUM の項目にチェックボックスと数値入力ボックスが 2 組用意されている。これは、Compare モードでは Word 1 とWord 2 の比較が目的であることに関係している。本モードでは各共起語に関して、Word 1 との共起頻度と、Word 2 との共起頻度をそれぞれ求めて、両者の比に基づきリスト中の順位を決定する。その際、共起頻度が大きい方の頻度下限を指定するのに使うのが左側のチェックボックスと数値入力ボックスの組で、共起頻度が小さい方の頻度下限を指定するのに使うのが右側の組である。ここでは、両方にチェックを入れ、それぞれ 50 を入力しておこう。

> **メモ**：共起頻度が小さい方の頻度下限の値も 50 に設定したのは「可能性としては両方の語と共起するが、どちらか一方とより強く結びつく語をリストアップする」という意図を反映している。実際の調査を行うときには、目的に応じてオプションの値を様々に変更しながら試してみてほしい。

　結果は図 25 のようになる。ここから、Word 2（large）との対比のもとにWord 1（big）と共起しやすいと言えるのは、deal, mistake, brother, hit といった語であることがわかる。一方、Word 1（big）との対比のもとに Word 2（big）と共起しやすいと言えるのは、quantity, sample, proportion, amount といった

語である。

WORD 1 (W1): BIG (1.66)

	WORD	W1	W2	W1/W2	SCORE
1	[DEAL]	20253	264	76.7	46.3
2	[MISTAKE]	4536	76	59.7	36.0
3	[BROTHER]	4861	98	49.6	30.0
4	[HIT]	2883	63	45.8	27.6
5	[LEAGUE]	2501	57	43.9	26.5
6	[GUY]	6202	152	40.8	24.6
7	[SMILE]	1828	54	33.9	20.4
8	[TROUBLE]	2334	79	29.5	17.8
9	[BUCK]	2288	79	29.0	17.5
10	[SISTER]	1708	64	26.7	16.1

WORD 2 (W2): LARGE (0.60)

	WORD	W2	W1	W2/W1	SCORE
1	[QUANTITY]	1950	51	38.2	63.3
2	[SAMPLE]	1801	74	24.3	40.3
3	[PROPORTION]	1383	57	24.3	40.2
4	[AMOUNT]	5761	261	22.1	36.6
5	[ONION]	887	60	14.8	24.5
6	[HEAT]	1935	139	13.9	23.1
7	[SUM]	1249	94	13.3	22.0
8	[MEASURE]	915	72	12.7	21.0
9	[BUTTER]	662	54	12.3	20.3
10	[SCALE]	3869	318	12.2	20.1

図 25　Compare モードでの検索結果(big と large の比較)

　第 1 位の deal は 46.3 というスコアを得ているが、これは次のような手順で計算された値である。まず Word 1 と Word 2 の出現頻度比を求める(A)。コーパス全体で 601,322 回出現する big を 1.0 としたとき 363,088 回出現する large の出現頻度比は約 0.604 であり、逆に large を 1.0 としたときの big の出現頻度比は約 1.656 である。次に各共起語について、Word 1 との共起頻度と Word 2 の共起頻度の比(B)を求める。deal の場合、big とは 20,253 回、large とは 264 回共起しているので共起頻度比は約 76.716 となる。最後に、各共起語の出現頻度比(B)を先ほど求めた共起頻度比(A)で割ると目的の値が得られる。deal の場合、76.716/1.656 = 46.326 となる。図 25 ではこの値に基づいて降順でソートした結果が示されている。

　このように、Compare モードで得られるデータは、やや複雑な手順に基づいたものとなっている。具体的な用途としては「何らかの観点で類似しているとみられる 2 つの語にどのような意味内容の違いがあるか」を、共起語を通じて実証的に調査・分析するということが考えられるだろう。

3.6　KWIC モード

　特定の語に着目して、その前後にどのような語が来ることがあるかをビジュアルに確認するために便利なのが KWIC モードである。KWIC とは key word in context の略で、多くのコーパス検索システムで結果表示形式として採用されている。例として形容詞 foreseeable の右側にどのような語が

来るのかを KWIC 表示で確かめてみよう。

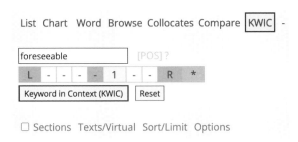

図 26　KWIC モードでの検索（foreseeable）

　検索ボックスに語を入力し、ソートしたい周辺語の位置に対応するボックスをクリックする。ソート対象としては複数のスロットを 3 つまで選択可能だが、ここでは中心語の右側 1 語のみを対象とする。この状態で Keyword in Context（KWIC）と書かれたボタンをクリックすると図 27 の結果が表示される。

that a corporation can be taken to intend the necessary and	foreseeable	consequences of its act) can be used to establish purpose .
the C3I systems used in Desert Storm could be degraded by	foreseeable	countermeasures . In addition most of the communication
size of the resource is orders of magnitude larger than our	foreseeable	demand . " # At present , renewables supply just 8 percent
required to disclose which branches it would close , and other	foreseeable	effects on stakeholders , including employees and consumers .
of the war against terrorism ? a war without a readily	foreseeable	end ? and the threat that imprisonment without trial posed to the
demolished . President Obama bluntly acknowledged there 's no	foreseeable	end to US military operations in Iraq . PRESIDENT BARACK OBAMA (
may occur in the realm of health care mandates . Similar	foreseeable	ethical problems might be hospitals and medical staff forced to
, Iran has no nuclear weapons capacity yet or in the	foreseeable	future . Second , if it did , Israel 's own second-strike
she was unattached and content to remain that way for the	foreseeable	future . Now she was engaged , nauseous , and crouched in
to ensure that we 're going to be liquid for the	foreseeable	future . That 's a reserve amount . " # Martin was
for economists to predict as the cost of housing for the	foreseeable	future . # Buying at the absolute bottom is a difficult thing

図 27　KWIC モードでの結果表示（foreseeable）

　形容詞 foreseeable の 1 語右には、consequences や future といった名詞が生起していることがわかる。「予見できる」という意味をもつ形容詞 foreseeable は、論理的には様々な名詞をとることができそうに思えるが、実際には future とペアで用いられることがほとんどである（cf. Taylor 2012）。事実、COCA の Collocates モードで［foreseeable + 名詞］のパターンを検索すると、2,240 の総ヒット数のうち、1,999 が foreseeable future の組み合わせで

あった。しかし、若干とはいえ例外もあることから、そうした事例を文脈と共に 1 つ 1 つ確認していきたいときなどに KWIC モードが役立つ。

4.　COCA 以外のコーパス

COCA を開発している Mark Davies 氏は English-Corpora.org のサイト上で COCA 以外にも数多くのコーパスを公開している。これらのコーパスは基本的にすべて COCA と同じユーザ・インターフェイスを備えているため、本章で示した「COCA の使い方」を、ほぼそのまま適用することができる。ここでは本章の執筆時点で利用可能な 17 のコーパスのうち、多くのユーザにとって興味深いと思われる 9 つのコーパスを取り上げ、それぞれの特徴を簡単に紹介する。

4.1　NOW コーパス

NOW コーパス (News on the Web Corpus) には、2010 年から現在までにオンラインで発行された新聞・雑誌のテキストから採取した 178 億語ものデータが収録されている。しかも毎月新しい記事からの大量のデータが加えられており、文字通りの意味で英語の「今」を知ることができる、非常にユニークなコーパスとなっている。

4.2　iWeb コーパス

iWeb コーパス (inteligent Web-based Corpus) には、2,200 万件のウェブページから採取した、140 億語 (COCA の約 14 倍) の言語データが収録されている。他の大規模ウェブコーパスとは異なり、iWeb のデータに含まれる約 9 万 5 千のウェブサイトは体系的に選択・構成されている。また、ユーザにとって興味ある特定のトピックだけを選んで「バーチャル・コーパス」として用いることが可能である。

4.3　GloWbE コーパス

GloWbE コーパス (Global Web-based English Corpus) は、英語の様々な変

種（方言）間の比較を行うことができるコーパスである。20 の国や地域のデータから成る約 19 億語のテキストが収録されているので、目的に応じたセクショングループを作成して比較調査を行うことができる。

4.4 Wikipedia コーパス

Wikipedia の 440 万件以上の記事データから採取した 19 億語のデータが含まれている。Wikipedia の標準インターフェイスとは異なり、COCA と同じ検索シンタックスやモードを用いて、記事に含まれる語句や構文を自在に検索することができる。iWeb と同様、関心あるトピックを選択して「バーチャル・コーパス」を作成することも可能である。

4.5 COHA

COHA（Corpus of Historical American English）は、最大規模の英語歴史コーパスで、1810 年代から 2010 年代までの 4 億語以上のテキストが収録されている。COCA と共に近年の言語研究で最も用いられているコーパスの 1 つであり、語句や構文の使用頻度や用法の歴史的な変化に関する知見を得るための研究資源として広く役立てられている。

4.6 TV コーパス

1950 年代から現在までの約 7 万 5 千件の TV 番組からのデータを収録している。すべての番組は Internet Movie Database（IMDB）のエントリーに紐づけられており、必要に応じて詳細な背景情報を得ることもできる。TV 番組をデータソースとしていることから、口語的な英語表現の調査・分析に適している。時代ごとの英語や、異なる地域（例えばアメリカとイギリス）の英語を比較することも可能である。

4.7 Movie コーパス

1930 年代から現在までの約 2 万 5 千の映画作品からのデータを収録している。TV コーパスと同様、すべての作品が IMDB に紐づけられており、詳細な背景情報を得ることができる。作品の時代区分や地域区分を利用し、

複数のセクショングループを比較することも可能である。

4.8　TIME コーパス

　アメリカを代表するニュース雑誌 TIME のデータで構成されたコーパスである。1923 年から 2006 年までに掲載された記事から採取した約 1 億語のアメリカ英語の書き言葉テキストを検索することができる。

4.9　BNC

　BNC（British National Corpus）は 1980 年代から 1990 年代前半にかけて採取された約 1 億語のテキストを収録した均衡コーパスである。Oxford University Press が中心となって開発したコーパスで、ウェブ上でいくつかの組織がそれぞれ独自の検索インターフェイスを提供している。English-Corpora.org の BNC は、COCA をはじめとする他のコーパスと同じ検索シンタックス、同じインターフェイスを採用している点が特徴である。

5.　おわりに

　本章では、今日の言語研究において世界で最もよく使われているコーパスの 1 つである COCA を取り上げて、基本的な検索から、やや高度な使い方まで、多くの内容をやや駆け足で解説した。また、English-Corpora.org で公開されている、COCA と同じ操作体系をもった様々なコーパスを紹介した。開発者の Mark Davies 氏は毎年のように新たなコーパスを公開しており、インターフェイスにも頻繁に改良が加えられている。したがって近いうちに本章の内容の一部はいくらか古くなってしまうと思われる。しかし、検索シンタックスと各種モードの操作方法の基本的な部分が根本的に変わってしまう可能性は低いだろう。本章の内容を十分に身につけて COCA をはじめとする English-Corpora.org のコーパス群を存分に使いこなしていただきたい。

第 7 章
発話データベース CHILDES Browsable
Database を用いた調査

　本章では子どもとその子どもの周囲の大人の会話が記録された CHILDES を使用した調査方法について紹介する。特に、今回はインターネット上で簡単に CHILDES を扱える Browsable Database について紹介する。また、本章では「CLAN をインストールして CHILDES を使うのは難しそう」「コマンドとかオプションとかよく分からない」「そもそもデータをどう分析したら良いのか分からない」と CHILDES を使うことに躊躇している人のために、発話データを分析するときに何に注意したら良いかについても解説する。

> **メモ**：Browsable Database は CHILDES のお試し用であるため、できることは CLAN よりも少ない。しかし、本章では、「それでも Browsable Database でここまで分析できますよ！」ということを示す。

　子どもがどのような過程を経て文法を獲得していくのか、この問いを明らかにするために、これまでに多くの心理言語学者が格や時制、動詞など様々な研究課題に焦点を当てて取り組んできた。パソコン等の電子機器が普及していなかった時代には、子どもの発話と大人が子どもに向けて使ったことばを文字起こしし、それを見ながら研究者は分析していた。たとえば、野地（1973–1977）は子どもがいつ、何を発話するのかを縦断的に観察するために、子どもの発話を速記法で記録している。また、大久保（1967）はカセットテープ等を用いて子どもの発話を記録している。いっぽう、パソコン等が普及した現在では、それらを駆使することで子どもと大人のやりとりを瞬時に分析できるようになった。本章では、その方法の 1 つとして CHILDES データベースの使い方と子どもの発話データの分析方法を概説する。

1. CHILDES とは

CHILDES とは、**Chi**ld **L**anguage **D**ata **E**xchange **S**ystem（MacWhinney 2000）の略称であり、子どもの言語の発達過程を明らかにすることを目的に作られたデータベースのことである。CHILDES はパソコンが1台あれば、誰でも無料で子どもの発話データを見たり聞いたりすることができる。CHILDES には、子どもの発話とその周りの大人が子どもに使ったことばがまとめられたコーパスが入っている。さらに、バイリンガルの子どもや失語症などの言語障害のある子どもの発話が記録されたコーパスも収録されている。

> **メモ**：CHILDES の読み方はカタカナで言えば「チャイルズ」もしくは「チャイルデス」である。CHILDES は話しことばのデータベースである Talkbank（トークバンク）の一部を成している。Talkbank とは、日常の自然な環境で行われたヒトや動物のコミュニケーションを記録したものに誰でも直接アクセスしデータを共有するのを支援するプロジェクトである（MacWhinney 2007）。「コーパス corpus」とは、言語資料のことを指す（第5、6章参照）。また、Talkbank には、CallFriend コーパスや CallHome コーパス、さくらコーパスなど、大人同士の会話を記録したコーパスも収録されている。

CHILDES は Carnegie Mellon University の Brian MacWhinney と Harvard University の Catherine Snow を中心にして 1984 年に発足したプロジェクトである（MacWhinney and Snow 1985）。日本でも日本語のデータの収集と日本語用の CHILDES の作成のための J チャット（JCHAT）プロジェクトが 1993 年に発足している（杉浦ほか 1997、Oshima-Takane et al. 1998）。

> **メモ**：CHAT とは、**C**odes for the **H**uman **A**nalysis of **T**ranscripts の略称であり、データが満たすべき形式を定めたものある。

CHILDES がなかった時代には、縦断的研究を行った研究者しか発話デー

タを見ることができなかったため、我々は調査結果を鵜呑みにするしかなかった。しかし、CHILDES の登場により、多くの子どもの発話データが様々な研究目的に合わせて利用可能になった。また、CHILDES に収録されている発話データが使用された研究であれば、他の研究者もその研究に使われたデータを確認できるようになったので、その研究を誰でも再検証することが可能になった。CHILDES が言語発達研究の質を高めた点は非常に重要な貢献である。

> **メモ**：第一言語獲得研究における自然発話分析の役割とその重要性、強みと弱点について詳述されている野村（2023）も参照されたい。

　さらに、CHILDES の優れている点は、日本語や英語、フランス語、中国語など言語に関係なく、CHILDES に収録されている発話データはすべて同じコマンドで検索できる点である。そのため、本章で説明するコマンドの使い方さえ習得すれば、CHILDES に収録されている日本語を母語とする子どもだけでなく、日本語以外の言語を獲得中の子どもの発話も分析できるようになる。

　CHILDES には他にも次に示す 2 つの利点がある。1 つ目は子どもと周囲の大人とのやりとりが時系列に沿って年月日情報とともにテキストファイルで記録されていることである。一部の子どもについてはテキストファイルに加えてオーディオやビデオも公開されているため、子どもがいつ、どのような発話をしたのかを時系列に沿って整理し、どのような発達過程があるのかを詳細に捉えることができる。2 つ目は、CHILDES では会話の文脈が分かることである。子どもが発話したものが大人の模倣なのか自発的発話なのか、どのような文脈で発話されたものかも調査することができる。

2.　CHILDES を使ってみよう

　では、CHILDES を使用した調査とはどのように行うのだろうか。本節ではその実践方法を解説していく。

> **メモ**：CHILDES に収録されている子どもの発話データを参照して論文執筆ないし学会発表を行う場合には次の 3 つを引用しよう。① MacWhinney (2000)、②使用した子どもの公開データの出処、③日本語を母語とする子どもの発話データを見た場合には①に加えて次も引用：Oshima-Takane et al. (1998) ないし宮田・森川・村木 (2004)。①と③は参考文献を参照されたい。②については CHILDES 日本語版の「CHILDES とは (http://www2.aasa.ac.jp/people/smiyata/CHILDESmanual/chapter01.html)」を参照されたい。

2.1 CHILDES への登録申請

まず CHILDES を使う前に、CHILDES を利用するための登録申請をしよう。登録申請方法は以下の通りである。

> **メモ**：CHILDES は登録しなくても利用できる。Browsable Database で少し見る程度であれば、メンバーになる必要はない。

1. 「CHILDES 日本語版」(http://www2.aasa.ac.jp/people/smiyata/CHILDESmanual/chapter01.html) を検索しクリックする
2. 「2. CHILDES 登録—CHILDES メンバーシップ」に進み、指定された情報を Dr. Brian MacWhinney に送る

次節以降では、インターネット上で CHILDES を扱える Browsable Database の使い方を紹介する。

2.2 Browsable Database のメリットとデメリット

従来、CHILDES の使い方を解説する際には、まず CLAN というソフトウェアをインストールするところから説明が始まっていた。

> **メモ**：CLAN とは、**C**omputerized **L**anguage **An**alysis の略称であり、CHAT フォーマットに基づいたデータを分析するためのプログラム

パッケージである。

　しかし、本章では、CLAN を使用した分析方法については触れない。CLAN をインストールせずとも Browsable Database を使えば手軽に CLAN の主要機能を使って CHILDES に触れることができるからである。

　Browsable Database の使い方の説明に入る前に、CLAN での分析と比べた際の Browsable Database のメリットとデメリットを整理しておこう。

メリット：

1. CLAN をインストールする必要がない
2. 検索結果が出るのが速い
3. 毎回、最新版のデータをダウンロードする必要がない
4. (「ビデオ」と「オーディオ」がある子どもの場合)「ビデオ」と「オーディオ」を簡単に見たり聞いたりできる
5. コマンドをプルダウンメニューから簡単に選ぶことができる

デメリット：

1. 「戻る」ボタンを押すと、検索結果が消える
2. 「保存」機能が付いていない
3. インターネットが繋がる環境でしか使えない
4. 複数の子どもの発話を串刺し検索できない
5. CLAN では使えるが Browsable Database では使えないコマンドやオプションがある
6. 検索履歴が残らない
7. 独自の発話コーパスを作ることができない

　Browsable Database は思い立ったときにすぐに使える点が優れている。いっぽう、Browsable Database には、調査したものを保存するボタンがない。そのため、Ctrl＋A (Mac の場合は Cmd＋A) で全体を選択し、Ctrl/Cmd＋C でコピーし、それを他のワードプロセッサ (テキストエディタ、

Microsoft Office Word や Excel、メモ帳等）のファイルに Ctrl/Cmd＋V で貼り付けるしかない。また、Browsable Database では使えるコマンドやオプションが限られている。たとえば、出力された結果を出力フォルダに自動保存する +f オプションは、CLAN では使えるが、Browsable Database では使えない。また、CLAN では独自の発話コーパスを作ることができるが、Browsable Database ではできない。

　このように、Browsable Database にはメリットとデメリットがあるが、あらかじめこれらを把握しておけば、Browsable Database でもかなりのことが調査できる。

2.3　対象を設定しよう

　ではさっそく CHILDES を使ってみよう。まずは、どのようにして対象を設定すれば良いかについて説明する。次に示す通りに、パソコンを動かしてみよう。

1.　「CHILDES（https://childes.talkbank.org/）」を検索する
2.　左上の「TalkBank：」の箇所が「CHILDES」であるか確認する（三角マーク ∨ をクリックすると、AphasiaBank（失語症の子どもの発話）や BilingBank（バイリンガルの子どもの発話）なども調べられる）
3.　Database のコラムにある *Browsable Database* をクリックする
4.　左側に childes/ と表示されている列が出ているか確認し、その中から調査したいものを選択する（今回は子どもの母語が日本語の場合を調査するため、Japanese をクリックする）
5.　childes/Japanese/ と表示されている列から調査したいものを選択する（今回は調査代表者の名前が Miyata であるものをクリックする）
6.　調査したい子どもを選択する（今回は Tai をクリックする）

　設定はこれだけである。これでどの子どもの発話データを分析するかまで決めることができた。

2.4　CHILDES で使われている記号

それでは、どのように動かしていくかを見てみよう。まず、画面の左側に次のように表示される。

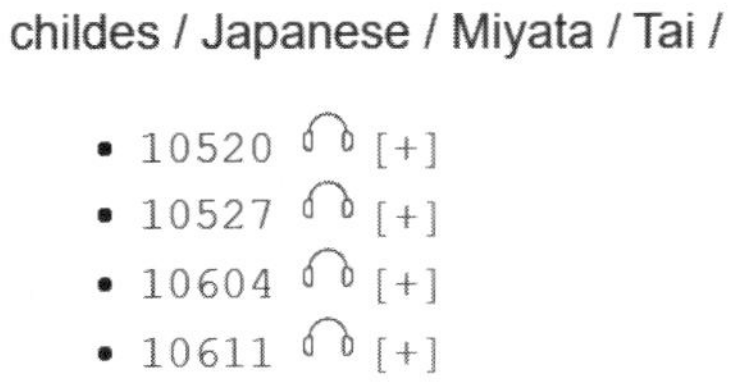

childes / Japanese / Miyata / Tai /

- 10520 🎧 [+]
- 10527 🎧 [+]
- 10604 🎧 [+]
- 10611 🎧 [+]

図 1　Tai の発話記録ファイル

ここでは、childes のところにある Japanese の中の Miyata によって調査された Tai の発話データであることが示されている。なお、10520 とは、Tai の発話データにおいて Tai の年齢が 1 歳 5 ヶ月 20 日のときのものであることを示している。

> **メモ**：子どもの年齢は、1; 05: 20 のように、X; Y: Z（年：月：日）とも表記する（X; Y. Z と表記する研究者もいる）。

また、ヘッドフォンマーク🎧は、Tai の発話記録にオーディオデータがあることを示している。

> **メモ**：ビデオデータが記録されている子どもの場合には、▶のマークが付いている。オーディオデータと同様に、このマークをクリックすれば、ビデオを見ることができる。たとえば、Japanese/Ishii/ には、ビデオデータがある。ちなみに、オーディオデータやビデオデータが何もなく、トランスクリプトのみの子どもの場合には、📄のマークが付いている。

その右側には [+] マークがある。ここをクリックするとその発話記録を分析対象ファイルにすることができる。たとえば、10520 の行にある [+]

をクリックすると、10520 のファイルが検索対象になり、左下に次のような入力画面が表示される。

図2　Folder での Command line の入力画面

　もし Tai の発話をオーディオで聞きたい場合には、左下に表示される再生ボタン▶をクリックすれば聞くことができる。なお、右側の⁝を押せばダウンロードボタン⬇と再生速度変更ボタン⟳が出てくるので、オーディオデータのダウンロードや再生速度の変更はここで行おう。

　それでは、このウィンドウに何が書かれているのか見ていこう。

・Folder: には、指定したフォルダが示されている。
・Folder: の下のボックスの中には、chains コマンドがデフォルトで表示されている。ここの右側にある∨マークを押すと、chains 以外のコマンドに変更できる
・右側のボックスはオプションとファイル名を入力する場所である（先ほど 10520 の右側の［＋］を押したので、10520.cha と入力されている）
・Run ボタンは、コマンドを入力した後に、パソコンに検索させるボタンである

また、画面の右側には、次のような画面が表示される。

```
View dependent tiers: ☐
```

図3　ディペンデント・ティアの表示と非表示

　図 3 に示す□に✓を入れると、ディペンデント・ティアを表示すること
ができる。**ティア tier**（「層」の意）とは、発話データの行の 1 つ 1 つのこと
である。発話そのものが記載されたティアを**メイン・ティア**、それ以外のメ
イン・ティアに対する情報を記した行を**ディペンデント・ティア**と呼ぶ。メ
イン・ティアは□のようにアラビア数字で示されるのに対して、ディペン
デント・ティアは「%」で示されている。ディペンデント・ティアの具体例
は以下の通りである

- ・%add:　　　addressee の略で、話しかける相手のことである
- ・%com:　　　comments by investigator の略で、いわゆる備考欄
　　　　　　　である
- ・%gpx:　　　gestural and proxemic activity の略で、身ぶり、指
　　　　　　　差しなどの非言語行動の情報である
- ・%mor:　　　MOR generated tier（morphemic semantics）の 略
　　　　　　　で、形態素情報のことである

> **メモ**：2024 年現在、形態素情報を示すティアには %mor と %xmor
> がある。たとえば、Tai の発話情報は %xmor で記されているが、ア
> メリカ英語の Brown コーパスでの発話情報は %mor で記されてい
> る。調査する子どもの発話情報がどちらで記されているか、事前に
> 確認しよう。

- ・%ort:　　　orthographic tier の略で、正書法表記（日本語なら
　　　　　　　ば仮名漢字表記）のティアである

> **メモ**：各種ティアの意味と機能については、「CHILDES 日本語版」
> において左下にある付録の「CHILDES 記号一覧」（http://www2.
> aasa.ac.jp/people/smiyata/CHILDESmanual/CHATsymbols.htm）を参
> 照されたい。

　ディペンデント・ティアのチェックボックスの下には、図 4 に示すよう
に、発話データが載っている。

```
@UTF8
@PID: 11312/c-00009388-1
@Begin
@Languages: jpn
@Participants: CHI Taishoo Target_Child , MOT Kakka Mother , SUU Suuchan Investigator
@ID: jpn|Miyata|CHI|1;05.20|male|||Target_Child|||
@ID: jpn|Miyata|MOT||female|||Mother|||
@ID: jpn|Miyata|SUU||female|||Investigator|||
@Media: 10520, audio
@Comment: Old Filename: tai930930 ; 40min; Wakachi2002v8 JMOR08
@Types: long, toyplay, TD
 1      SUU: www . ▶
 2      CHI: kotchi . ▶
        %xmor: n:deic:dem|kotchi=here .
        %ort: こっち .
```

図 4 Tai の 1 歳 5 ヶ月 20 日の生データ

　ここに書かれている情報は、子どもの発話データを解析するために利用する。@ で始まる文字列は、ヘッダと呼ばれ、ファイルに関するメタデータであることを示している。

- ・@UTF8: 　　　　　　　　文字エンコーディング情報である
- ・@Loc: 　　　　　　　　　ファイルの情報ないし発話が行われた場所の地理的情報が示されている
- ・@PID: 　　　　　　　　　プロセス ID（実行中の検索プロセスに割り振られる管理用の番号）である
- ・@Begin 　　　　　　　　ファイルの開始位置を表す
- ・@Languages: 　　　　　ファイル内で使われている言語が何かを示す
- ・@Participants: 　　ファイル内で登場する人の名前とファイル内での表記名が記されている
- ・@ID: 　　　　　　　　　登場する人の個人情報が書かれている
- ・@Media: 　　　　　　　オーディオ・ビデオファイルの情報が示されている
- ・@Comment: 　　　　　備考が記載されている
- ・@Types: 　　　　　　　コーパスの特徴が記載されている

> **メモ**：@Comment に書いてある JMORxx というのが、この発話データのバージョンである。CHILDES（Browsable Database や CLAN）を使うときには、論文の読み手にどのバージョンのデータを基に分析したのかが分かるように論文執筆時に明示しよう。バージョンが

違えば、データが違うからである。たとえば、Browsable Database の場合は、「本論文では、Browsable Database を使用し、Miyata コーパスにおける Tai の発話データ（JMOR08 バージョン）を基に分析している」というように @Comment 欄に書いてある JMOR のバージョンを明記しよう。

　図 4 では、メタデータの後にメイン・ティアとディペンデント・ティアが記されていることが分かる。たとえば、「CHI: kotchi.」は Tai が「こっち」と発話したと読む。また、それぞれの発話の右側にある ▶ マークを押せば、録音された発話を聞くことができる。

2.5　CHILDES を使うときの留意点

　それでは、実際に動かしてみよう、と言いたいところだが、分析する前に、留意しておいて欲しいことが 3 つある。1 つ目は、発話記録には**日記データ**と**連続データ**の 2 種類があることである。たとえば、Noji corpus の Sumihare の発話記録は日記データであるため、2 歳台は記録がほぼ毎日記録されていて充実しているが、3 歳以降になると、2 日から 4 日に 1 回の観察になる。また、観察者がメモしておこうと思ったもののみが記録されている点でデータが偏っている。一方、連続データの場合は、一定の観察期間で記録される。たとえば、Miyata corpus の Tai や Aki の発話記録では 1 週間に 1 度、およそ 40 分から 1 時間の発話がすべて記録されている。

> **メモ**：4.1 節で解説する MLU（平均発話長）は連続データをもとに開発された指標である。日記データ（Noji コーパス、Yokoyama コーパス、Ogawa コーパス等）の場合は MLU 値が高くなりがちなので、MLU を調べる際には調べる corpus が連続データかどうか確認する必要がある。

　2 つ目は、CHILDES はヘボン式でローマ字が打たれていることである。そのため、「えい ee」「おう oo」「し shi」「ち chi」「つ tsu」「ふ fu」「んま mma」通常の「へ he」助詞の「へ e」など、ヘボン式に特有の表記には注意が必要である。たとえば、副詞「もう」「まんま」がどの程度の頻度で使

われているかを調べたいとしよう。そのとき、CHILDES で「mou」「manma」と検索してもまったくヒットしない。CHILDES には「moo」「mamma」で書き起こしされているからである。このように、自分が調べたい語がヘボン式でどのように表記されるかを考えてから検索することをお勧めする。

> **メモ**：CHILDES で使われている表記は「CHILDES 日本語版」と検索し、左下にある付録の「五十音表」(http://www2.aasa.ac.jp/people/smiyata/CHILDESmanual/50onhyoo.html) を参考にしよう。

　3つ目は、子どもの情報を調べておくことである。分析しようとしている子どもの発話記録が、どの程度の頻度で記録されたデータなのか、1回につき何分だったのか、どのような場面の記録なのかをきちんと把握しておこう。たとえば、同じ月齢の子どもを比較したとき、一方は 30 分間の記録で、他方は 60 分間の記録であれば、後者の方が産出語数が多くても不思議ではない。他にも、コーパスによっては、たとえば、おもちゃで遊ぶことが多い場合には、それに関係する語彙が比較的多く発話されているはずである。特に語彙獲得研究をする場合には、どのような場面だったのかというのは重要な指標になる。子どもの情報の調べ方は、次の通りである。

1. 「CHILDES (https://childes.talkbank.org/)」を検索する
2. Database のコラムの一番上にある **_Index to Corpora_** をクリックする
3. 調査したい Collection をクリックする
   - (a) Age Range は子どもの年齢の開始と終わりのことである
   - (b) N は Number（人数）のことを表している
   - (c) Media とは、ビデオないしオーディオのことである
   - (d) Comments とは、備考欄のことである
4. 調査したい Corpus をクリックする
   観察された子どもの情報がまとめられている

　このような手順でコーパスの特徴を把握しておけば、入手したいデータを
うまく拾うことができる。

3.　コマンドを使いこなそう

　それでは、上に述べたことに留意しながら、実際に CHILDES を使って
みよう。本節では、freq、kwal、combo という 3 種類の検索コマンドの
特徴を紹介していく。CHILDES を使用する際、コマンドをどう入力する
かによって調べたいものを調べられるかどうかが決まる。たとえば、「子ど
もは終助詞「ね」を終助詞「よ」よりも先に獲得する」という仮説を立て、
その仮説が正しいかどうかを Noji corpus に収録されている Sumihare の発話
データを使って検討してみよう。その場合、まずは事実をまとめる必要があ
る。特に、(i) どの程度発話されるのか、(ii)「よ」と「ね」は大人が使うそ
れと質的に同じなのか、(iii)「よ」と「ね」には獲得順序があるのか、とい
う 3 つの問いについて CHILDES を使って調べてみよう。

3.1　freq：発話頻度の調べ方

　終助詞「よ」と「ね」がどの程度発話されているかを調べるためには、
freq を使う。freq は frequency の略称で、対象ファイルに含まれる単語の
一覧を出現頻度とともに出力するためのコマンドである。まず、コマンドラ
インには次のように入力する。なお、本節から Noji corpus を調査対象にす
るため、Folder が childes/Japanese/Noji になっていることを確認し
よう。

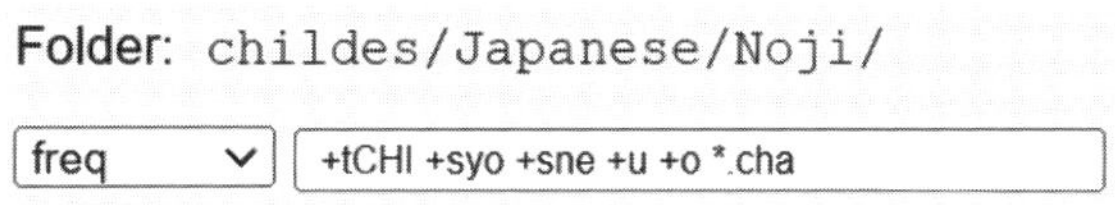

Folder: `childes/Japanese/Noji/`

| freq ∨ | +tCHI +syo +sne +u +o *.cha |

図 5　終助詞「よ」と「ね」の出現頻度の調べ方

　図 5 のコマンドラインは、図 6 に示す仕組みになっている。

freq	+tCHI	+syo +sne	+u +o	*.cha
検索	行指定	検索文字列		
コマンド		オプション		対象ファイル

図6　コマンドラインの仕組み(cf. 野村 2021)

　図6に示すように、コマンドラインはコマンドとオプションと対象ファイルから構成されている。コマンドでは freq が指定されている。オプションでは行指定と検索文字列と有用なオプション（+u と +o）が指定されている。対象ファイルでは検索するファイルが指定されている。

> **メモ**：CHILDES では子どもの発話だけでなく、大人が子どもに使ったことばも検索可能である。その場合は、コーパス内で大人がどのように記されているかチェックする。たとえば、Noji corpus では父親は「FAT」と記されているため、「+tFAT」のように記せば良い。
>
> 　また、本書の初版で上記の内容を紹介した際には、「+t*CHI」や「+t*FAT」のように、「*（アスタリスク）」を付していた。これはメイン・ティアであることを表すためのマーカーであったが、2024年現在はなくなっている。よって、+t を使ってティアを絞る際、アスタリスクは不要である。

　Command line に入力したものがどういう意味なのか、1つずつ確認していこう。

- ・+t　　　「次の行を対象に」という意味である
- ・+s　　　「次のキーワードを探せ」という意味である
- ・+u　　　分析結果を一覧表にまとめることができる
- ・+o　　　出現頻度順に表示することができる
- ・.cha　　検索対象のファイルが cha 拡張子であることを示している

> **メモ**：+t や +s などのことをオプションという。このオプションにはすべてのコマンドにおいて同じように機能するもの（たとえば、

+t や +s など) と各コマンドにおいて異なる機能を果たすものがあるため注意が必要である。各コマンドにおいてどのようなオプションが使えるかについては、コマンドラインで調べたいコマンド(たとえば、「freq」)を選択し、右側のボックスを空白にしたまま画面上の Run ボタンを押す。そうすると、そのコマンドで使えるオプションを見ることができる。数紙の都合上すべてのオプションを説明する余裕はないが、有用なオプションである +d オプションについてだけ述べると、+d を付け足すことで調査項目と一致する発話例だけでなく、それが発話されたときの子どもの年齢とその発話がファイル内の何行目にあるかも見ることができる。

　ここで気を付けてほしいことが3点ある。1点目はオプションとオプションの間に半角スペースを入れることである。

```
freq +tCHI  +syo  +sne  +u  +o  *.cha
         ↑     ↑    ↑   ↑   ↑
        半角   半角  半角 半角 半角
```

　いっぽう、各オプションの内部にはスペースを入れてはいけない。

```
NG:     +t CHI
OK:     +tCHI
NG:     +s yo
OK:     +syo
```

> **メモ**：オプションの順番は特に関係ない。したがって、たとえば、`*.cha +tCHI +sne +o +syo +u` であっても同じ結果が出る。

　2点目は、`*.cha` における「`*`」がワイルドカードであることである。ワイルドカードはテキストや数値を表し、指定した文字列と一致するすべてにコマンドの適用を指示する文字である。ワイルドカードを `*.cha` のように用いると、`.cha` という文字列と一致するものすべて、すなわち、Noji

corpus 内の全ファイルを検索対象にしていることになる。特定のファイルの
みを検索する場合は「*」の代わりにファイル名を入れる。また、ファイル
名は対象となる子どもの年月日を表しているので、「1*.cha」のようにワ
イルドカードと組み合わせると、特定の範囲のみ (この場合は 1 歳のみ) を
検索対象にすることができる。

　3 点目は、+s が「単語単位」の「完全一致検索」であるという点である。
たとえば +sne とすると ne に「完全に一致する語」しかヒットしない。そ
のため、neru や neta は ne と完全に一致しないので +sne ではひっかか
らない。部分一致検索をしたい場合は、+sne* のようにワイルドカードを
使うか、3.3 節で紹介する +g1 オプションを使う必要がある。

　それでは、図 5 のように入力できたら、画面上の Run ボタンを押そう。画
面の最下部までスクロールすると、次のように結果が表示される。

```
Speaker: CHI:
7466 yo
6006 ne
------------------------------
    2   Total number of different item types used
13472   Total number of items (tokens)
0.000   Type/Token ratio
    This TTR number was not calculated on the basis of %mor
    line forms.
    If you want a TTR based on lemmas, run FREQ on the %mor
    line with option: +sm;*,o%
```

　ここから言えることは、「yo」は検索範囲内において 7,466 回発話され、
「ne」は 6,006 回発話されたこと、検索された項目は「yo」と「ne」の 2 つ
なので、タイプ (異なり語数) は 2 だということ、合計のトークン (延べ語数)
は 13,472 回だということ (7,466＋6,006＝13,472)、以上のことから、タイプ
とトークンの比率 (Type-Token Ratio (TTR)) は 0.000 だということ (2÷
13,738＝0.000) のみである。このトークンの中には、大人が言ったことの繰
り返しや模倣などのように、子どもがみずから考えて発話していないものも

含まれている。そのため、CHILDES で検索した数字を鵜呑みにしてはならない。正確な分析を行うためには、最終的には、データを目視し、(1) 大人の模倣、(2)繰り返された発話、(3)絵本の音読などを省くように努めよう。

> **メモ**：ただし、何を省き何を省かないのかに関してははっきりとした基準はなく、そのさじ加減は研究者によって違う。たとえば、筆者の場合、子どもが発話したものが大人の模倣かどうかの基準は、ある 1 つの話題についてのやりとりの中で、大人が調査項目のものを言っているかどうかである。その 1 つの話題についてのやりとりの中で子どもが調査項目のものを発話するよりも前に大人がそれを言っていたら、その子どもの発話は模倣である可能性を排除できないと考え、調査対象から排除するようにしている。

　なお、子どもが発話したものが大人の使うものと質的に同じなのかどうかは、大人が使うものの意味機能を明確にし、その機能で子どもが適切な状況で発話しているかどうかで判断する。これを調べるためには、kwal やcombo を使用する。次節ではこれらのコマンドについて詳述する。

3.2　kwal：特定の語の検索の仕方

　kwal とは key word and line の略称で、特定の語（キーワード）を検索するときに使用する。たとえば、「yo」を子どもが発話しているのかを調べるときは、以下のように打つ。

```
kwal +tCHI +syo *.cha
```

　さらに、kwal は A か B のどちらか一方を検索するように命令する OR検索としても機能する。たとえば、「yo」もしくは「ne」を調べたい場合は、+s オプションを 2 つ用いて次のように式を書く。

```
kwal +tCHI +syo +sne *.cha
```

　この通りに入力すると、次のように表示される。

```
kwal +tCHI +syo +sne childes/Japanese/Noji/*.cha

Thu Aug 24 02:46:06 2023
kwal (29-Oct-2020) is conducting analyses on:
  ONLY speaker main tiers matching: *CHI;
*****************************************
...
From file <childes/Japanese/Noji/10514mor.cha>
-----------------------------------------
*** File "childes/Japanese/Noji/10514mor.cha": line 212.
Keyword: ne
*CHI:  ii ne [% 2] .
...
```

　ここでは、10514mor の 212 行目に「ii ne」と Sumihare が「ne」を初め
て発話したことが記されている。

> **メモ**：一見すると、「yo」<u>と</u>「ne」を検索したように見えるが、
> 「yo」<u>もしくは</u>「ne」を検索（OR 検索）する命令であるという点に注
> 意しよう。

　ただし、10514mor のファイルに「ne」が初出したからと言って、
Sumihare が「ne」を獲得したとみなすのは短絡的である。Sumihare が発話
した「ne」が模倣である可能性があるからである。

> **メモ**：言語獲得研究において「初出」と「獲得」の定義は重要であ
> る。まず、本章での「初出」の定義は、調査対象に選んだ発話コー
> パス内で最初に現れたものを指す。調査対象に選んだファイル内で
> ない点に注意されたい。次に、本章での「獲得」の定義は、調査対
> 象に選んだ発話コーパス内で大人の文法研究において議論されてい
> る意味機能と質的に同じ意味機能で初めて使えたものを指す（cf. 木
> 戸・村杉 2012）。なお、どの発話をもって獲得したと見なすかは研
> 究者によって異なる。獲得の基準に関する先行研究としては、
> Stromswold（1996: 45）の First Use、Snyder（2007: 77）の First of

Repeated Uses、Miyata et al.(2009)の生産レベル P4 等を参照されたい。

どのような状況で使われたものかを知るために、発話の前後も抜き出してみよう。その場合は、+w と –w のオプションを使う。

```
kwal +tCHI +syo +sne +w3 -w3 *.cha
```

上の式のように、+w3 を追加すると、検索対象のものを 1 行目と数えるので、検索するものの後 2 行分を取り出すことができる。一方、–w3 を追加すると、検索対象のものを 1 行目と数えない仕様になっているため、検索するものの前 3 行分を取り出すことができる。

> **メモ**：+w3、–w3 におけるアラビア数字は自由に変更可能である。

```
*** File "childes/Japanese/Noji/10514mor.cha": line 319.
Keyword: ne
@Comment:    1;05.16
@G:      1-0153B
*MOT:        ii ne [% 1] .
*CHI:        ii ne [% 2] .
*MOT:        pan to osushi to dotchi o ageyoo ka [% 1] ?
*CHI:        oshishi [: osushi] [% 2] .
```

> **メモ**：@Comment: 1;05.16 とは、この発話データを Sumihare が 1 歳 5 ヶ月 16 日に発話したことを示している。10514mor のファイルであるため 1 歳 5 ヶ月 14 日ではないのかと思ったかもしれないが、そうではない。Sumihare の発話データは日記データである。Browsable Database 上では、1 ヶ月毎（10000mor, 10100mor 等）や 1 週間毎（10507mor, 10514mor 等）に表示されているが、それらの対象ファイル内には、具体的に Sumihare が何歳何ヶ月何日のときの発話なのかが記されているのである。たとえば、10514mor のファイルには、1 歳 5 ヶ月 14 日から 1 歳 5 ヶ月 20 日までの発話が記録さ

236

れている。なお @G:1-0153B は、gem 記号のことだが発話分析には関係ないので無視して良い。*MOT は Mother（母親）の発話を *CHI は Child（ここでは、Sumihare）の発話であることを表す。[%1] と [%2] は野地（1973–1977）が記録した発話に対するコメントの中でどの発話なのかを参照するためのマーカーである。すなわち、上の発話例の場合、[%1] と [%2] が2つずつあることから、*CHI:ii ne [%2]. と *MOT:pan to … ageyoo ka [%1]? の発話はまったく別の会話であることを意味している。このように、日記データの発話分析をするときはどこからどこまでが1つの場面でのやりとりなのかに注意する必要がある。

　Sumihare と母親のやりとりより、Sumihare が「ii ne」と発話する1つ前に母親が「ii ne」と言っていることが分かる。Noji corpus の賞賛すべきところは、野地氏が言語学的な知見から Sumihare のすべての発話に発話された状況を記録していることである。発話状況は、今回の場合、「ii ne」の部分をコピーし、10514mor をクリックする。そして、Ctrl＋F（Mac OS の場合は Cmd＋F）で検索コマンドを出してコピーしたものをペーストし検索する。すると、野地氏のメモを見ることができる。

48　MOT: ii ne [% 1] .
49　CHI: ii ne [% 2] .
@Comment: hahawaokite , chooshokunojumbi o shiteiru. chichi-toSumihare toha , futonnooeninekorondeiru. sore o mite , hahaga1 noyoo niiu. suruto , sugunimanete , 2 noyoonihahaniiu.
母は起きて朝食の準備をしている．父と澄晴とは布団の上に寝転んでいる．それを見て母が1のように言う．するとすぐに真似て2のように母に言う；

　野地氏による記録から、Sumihare が初めて発話した「ne」は母親の模倣であることがわかる。したがって、Sumihare は1歳5ヶ月16日の時点では、大人の文法で議論されている終助詞「ね」の意味機能、すなわち、話し手が聞き手に話し手の意図する命題内容を確認する機能（cf. 宮崎 2002）を理解できていないと推測される。よって、1歳5ヶ月16日の時点ではまだ「ね」を獲得したとは見なされない。このように、検索したキーワードの前

後の発話を見ることにより、模倣と考えられる発話は排除していく。

3.3　combo：正規表現を用いた検索の仕方

　次に、combo を説明する。combo は combination の略称で、複数の正規表現を組み合わせることで語だけでなく構文を検索できる。kwal が s オプション (+s と –s) を組み合わせてコマンドを作るのに対して、combo は s オプション (+s ないし –s) を 1 つだけ使い、検索キーワード内で複数の正規表現を付け足し、組み合わせることで検索条件を設定する。まず初めに、combo で使用できる有用なオプションと正規表現を以下に示す。

表 1　combo で使用できる有用なオプション (MacWhinney 2023: 67-69)

+s	検索したい語を指定する（freq と kwal でも同様）
–s	検索したくない語を指定する（kwal でも同様） （※ +s と –s の組み合わせ不可）
+t	ティアを指定する（freq と kwal でも同様）
+g1	単語検索から文字列の検索に変更させる
+g5	文字列の順番を無視させる

表 2　combo で使用できる正規表現 (MacWhinney 2023: 62)

^	直後に続く (immediately FOLLOWED by)
+	包含的離接 (inclusive OR)
!	論理否定 (logical NOT)
*	連続する文字 (repeated character)
_	1 文字 (single character)
\	引用 (quoting)

> **メモ**：包含的離接 inclusive OR とは AND を含む OR という意味である。つまり、X OR Y の検索において、X のみが含まれる場合、Y のみが含まれる場合だけでなく、X と Y の両方が含まれる場合も検索結果に含むということである。

238

　それでは上に記したオプションと正規表現を組み合わせてどのように combo を利用すれば良いか紹介する。combo で最もよく使うのが「^(ハット)」である。「^」は、直後に続く語も同時に検索したいときに使われる。たとえば、終助詞「よ」と「ね」の連続「よね」を検索したい場合は以下の通りである。

```
combo +tCHI +syo^ne -w4 +w4 *.cha
```

　すると、Noji corpus において Sumihare による初出は 1 歳 9 ヶ月 11 日に記録された「atsui yo ne」であることが分かる。

```
*** File "childes/Japanese/Noji/10907mor.cha": line 378.
@Date:        20-DEC-1949
@Comment: 1;09.11
@G:   1-0290B
*MOT:         atsui yo [% 1] .
*CHI:         atsui (1)yo (1)ne [% 2] .
*CHI:         tabi.
*MOT:         pan o kitte ageru [% 1] .
```

> **メモ**：丸括弧数字 (1) は、「この発話で 1 番目にヒットした事例はここですよ」という印であり、combo のオプションを使用して検索したときにのみ出てくる。検索結果にはなんら関係ないので、無視して構わない。また、今回は +w4 と入力したが、当該発話を含めて 3 つの発話しか表示されていない。このように、+w のオプションは指令通りに動作しないことがある。

　この発話が観察された状況を先に紹介した方法で調べると、野地氏は、「お豆腐の味噌汁を入れてやり、母が 1 のように言うと、すぐにまねて、2 のように言う。」と記述している（メモで前述したように、ここでいう 1 と 2 は [%1] と [%2] でマーキングされた発話であることをそれぞれ示している）。野地氏の解説に基づくと、母が Sumihare の注意を喚起するために述べ

た「熱いよ」という発話を Sumihare が模倣し、それに終助詞「ね」を付加
して「味噌汁が熱い」という命題内容を母親に確認している。この話し手の
認識が聞き手の認識でもあるかを確認することで話し手の認識を確実にしよ
うとする機能は大人の文法における「よね」の意味機能の1つである（cf.
伊豆原 2003）。したがって、この発話は Sumihare が「よね」を大人の文法
における意味機能と質的に同じ意味機能で発話した最初のものであると見な
される。

　ここで終助詞の話からは脱線するが、combo の便利な使い方について紹
介する。まず、「+（inclusive OR）」を使ったものである。OR 検索である点
は kwal と変わらないが、combo ではより複雑な検索ができる。たとえば、
疑問詞と特定の動詞の共起関係が見たいとしよう。そのときの式は以下のよ
うになる。

```
combo +tCHI +s(nan*+itsu+naze+dare+do*)^(shi*+suru*) *.cha
```

　この式では、左側の丸括弧内には 5W1H の疑問詞（who, what, when,
where, why, how）をすべて検索できるようにするために、それぞれの疑問詞
を「+」で結んでいる。具体的には、「nan*」とすることにより、「nani」
だけでなく、理由を問う「nande」も検索している。さらに、「do*」とす
ることで、「doo」だけでなく、「doko」「dore」「dotchi」も検索してい
ることを意味している。また、右側の丸括弧内には「する」という動詞のす
べての活用が検索できるようにしている。さらに、左側と右側の丸括弧の間
に「^」を置くことで疑問詞の直後に動詞が続くことを指定している。この
ようにすることで、1つずつ疑問詞と動詞を検索せずとも、疑問詞全体の獲
得順序を見ることができる。

　次に、「^*^」というようにハットとワイルドカードを組み合わせてみよ
う。これはある単語 X と別の単語 Y がこの順番で出現するのを検索したい
が、その間に別の任意の単語（＝ワイルドカード）が入っても良い場合に、
「X^*^Y」のようにする。具体例を見てみよう。否定極性表現 Negative
Polarity Item（NPI）である「何も〜ない」を調べたい場合は次の式である。

```
combo +tCHI +snan*^mo^*^na* *.cha
```

上の式で工夫していることは3つある。1つ目は、「nani^mo」とはせず
に「nan*^mo」としていることである。その理由は、子どもが正確に「何
も」と発話することはあまりないのではないかと推測できるからである。実
際、「nanimo」で検索すると、まったくヒットしない。しかし、「nan*^mo」
にすると、ヒットするようになる。たとえば、Hamasaki corpus で次のよう
な発話がヒットする。

```
From file <childes/Japanese/Hamasaki/30203.cha>
----------------------------------------
*** File "childes/Japanese/Hamasaki/30203.cha": line 3174.
*CHI:          (1)nan (1)mo (1)nai .
```

　2つ目の工夫は、「mo^*^na」としている点である。このようにすること
により、「も」と「な」の間に他の語(たとえば、「何もまったく食べない」
などにおける副詞(まったく)や動詞(食べ))が入ったとしても検索できる。
　3つ目は、「na*」としている点である。このように「*(ワイルドカー
ド)」を用いることにより、非過去形(「ない」)や過去形(「なかった」)などを
すべて検索することができる。
　さらに、combo を使用した応用版を2つ紹介する。1つ目は、+g1 と否
定を表す!を使う方法である。

> **メモ**:「+g1」における「1」は、アルファベットのエル(l)ではな
> く、アラビア数字のいち(1)である点に注意されたい。

　たとえば、「ます」で終わる語の獲得順序を Noji corpus で調べたいとしよ
う。+smas だけだと mas に完全一致する単語しか検索できないので何も
ヒットしない(mas という単語が存在しないから)。しかし、「*mas*」のよ
うに、ワイルドカードを使ったコマンドを使えばヒットするようになる。

```
combo +tCHI +s*mas* *.cha
```

　たとえば、以下のような発話がヒットする。

```
*CHI:        mata kondemachuu@u [: (1)kondemasu] .
```

　ここで、@u は「実際の発音通り」であることを表し、[:] の中に対応する成人語が書かれている。つまり、この発話データは「『こんでまちゅー』は実際の発音通りである。それに対応する成人語は『こんでます』である」と読む。

　ワイルドカードを使うやり方以外の別の方法として、+g1 オプションを使うこともできる。+g1 は、単語検索である +s 検索を文字列の検索に変更するオプションである。+g1 オプションはコーパスの中で単語がどのように区切られているかわからないときに有効である。

```
combo +tCHI +smas +g1 *.cha
```

　こうすると、文字列として mas を含む単語がすべてヒットするので、+s*mas* と同じ効果を持つ。

　いっぽう、「ます」は発話データの中では、「ございます」などのように、決まりきった挨拶表現になって記録されているものがある。しかし、そのような決まりきった表現は形態素「mas」のデータの全体像を見にくくするため分析対象から省いた方が良い。その際には、次のような式を書く。

```
combo +tCHI +s!gozai^mas +g1 *.cha
```

　上の式では「ございます」のように決まりきった表現を除くために、否定を表す！を用いて「!gozai^mas」のように書いている。こうすることで、「ます」が「ました」「ません」「ませ」などと活用していたとしても、それ

242

らをすべて検索できるだけでなく、「mas」の前にくるもののうち、「ござい」以外のものを検索できる。このように、+g1 のオプションは日本語や韓国語などに代表される膠着言語を調べる際には特に有効であり、調べたい項目を見落とす確率が低くなる。

> **メモ**：kwal を使っても同じ検索結果に行きつくことができる。そのためには、検索したくない語を指定する −s のオプションを使う。たとえば、尊敬表現「ます」をいつ発話し始めるかを調べたいが、「ございます」を省きたいときは次のような式になる。
>
> **具体例**：kwal +tCHI +s*mas* -s*gozaimas* *.cha

次に紹介するのは +g5 のオプションを使った例である。+g5 は文字列の順番を無視させるときに使われる。たとえば、終助詞の獲得研究をする際、子どもが「よね」だけでなく「ねよ」の語順でも終助詞を発話しているかどうかを検索したい場合には、次のような式を書く。

```
combo +tCHI +yo^ne +g5 *.cha
```

このように +g5 を用いることで、XY の連続に加えて YX の連続も同時に検索していることになるのである。

以上、combo の代表的な検索方法の例を紹介した。本節を終える前に kwal と combo の違いについて触れておきたい。kwal は OR 検索であり、combo にも正規表現として OR にあたる「+」があるため、combo +sA+B と kwal +sA +sB は同等である。いっぽう kwal には、combo のハット ^ を使った検索のように、単語の並びを指定して検索する機能がない。では combo があれば kwal が不要なのかというとそうでもない。kwal にできて combo にできないことがあるのだ。kwal は無限に +s と −s を組み合わせることができるが、combo は 1 度に +s と −s のどちらか 1 つしか使えない。そのため combo の場合、あらゆる正規表現を組み合わせても検索したいものを絞っていくのには限界がある。たとえば、丁寧形「mas」を調べた

いが、「ございます」という挨拶表現が頻出して「mas」で終わる語の獲得
順序がわかりにくくなっているとき、「ございます」を省きたいとしよう。
その場合は、

```
kwal +tCHI +s*mas* -s*gozaimas* *.cha
```

としても

```
combo +tCHI +s!gozai^mas +g1 *.cha
```

としても検索できる。しかし、たとえば、これらのコマンドで Tai の発話
データを調べてみると、「ございます」は省けているが、最初にヒットする
のは「massugu itte」である。これも調べたいものではないため省きたいも
のの 1 つである。省きたいものに「massugu itte」も追加し、かつ、丁寧形
「mas」を調べるコマンドを作ろうとすると、combo では無理だが、kwal
であれば可能である。

```
NG:  combo +tCHI +s!gozai^mas+!massugu +g1 *.cha
NG:  combo +tCHI +s!gozai^mas -smassugu +g1 *.cha
OK:  kwal +tCHI +s*mas* -s*gozaimas* -smassugu* *.cha
```

　このように、検索でヒットしてほしくないものを –s で増やしていく作業
を kwal を用いて何度も繰り返すことで、最終的に、丁寧形「ます」の獲得
順序を見ることができる。また、kwal には検索したいものを +s で、検索
したくないものを –s で書けば良いというわかりやすさもある。
　もう 1 つの kwal と combo の違いとして、combo であれば、検索後、各
ファイルごとの結果が、たとえヒット数が 0 だとしても、0 だと報告される
が、kwal であれば、ヒット数が 0 のファイルは表示されないため検索結果
が見やすい。このように、kwal と combo にはそれぞれ得手不得手がある
ので、場合に応じて使い分けると良いだろう。大まかにいえば、単語の並び
を調べたいときは combo、並び関係なく単語を調べたいときは kwal が向

いていると言える。

3.4 ディペンデント・ティアを検索する方法

　これまでは、主に、メイン・ティアを検索する方法を紹介してきた。本節では %mor や %xmor のようなディペンデント・ティアを検索する方法を3つ紹介する。CHILDES の優れている点はメイン・ティアだけでなくディペンデント・ティアも検索できることである。ディペンデント・ティアを検索することで、特定の文字列に縛られることなく文法事項などを調べられる。まず初めに、ディペンデント・ティアがどのように書かれているかを説明する。たとえば、Miyata corpus に収録されている Tai は3歳1ヶ月8日に「橋作る」と発話している。これは次のように表されている。

```
%xmor: n|hashi=bridge v:c|tsukur-PRES=make n:fml|no=QUD.
```

　%xmor は、語をより細かく分解した形態素情報を示している。また、「|」はこれの左側が品詞を表し、右側が語ないし語幹を表している。つまり、「品詞｜語（ないし語幹 – 語尾）＝英語訳」という構造になっている。（QUDは Question Under Discussion のことである。）品詞のところの n は普通名詞を表し、n:fml は形式名詞を表し、v:c は子音語幹動詞を表している。ちなみに、母音語幹動詞は v:v と表す。

> **メモ**：詳しくは、CHILDES 日本語版の「Ch. 8 データを豊かにする：質的な情報を加える」(http://www2.aasa.ac.jp/people/smiyata/CHILDESmanual/chapter08.html)を参照されたい。

　具体例の1つ目として「の」について調べてみよう。日本語の「の」には代名詞や属格など多くの機能があるだけでなく、「あかいのぶーぶ（赤い車、の意）」のように、「の」が過剰生成ないし過剰一般化されて使われることもある。
　生成文法では「の」には代名詞や属格、補文標識があると分析される。そ

れらに該当する発話をすべてコーパスから抽出するために、まずは発話ファイル内で今回の調査項目である 3 種類の「の」がどのようにディペンデント・ティアに記されているかを調べる必要がある。そして、次にそれらすべてがヒットする文字列を考えるのである。代名詞は n:fml|no=QUD と表記され属格と補文標識は ptl:attr|no=GEN と表記されているため、2 つに共通する部分を基にして次のような式を書く。

```
combo +tCHI +t%xmor +s*|no=* *.cha
```

　ここでのポイントは 2 つある。1 つ目は、+t を 2 つ使っていることである。今回は、対象にするべきものがメイン・ティアで示される子どもの発話とディペンデント・ティアで示される「%xmor」の 2 つなので、「+tCHI +t%xmor」のように示している。2 つ目は、ディペンデント・ティアに記されていた「|no=」をワイルドカードで挟んでいることである。すでに述べた通り、+s 検索は完全一致検索なので、ワイルドカードを含めることは必須である。こうすることにより、様々な機能を持つ「の」をどのような発達段階を経て発話しているのか時系列を追って調査できる。

　同時に、過剰生成ないし過剰一般化の「の」を調べる際に調べるべき重要なものは、過少生成である。ディペンデント・ティアを検索対象にすれば、過少生成された「の」も検索することが可能である。「の」が過少生成されるということは、「名詞句＋の＋名詞句」(e.g., 川＋の＋せせらぎ)ないし「後置詞句＋の＋名詞」(e.g., 窓から＋の＋景色)における「の」が現れていない場合である。つまり、名詞と名詞が連続したものであるが、複合名詞とは見なされないもの、および、後置詞句の直後に名詞が続くものを検索すれば良い。そのようなものを調べるためには、次のような式を書く。

```
combo +tCHI +t%xmor +sn:*^n:* -w1 *.cha
combo +tCHI +t%xmor +sptl:post|*^n:* -w1 *.cha
```

　ここで工夫していることは 2 つある。第一に、「n:*^n:*」と

「ptl:post|*^n:*」としていることである。前項と後項が名詞であること、ないし、前項が後置詞で後項が名詞であることを指定し、前項の後に後項が続くように間に「^(ハット)」を用いている。第二に、「-w1」を用いていることである。こうすることで、模倣でないかどうかを確認している。この式で検索すると、多くの発話例がヒットする。その中から、過少生成されている発話を探すのである。

　具体例の2つ目として、ディペンデント・ティアを用いて動詞の自他交替を調べる方法を紹介する。子どもは時折、「開けて」の意味で「開いて」のように大人の文法と照らし合わせると動詞の自動詞と他動詞の形態を誤っている発話をすることがある。ディペンデント・ティアには動詞が英単語で記されている。たとえば、先に示した例であれば、「v:c|tsukur-PRES=make」のように、tsukur- は make だと書かれている。そのため、イコール (=) で示された英単語を検索することでそれに対応する日本語の動詞を検索できるのである。たとえば、自他交替する動詞として open(開く―開ける)を調べてみよう。その際の式は次の通りである。

```
combo +tCHI +t%xmor +s*=open *.cha
```

　この式では「+s*=open」とすることで、子どもが「開く」と「開ける」を使ったすべての発話例を検索することが可能である。

　具体例の3つ目として、日本語の「の」と同様に、多機能である英語のthat の獲得順序を調べる方法を紹介する。英語の that は指示詞、補文標識、関係詞として機能する。これらを同時に調べることも可能である。たとえば、Eng-NA(北アメリカ)の Brown corpus に収録されている Adam の発話を分析してみよう。調べ方は次の手順である。

> **メモ**：%mor と %xmor のどちらで表示されているのかに注意しよう。Brown corpus は %mor で表示されているため、+t%mor にする。

1. `combo +tCHI +t%mor +sthat *.cha` で検索

2. 検索結果より、ディペンデント・ティアにどのように記されているか確認

　以上の手順で検索すると、指示詞の that は、det:dem|that として、補文標識の that は comp|that として、関係詞の that は pro:rel|that として表示されていることが分かる。これらを個別に検索する場合は、次の式である。

```
combo +tCHI +t%mor +sdet:dem|that  *.cha
combo +tCHI +t%mor +scomp|that  *.cha
combo +tCHI +t%mor +spro:rel|that  *.cha
```

　一方、同時に検索する場合は、次の式である。

```
combo +tCHI +t%mor +s*|that  *.cha
```

　このように、ディペンデント・ティアを用いて検索することでメイン・ティアでの単語の検索の枠を超えた検索が可能になるのである。
　以上、ディペンデント・ティアを用いた検索方法を概説した。ディペンデント・ティアを検索対象にすることで多機能なものをどのような順序で獲得するのかを記述することができる。また、過剰生成されるものだけでなく過少生成されると予測されるものであっても検索することが可能であることを示した。次節では、「調べ方は分かったけど、どう分析したら良いか分からない」と困っている人のために、分析手法の一例を紹介する。

4.　データの分析方法

　では、得られたデータをどのように分析すれば良いだろうか。本節では MLU を用いた分析方法と二項検定を言語獲得研究に応用した分析方法を概説する。

4.1 MLU

まず得られたデータの分析の際に使うものの1つ目として、**平均発話長 <u>M</u>ean <u>L</u>ength of <u>U</u>tterances**（**MLU**）（Brown 1973）がある。MLU とは、英語を母語とする子どもがどのような発達段階を経て大人と同じ文法を獲得するかを示すために Brown（1973）によって作られた指標である。

> **メモ**：MLU には MLUw（MLU in words）と MLUm（MLU in mor-phemes）の2種類がある。MLUw が自立語単位で MLU を計算するのに対して、MLUm は形態素単位で MLU を計算する。日本語は膠着言語なので、語と形態素の境界線がはっきりしていない。そのため、日本語を母語とする子どもを研究対象とする場合には、2歳から2歳6ヶ月までは MLUw を計算し、その値が 1.5 を超えたら、MLUm も計算することが望ましいと考えられている（宮田 2012: 4）。しかし、現時点では日本語を MLU で分析する上で最も良い方法は見つかっていない。詳しくは、宮田（2012）を参照されたい。

たとえば、英語の MLU 段階は表3のように示される。

表3　英語の MLU 段階(Brown 1973, cf. 宮田ほか 2015)

MLU 段階	MLU 値	特徴
Stage I	1.0–1.99	意味役割(e. g., 動作主など)を表す；活用語尾なし
Stage II	2.0–2.49	意味の変調：動詞活用語尾や複数形の獲得
Stage III	2.5–2.99	単文の変調：助動詞の獲得
Stage IV	3.0–3.99	複文構造の獲得
Stage V	4.0 以上	

表3を利用することにより、調査項目を調べた際に得られたデータを分析できる。たとえば、受身を表す接辞「られ」の獲得について研究するとしよう（日本語には可能を表す「られ」もあるため注意されたい）。

Browsable Database を用いて Miyata corpus の Aki を調べてみると（combo +tCHI +s*rare* *.cha -w5 +w5）、2歳9ヶ月に初めて受身の接辞「られ」を含む発話「いくとおこれるん？(行くと怒られるの？の意)」を発話し

ていることがわかる。しかし、2 歳 9 ヶ月の時点で Aki が受身「られ」を獲得していると判断して良いのであろうか。このようなときに MLU が使える。

　宮田（2017）は、Brown（1973）によって作られた指標を基に、表 4 に示すように、日本語を母語とする子どもの平均発話長と助詞や補助動詞などの文法項目との間に関連性があることを示している。

　表 4 では、日本語を母語とする子どもの MLU 段階と MLU 値に加えて、各 MLU 段階での特徴が示されている。また、助詞と活用形の分類を行い、それぞれの形態素がいつの段階で発現する傾向にあるかが示されている。たとえば、受身を表す接辞「られ」は、MLU 段階が Stage IV の後半に現れ、その時期の MLU 値は 4.50 以上である。

表 4　日本語の MLU 段階と MLU 値と諸特徴（cf. 宮田 2017 より引用）

MLU 段階	MLU 値	特徴	獲得される助詞及び活用形	
I 前半	1.01–1.49	文法の芽生え	二語文の出現	（最初の助詞と活用語尾の出現）
I 後半	1.50–1.99	意味的役割	基礎的助詞	提題助詞「ワ」、修飾助詞「ノ」
			基礎的語末形態素	過去「タ」、命令「テ」、非過去「ル」
II 前半	2.0–2.49	文構造の基礎	基礎的助詞	格助詞「ガ」、後置詞「デ」「ニ」「ト」、とりたて助詞「モ」、引用助詞「ッテ」
			基礎的中間形態素	完了「チャウ」、否定「ナイ」、アスペクト「テイル」
II 後半	2.5–2.99	文の発展	中間形態素	可能性「レル」、願望「タイ」、丁寧「マス」
			補助動詞	「テクル」、「テイク」
III 前半	3.0–3.49		語末形態素	意図「ヨウ」、中止「テ」
			助詞	格助詞「ヲ」、後置詞「カラ」、「マデ」、とりたて助詞「ダケ」、引用助詞「ト」

			語末形態素	条件「タラ」、名詞化「リ」
III 後半	3.50–3.99	文の 変調： 立場と 方向性	補助動詞	「テアゲル」、「テアル」、「テオク」、「テミル」
IV 前半	4.00–4.49			
IV 後半	4.50 以上		語末形態素	条件「レバ」、命令「ナサイ」、「テクダサイ」、「ナクチャ」
			中間形態素	使役「サセ」、受身「ラレ」
			補助動詞	「テモラウ」

　では、今回調査対象にした Aki の年齢と MLU 値と MLU 段階はどのように関連するのであろうか。mluコマンドを選択してMLU値を調べてみよう。

```
mlu +tCHI +t%xmor *.cha
```

　すると、次のような MLUm の値が表示される。

```
From file <childes/Japanese/Miyata/Aki/20629.cha>
MLU for Speaker: *CHI:
  MLU (xxx, yyy and www are EXCLUDED from the utterance and
morpheme counts):
        Number of: utterances = 540, morphemes = 1167
        Ratio of morphemes over utterances = 2.161
        Standard deviation = 1.620
```

　たとえば、これは 2 歳 6 ヶ月 29 日のファイルの中で、xxx や yyy、www と記述されたものを除いた発話と形態素の数を表している。発話数は 540、形態素の数は 1,167、形態素数を発話数で割った割合は 2.161、標準偏差は 1.620 であることがわかる。2.161 の値が MLUm 値である。

> **メモ**：MLUw 値は、次のように計算する。詳しくは CHILDES 日本語版の 6 節にある MLU について書かれた箇所を参照されたい（http://www2.aasa.ac.jp/people/smiyata/CHILDESmanual/chapter06-1.html#MLU）。

```
mlu -b+ -b# -b- -s"ptl:*" -s"v:cop*" +tCHI +t%xmor *.cha
```

得られた MLUm 値を基に MLU 段階と照らし合わせてみよう。すると、おおよそ次のように分類できる。

表 5　MLU 段階と子どもの年齢

MLU 段階	MLU 値	Aki
Stage I 前半	1.01–1.49	1; 07
Stage I 後半	1.50–1.99	2; 03
Stage II 前半	2.00–2.49	2; 07
Stage II 後半	2.50–2.99	2; 10
Stage III 前半	3.00–3.49	3; 00
Stage III 後半	3.50–3.99	N/A
Stage IV 前半	4.00–4.49	N/A
Stage IV 後半	4.50 以上	N/A

メモ：N/A（Not Available）とは、適合データなしの意味である。n/a と書くこともある。ここでは、Aki の発話は 3 歳 0 ヶ月までしか記録されていないため、それ以降の発達過程は不明という意味である。

　Aki の場合、3 歳 0 ヶ月の時点の MLU 段階は Stage III の前半であることが明らかになった。Aki が受身「られ」を初めて発話した 2 歳 9 ヶ月は MLU 段階が Stage II の前半と後半の間なので、受身「られ」を獲得していると見なされる MLU 段階 Stage IV の後半とは程遠い。以上の考察から、Aki は 2 歳 9 ヶ月の時点ではまだ大人の文法と質的に同じ受身「られ」を発話しているとは言い難いと推測される。

4.2　二項検定

　つぎに、二項検定を言語獲得研究に応用した分析方法を紹介する。たとえば、ある 2 つの構文（構文 A と構文 B）の獲得順序を調べたい場合、たとえ構文 A の初出が構文 B の初出より早かったとしてもそれが獲得順序を反映

しているのか、それともたまたま観察のタイミングでそうなっただけなのか、にわかには判定できない。Snyder（2007: 75）はこれを判定するのに**二項検定 binomial test** を応用することを提唱した。検定の式は、次のように表す。

(1) $\quad p = (\dfrac{X_A}{X_A + X_B})^K$

式に含まれる変数は以下の数値を表している。

(2) $\quad p$：　　　　確率（後述）

$\quad K$：　　　　構文 B の初出以前の構文 A のトークン数

$\quad X_A$：　　　構文 B の初出以降の構文 A のトークン数

$\qquad\qquad\qquad \therefore\quad K + X_A =$ 構文 A の総トークン数

$\quad X_B$：　　　構文 B の総トークン数

$\quad \dfrac{X_A}{X_A + X_B}$：　構文 A の相対的頻度（構文 B 初出以降に算出）

　たとえば、仮想的な例だが、構文 A のトークン（•）と構文 B のトークン（＊）が以下のように観察されたとする。その場合、K、X_A、X_B の値はそれぞれ以下のようになる。

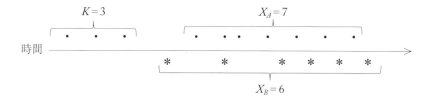

　構文 A と B が出揃ってからは、構文 A は 7 回（X_A）、構文 B は 6 回出現（X_B）しているので、構文 A・B に限定した場合、構文 A の出現確率（相対的頻度）は $\dfrac{7}{13}$ であると仮定できる。この出現確率（相対的頻度）を持つ構文 A が 3 回連続する確率は $(\dfrac{7}{13})^3 \approx 0.156$ であり、これが p に当たる。この p 値が何

の確率なのかというと、構文 A の B に対する相対的頻度 $\dfrac{X_A}{X_A+X_B}$ が獲得過程において変化せず、同一であるという仮説のもと、構文 A と B が同時期に獲得されたと考えてみて（＝帰無仮説。第 8 章参照）、「構文 A が連続して K 回出現した」という観察がどれくらい珍しいことか（どれくらいの確率で起こりうると考えられるか）を算出した値である（Snyder 2007: 74-77、杉崎 2016: 159）。一般的には、この確率が 0.05 を切ると、「構文 A と構文 B は同時に獲得されたけれど、たまたま構文 A の観察が構文 B の初出よりも前に連続した」と考えるのには無理があると判定される（この分水嶺となる数値を**有意水準 significant level** と呼ぶ）。

> **メモ**：二項検定の考え方についてもう少し補足すると、たとえばコインを投げて裏表が出る確率を考えてみる。ふつうのコインの場合、表が出る確率、裏が出る確率はともに $\frac{1}{2}$ である。よって 1 回コインを投げて表が出る確率はもちろん $\frac{1}{2}$ と考えられる。2 回コインを投げて 2 回表が出る確率は $\frac{1}{2} * \frac{1}{2}$ であり、3 回コインを投げて 3 回とも表が出る確率は $\frac{1}{2} * \frac{1}{2} * \frac{1}{2}$、$K$ 回コインを投げて K 回表が出る確率は $(\frac{1}{2})^K$ である。もし表が 10 回連続して出た場合、「コインに細工してあるのでは？」と疑いたくなるだろう。確率が低すぎるからである（$(\frac{1}{2})^{10} \approx 0.001$）。Snyder の二項検定では、構文 A と構文 B をコインの裏表のような（しかし等確率とは限らない）二項対立現象と捉える。上記例では、構文 A の相対出現確率は $\frac{1}{2}$ ではなく $\frac{7}{13}$ と仮定され、それが 3 回連続する確率は上述したように $(\frac{7}{13})^3 \approx 0.156$ である。パーセントで言えば 15.6％であり、ありえないほど低確率とは言えないので、「B も獲得されているけれど観察のタイミングでたまたま A が 3 回連続しただけ」という可能性は否定できない。しかしもし 5 回連続すると確率は 0.045 まで下がり、「B も獲得されているけれど観察のタイミングでたまたま A が 5 回連続しただけ」と考えるのが苦しくなるので、A の獲得が先行したと結論づける（有意水準を 0.05 に設定した場合）。

　具体例として、Sumihare がどのような順序で終助詞を獲得しているのかを調査した木戸（2012）と木戸・村杉（2012）を見てみよう。木戸（2012）は、Sumihare は終助詞「な」と「ね」を 1 歳 5 ヶ月頃から発話し始めるのに対

して、「よ」と「よ」「ね」の連続（以下、「よね」）を 1 歳 9 ヶ月頃から発話
し始めたと報告している。では、Sumihare は「な」と「ね」を「よ」と「よ
ね」よりも先に獲得していると言って良いのであろうか。木戸（2012）は、
終助詞「な」と「ね」、「よ」、「よね」がどの程度の頻度で発話されているか
を、先に例示した検定の式に当てはめて計算している。

　まず、「な」と「ね」について考えてみよう。木戸（2012）によると、
Sumihare は「な」を、表 6 に示すように、1 歳 5 ヶ月 23 日に初めて発話
し、「ね」を 1 歳 5 ヶ月 25 日に初めて発話している。

表 6　「な」と「ね」の発話数

	1; 05: 23-1; 05: 25	1; 05: 25-1; 06: 00
な	6	13
ね	0	1

　表 6 では、Sumihare が 1 歳 5 ヶ月 23 日から 1 歳 5 ヶ月 25 日の間に「な」
を 6 回発話したのに対して、「ね」は 0 回であったこと、また、1 歳 5 ヶ月
25 日から 1 歳 6 ヶ月の間に「な」を 13 回、「ね」を 1 回発話したことが示
されている。ここで、「な」が「ね」よりも先に 6 回現れているのが偶然の
結果なのかどうかを検証する。上記の式に当てはめると、X_A は 13、X_B は
1、K は 6 に対応しているため、次のようになる。

$$(3) \quad p = (13/(13+1))^6$$
$$= (0.9285714)^6$$
$$= 0.64105 \qquad \qquad \therefore p > .05$$

　p 値は 0.641 であることがわかった。これは有意水準 0.05 より大きいの
で、「な」が「ね」に先行して獲得されたと主張することはできない。「な」
と「ね」の二項対立において「な」の出現確率がもともと高いので、「な」
が 6 回連続して出現することはありえないことではないとの判断である。
　次に、「な」ないし「ね」と「よ」について分析してみよう。(4)が「な」

と「よ」についてであり、(5)が「ね」と「よ」についてである。

(4)　　$p = (25/(25+190))^{95}$
　　　　$= (0.1162791)^{95}$　　　　$\therefore p<.05$

(5)　　$p = (84/(84+190))^{49}$
　　　　$= (0.3065693)^{49}$　　　　$\therefore p<.05$

　(4)と(5)より、「な」と「よ」および「ね」と「よ」間の p 値はかなり小さい。つまり、(4)の「な」と「よ」について言えば、「な」だけが95回連続すること、(5)の「ね」と「よ」について言えば「ね」だけがたまたま49回連続することは非常に考えにくいということである。最後に、「よ」と「よね」について分析してみよう。X_A は15、X_B は7、K は2である。

表7　「よ」と「よね」の発話数

	1; 09: 07-1; 09: 13	1; 09: 13-1; 10: 00
よ	2	15
よね	0	7

(6)　　$p = (15/(15+7))^{2}$
　　　　$= (0.6818182)^{2}$
　　　　$= 0.464876$　　　　$\therefore p>.05$

　(6)より、「よ」と「よね」の場合の p 値が0.4649であり、.05より大きいことが明らかになった。以上の結果をまとめたものが表8である。

表8 終助詞「な」、「ね」、「よ」ならびに「よね」の相対的頻度と p 値
（木戸・村杉 2012: 38）

相対的頻度				
な	ね	よ	よね	p 値
<u>0.93</u>	0.07	-----	-----	$p > .05$
<u>0.12</u>	-----	0.88	-----	$p < .001$
-----	<u>0.31</u>	0.69	-----	$p < .001$
-----	-----	<u>0.68</u>	0.32	$p > .05$

　表8では、Sumihare が発話した終助詞「な」、「ね」、「よ」、「よね」の中から2つ選び、その2つの間の相対的頻度 $\left(\dfrac{X_A}{X_A + X_B}、\dfrac{X_B}{X_A + X_B} \right)$ と p 値が示されている。表8から分かることは、「な」と「ね」と「よ」と「よね」の獲得時期に有意な差があるかどうか検討した結果、「な」と「ね」ならびに「よ」と「よね」の獲得時期には有意な差がない（ $p>.05$ ）、つまり、「な」が「ね」よりも、および、「よ」が「よね」よりも先に現れたのは偶然である可能性が捨てきれないと見なされる。

　それに対して、「な」と「よ」および「ね」と「よ」の獲得時期には有意な差があった（ $p<.001$ ）、つまり、「な」と「ね」は「よ」よりも先に獲得されていると見なすことができる。以上の量的研究による考察から、Sumihare は終助詞「な」と「ね」を「よ」よりも先に獲得していると考察できる。

5.　まとめ

　本章では、CHILDES の使い方として、Browsable Database の主な使い方を概説した。また、そこで得られたデータを分析するには MLU や二項検定を活用すると良いことを紹介した。CHILDES はウェブで検索できるとはいえ、オプションの指定は基本的に CUI（キャラクタ・ユーザインタフェース）を色濃く残している。初めの一歩は敷居が高いかもしれないが、慣れれば大変パワフルなツールであるので、言語獲得研究に関心がある方はぜひ挑戦してみてほしい。

第8章
統計の基本的な考え方について

　最終章である本章では統計の基本的な考え方について触れたい。ただし、統計分析の入門をたった1章で解説することは不可能である。本章では、「p値ってよく見るけど何だかよく分かっていない」人に向けて、(頻度論主義)統計分析の「考え方」の基本を解説するのが目的である。よって、(頻度論主義)統計分析の考え方の基本が分かっている読者は読む必要がない。

> **メモ**：ここで「(頻度論主義)統計分析」といちいち「(頻度論主義)」と付けているのは、近年、従来の頻度論主義と異なる考え方のベイジアン(ベイズ派)と呼ばれる統計学が台頭しているためである。ベイジアン統計学を解説する余裕はないので、本章では頻度論主義統計学の基本的な考え方を解説する。

　以下ではp値とは何かということを特にt検定を例にとって解説する。ただ、t検定に入る前に、データの「分布」の話、および様々な**統計量**(平均、分散、標準偏差、z値など)の紹介をしなければならない。t検定の話は2.7節まで待たなければならないが、しばらく辛抱してほしい。

　また、本文を読むだけでなく分析の体験ができるよう、近年広く普及しているオープンソース・フリーソフトウェアRのコードも参考として随時「メモ」に提示する。Rの導入方法や操作方法についてはここでは紹介する余裕はないので、それについてはご了承願いたい。Rを使っていない読者はRコードは無視していただきたい。

1.　p値って何？

　統計分析では、「要因が効果を生むかどうか」(第1章参照)が検定されるが、その際、まずは「当該要因は効果を生まない」と仮定するところからス

258

タートする。これがいわゆる**帰無仮説 null hypothesis** である。そして、「帰無仮説は無理があるだろう」となると、帰無仮説が棄却されて、「当該要因は効果を生む」という**対立仮説 alternative hypothesis** が採用されるという段取りとなる。

　さて、ここで簡単なクイズである。よく「$p < .05$ になると統計的有意だと言える」とか、「帰無仮説が棄却され、対立仮説が採用される」などと言われる。ではこの p 値は何を表す数値か。

A)　　p 値は、帰無仮説が正しい確率を表している。つまり $p < .05$ とは帰無仮説が正しい確率が5％未満ということである。

B)　　p 値は、対立仮説が間違っている確率を表している。つまり $p < .05$ とは対立仮説が間違っている確率が5％未満ということである。

　どちらが正しい理解だろうか？ A) を選んだ読者にはこの章を読む意味があるだろう。B) を選んだ読者も同様である。なぜなら A) も B) もどちらも間違っているからである。正しくは、

C)　　標本から得られた統計量 t から求められる p 値とは、帰無仮説が正しいと仮定した場合に t またはそれより極端な値が得られる確率を表している。

ということになる。「そんなことは分かっている」という読者はこの先を読む必要はないだろう。「なんのこっちゃ」と思った読者はこの先を読んだほうがいいかもしれない。

　p 値は、「仮説」が正しいとか間違っているとかを表す数値ではない。大雑把に言えば、得られた「データ」がどれくらいありえるか（ありえないか）という確率を表している。昨今のスマホ・ゲームでは集めているアイテムやキャラクターの出現確率が低いと、入手困難という意味で「レア」ということばを使うが、p 値はデータの「レア」度を表しているとも言える。つまり、p 値が .05 未満ということは、当該データが得られる確率が5％未満、

つまり「けっこうレア」ということを表している。得られたデータは「レア」だった、つまり稀にしか得られないデータが得られたというのは、考えようによっては「今日はすごいラッキー・デーだ!」ということなのかもしれないが、もうひとつの考え方として、ありえなさそうなことが起こったということは「もしかして、前提にしている仮説(=帰無仮説)がそもそも間違っていたんじゃないの?」と解釈することもできる。

　たとえば、ちゃんとしたサイコロだと思って(帰無仮説)、サイコロを 5 回振って、5 回とも 6 の目が出たら「あれ?このサイコロ、細工してあるんじゃないの?(帰無仮説が間違っている?)」と思うだろう。公正なサイコロなら 1 回振って 6 の目が出る確率は $\frac{1}{6}$ だから、5 回連続で 6 が出る確率は単純に考えれば $(\frac{1}{6})^5 \approx .0001\,(=0.01\%)$、重複組合せの中の 1 通りと考えても $\frac{1}{{}_6H_5} \approx .004\,(=0.4\%)$ である。可能性はゼロでないので、「公正なサイコロなのにものすごくレアなことが目の前で起こった!」と考えることもできなくはないが、ここまでレアだとラッキーというより「このサイコロは公正なサイコロだ」という前提に疑いが生じるだろう。p 値はこのように、「帰無仮説が正しいとして、この観察されたデータが起こる確率は何%くらいか」を表す。

　多くの対照実験研究では p 値が .05(=5%)を下回るとレア・データ扱いにして、「帰無仮説がおかしい」と結論づけている。5% というのは $\frac{1}{20}$ だから、スマホ・ゲームですごいレア・アイテムが出現する確率やサイコロで 5 回連続で同じ目が出る確率に比べると、さほどレアでもないが、対照実験を行う多くの分野ではこの .05 という数値が分水嶺として使われている。これを**有意水準 significance level**(α)と呼ぶ。重要なのは、p 値自体が仮説を評価しているわけではないということである。p 値は得られた統計量の帰無仮説下でのレア度を表しているにすぎず、帰無仮説を棄却するかどうかというのは、統計量のレア度をもとに研究者が判断することなのだ。

　では、この p 値はどのような考えをもとに計算されるのか。心理学実験ではサイコロの目が出る確率のように簡単には計算できない。これについて小さな章で詳しく説明することはもちろん不可能だが、もととなる基本的な考え方の、最初の一端を簡単に紹介してみたい。

2. 確率は分布から推し量る

　たとえばサイコロを 100 回振って、1 が 14 回出たら、頻度にもとづいて「このサイコロで 1 が出る確率は 14/100 = 14% くらいかな」と考えるのは、さほどおかしいことではないだろう。しかし、たとえばテストの点数だとどうだろうか？

　ある高校（A 高校）の 1 年生 100 人が入学後プレースメント・テストを受けたとしよう。100 人分の点数は以下のようになっていた。平均点は 65.5 点だ。

---

31 40 41 43 44 44 46 46 47 48 48 50 51 51 52 55 55 55 55 55

56 56 58 58 58 59 59 59 59 60 60 60 62 62 62 63 63 63 63 63

63 63 64 64 64 64 65 66 66 67 67 68 68 68 68 68 68 69 69 69

69 69 70 70 70 70 70 71 71 71 71 72 72 72 72 72 73 73 73 75

75 75 75 75 75 77 77 77 80 80 81 81 82 82 84 86 86 88 89 91 94

　ところがこの高校でたった 1 人、アクシデントでたまたま受けられなかった生徒がいた。この生徒 x の学力は未知数。生徒 x が後日このテストを受けたとして、何点取れそうだろうか。A 高校の 100 人のデータを便宜上母集団と考えると、その平均点が 65.5 点で、x 君も A 高校の生徒なのだから、x 君が平均点付近を取る可能性は、90 点や 30 点を取る可能性よりは高そうだ。さて、ではこの可能性をどうやって計算するか、である。

　たとえば A 高校で 68 点を取った生徒は 100 人中 8 人である。ということは、x 君が 68 点を取る確率は 8/100 = 8% くらい……と言えるだろうか。

　少し考えてみると、このロジックはおかしい。たとえば、65 点を取った生徒は 1 人である。では 65 点が出現する確率は 1/100 = 1% と考えて良いだろうか。同じロジックでいえば、55 点は A 高校では 5 回出現しているので確率は 5% になるし、86 点は 2 回出現しているので 2% になってしまう。つまり、55 点のほうが 65 点の 5 倍取りやすいことになってしまうし、86 点は 65 点の 2 倍取りやすいことになってしまう。平均点が 65.5 点なのに！ 61 点にいたっては確率が 0% ということになってしまう。

　この「素朴すぎる確率の計算方法」は統計の専門家でなくても、直観的に
おかしいことが分かるだろう。ふつうテストの点というのは、平均点付近の
点数は取りやすく、平均点から離れると取りにくいものだ。だから、A 高
校で平均点が 65.5 点なら、86 点が出現する確率が 65 点の倍、というのは
素人考えでも納得しがたい。

　またテストの点は 1 点刻みだからまだ良いものの、これが小数点まであ
るデータだと、この素朴な確率の計算のもとでは「ある特定の数値」が出現
する確率はどんどん小さくなってしまう。たとえば小数点以下 10 桁まで計
測できる場合、その細かい刻みの中で特定の数値（たとえば 65.4738584721）
が出る確率を考える意味はあるだろうか？

2.1　頻度分布をもとにした素朴な確率の計算

　上記の考え方がおかしい第 1 の理由は、「特定の数値」を問題にしている
からである。統計は多くの場合（近似的な）連続量を扱うが、その場合「特定
の数値が出る確率」を考えると上記のようなおかしなことになってしまう。
計測精度が高くなればなるほどなおさらである。「特定の数値が出る確率」
ではなく、「特定の数値を基準にして、それより上、または下の数値が出る
確率」を考えるべきである。

　たとえば A 高校の 100 人の成績を 5 点刻みで並べてみよう。

```
31 40
41 43 44 44
46 46 47 48 48 50
51 51 52 55 55 55 55 55
56 56 58 58 58 59 59 59 59 60 60 60
62 62 62 63 63 63 63 63 63 63 64 64 64 64 65
66 66 67 67 68 68 68 68 68 68 69 69 69 69 69 70 70 70 70 70
71 71 71 71 72 72 72 72 72 73 73 73 75 75 75 75 75
77 77 77 80 80
81 81 82 82 84
86 86 88 89
91 94
```

こうやって並べてみると、平均点である 65 点前後を頂点として（横向きであるが）「山」ができているのが視覚的に分かるだろう。そして、「山」から遠ざかるとデータポイントの数が少なくなっていく。データの視覚化の方法としては、通常は横軸をデータの区間の刻み、縦軸を度数（各区間内のデータポイントの数）として、長方形の棒を並べて以下のようなグラフにして表す（図1）。このように、一定の範囲ごとにデータがいくつあるかを視覚化したものを**ヒストグラム histogram** と言う。

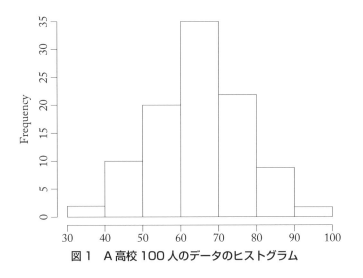

図 1　A 高校 100 人のデータのヒストグラム

メモ：図 1 を生成する R のコードは以下の通りである。

```
A<-c(31, 40, 41, 43, 44, 44, 46, 46, 47, 48, 48,
50, 51, 51, 52, 55, 55, 55, 55, 55, 56, 56, 58,
58, 58, 59, 59, 59, 59, 60, 60, 60, 62, 62, 62,
63, 63, 63, 63, 63, 63, 63, 64, 64, 64, 64, 65,
66, 66, 67, 67, 68, 68, 68, 68, 68, 68, 69, 69,
69, 69, 69, 70, 70, 70, 70, 70, 71, 71, 71, 71,
72, 72, 72, 72, 72, 73, 73, 73, 75, 75, 75, 75,
75, 77, 77, 77, 80, 80, 81, 81, 82, 82, 84, 86,
86, 88, 89, 91, 94)
```

```
hist(A)
```

　これを見ると、「山の盛り上がっているあたりは出現確率が高そうだな」とか、「山の裾野の方は出現確率が低そうだな」ということが直観的に感じられる。「特定の数値がいくつあるか」を考えるよりも「全体の中で数値がどのような分布になっているか」を考える方が直観に沿うのである

　ここで、「65 点以上が出現する確率」を考えると、素朴な考え方だと 65 点より上は 54 人いるので、54/100 ＝ 54 ％となる。平均点が 65.5 なので、そんなものだろうとある程度納得がいく。少なくとも 65 点の出現確率が 1 ％だと考えるよりはるかに意味がある。86 点またはそれより上は 6 人なので、素朴な計算では出現確率は 6/100 ＝ 6 ％となる。「86 点を取る確率は 2 ％で 65 点を取る確率は 1 ％」などというおかしな結論に比べると「86 点以上を取る確率は 6 ％で、65 点以上を取る確率は 54 ％」と考えたほうが合点が行く。

　しかしこれでめでたしめでたし……ということにはならない。というのも、100 人程度のデータではどうしてもデータの穴ができる。たとえば上記例では、78 点、79 点がない。ということは、78 点以上を取る確率、79 点以上を取る確率、80 点以上を取る確率はすべて同じとなる。それで良いだろうか。また上のデータでは最大値が 94 点で最小点が 31 点である。ということは 95 点以上、あるいは 30 点以下を取る確率はこの素朴な計算方法では 0 ％となってしまうがそう考えてしまって良いだろうか。データポイントが 100 より少ないデータではデータの穴もそれだけ増えるため、この問題はいっそう大きくなる。

　この問題は、得られたデータポイントが有限であるため飛び飛びであることに 1 つの原因がある。そんな「飛び飛び」のデータをもとにしつつも「飛び飛びでない」連続量の確率を計算できるような、そんな夢のようなデータ分布を考えることはできないだろうか。

2.2　連続量を取り扱える魔法の分布「正規分布」

　要するに、平均値を頂点とし、平均値から離れていくにつれてなだらかに
減少していくような、しかもデータポイントが連続しているような、そうい
う理想的なデータ分布を考え、我々の持つデータがそういった理想的な分布
に近似していると仮定すれば、どんな値に対しても合理的に確率を計算する
ことができる。18 世紀の数学者は、そういった「平均を頂点として左右に
なだらかに減少していく連続的な確率分布」を非連続データから生み出す魔
法のような関数を提唱している。それが以下の関数である。

$$(1)\quad f(X) = \frac{1}{\sqrt{2\pi\sigma^2}} exp\left(-\frac{(x-\mu)^2}{2\sigma^2}\right)$$

　本章でこの数式の意味を解説するつもりはまったくない。ただ、この関数
に 2 つのパラメータ、すなわちμとσ^2が設定されていることだけは留意され
たい。μは「平均値」である。この値を頂点として山が描かれることにな
る。σ^2は「分散」で、その平方根σは「標準偏差」と呼ばれる。次節で詳し
く解説するが、分散はその名の通り、データの散らばりの程度を表してお
り、このパラメータをもとに、分布の山の裾野の広がり具合が設定される。
たとえば、A 高校の 100 人のデータの平均値は 65.5 点であり、（後述する
が）分散は 143.8 であるので、上の関数にそれを当てはめると、A 高校の
100 人データの理想的な連続的分布は以下の関数で生成することができる。

$$(2)\quad f(X) = \frac{1}{\sqrt{2\pi * 143.8}} exp\left(-\frac{(x-65.5)^2}{2 * 143.8}\right)$$

> **メモ**：この関数は R では dnorm(x) という関数に相当する。d は
> density（密度）の頭文字である。平均値μと標準偏差（分散の平方根）
> σのパラメータは、dnorm(x, mean=..., sd=...) というよう
> に記述する。

　上記 (2) の関数をグラフにして、A 高校のデータのヒストグラムに重ね合

わせると図 1 のようになる。

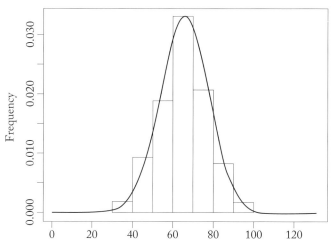

図 2　A 高校 100 人のデータのヒストグラムと正規分布の確率密度曲線を重ねたもの

メモ：図 2 を生成する R のコードは以下の通りである。
```
m <- mean(A)     # 平均値
m
65.49


s <- sqrt(var(A)*99/100)    # 不偏分散を標本分散に
s                             変換して平方根
11.99291


curve(dnorm(x,mean=m,sd=s),0,m*2,xlab="",ylab="")
par(new=T)      # 図を重ねる
hist(A,axes=FALSE,xlim=c(0,m*2),main="")
                                   # ヒストグラム
```

　この理想化されたなめらかな分布を**正規分布 normal distribution** と言う。現実のデータが正確に正規分布を成すことはないだろう（今回の A 高校のデータは正規分布に近くなるよう作為的に生成されたものである）が、「平均を山にして平均から離れると減じていく」といった、似たような分布を成すことは少なくないだろう。また、ここが大切なポイントなのだが、ほとんどの対照実験ではサンプル＝標本が統計分析の対象になり、標本の平均値が問題となる。実は、母集団が正規分布を成していようがいまいが関係なく、標本平均の分布は近似的に正規分布を成すことが知られている（2.6 節）。このことから、正規分布における確率を計算してくれる (1) の確率密度関数は、統計分析の基幹として重宝されるのである。

　では話を A 高校の具体例に戻す。上に述べた「素朴な確率計算」では、たとえば 81 点以上を取る確率は、81 点以上のデータポイントが 11 あるので 11％となる。これは図 3 のヒストグラムでいえば、全体の面積の中で「斜線部分が占める割合」にあたる。

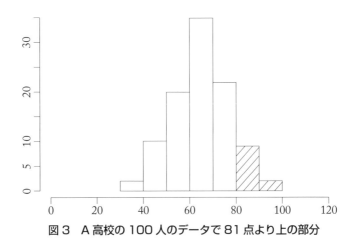

図 3　A 高校の 100 人のデータで 81 点より上の部分

　いっぽう、このデータの平均値と分散から計算した正規分布の確率密度曲線を用いて、81 点以上の確率を視覚化すると、図 4 の斜線部分となる。

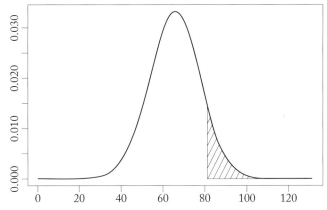

図 4　A 高校データの平均値と分散から描いた正規分布の確率密度曲線と、81 点以上の出現確率（斜線部分）

　ヒストグラムの棒の面積の比率が 81 点以上の出現する確率となるのと同様に、正規分布曲線では斜線部分の面積が 81 点以上の出現する確率となる。この面積を計算するには (2) の関数を 81 から∞の区間で積分すれば良い。その結果は .09795987、つまり約 10%の確率ということになる。同様に 86 点以上が出現する確率は 4.4%、94 点以上が出現する確率は 0.9%、100 点以上が出現する確率は 0.2%となる。このように、密度関数は連続量を扱えるので、どんな数値でも確率を計算できる。

> **メモ**：正規分布において確率を計算するコマンドは pnorm である（p は probability の頭文字）。平均値が m、標準偏差が s の正規分布において、81 以上の数値が出現する確率を計算する R でのコマンドは以下の通りである。
>
> ```
> pnorm(81, mean=m, sd=s, lower.tail=FALSE)
> 0.09795987
> ```
>
> lower.tail=... は、指定した数値より「下」の確率を計算するのか「上」を計算するのかを指定するパラメータで、デフォルトは TRUE、つまり「下」の計算であるので、「上」を計算するためには

FALSE を指定しなければならない。

　以上のように、「正規分布に近似している」と期待できるデータであれば、平均値と分散(標準偏差)を与えれば、正規分布の密度曲線を描くことができ、確率を計算することができる。もちろん、現実がその理想像に実際問題としてどれくらい沿っているかは分からない。しかし一定の目安にはなるだろう。試験を受け損なった、実力不明の x 君の点数が平均点以上となる確率はおおよそ 50%、81 点以上である確率はおおよそ 10% と考えることができる。

　いっぽう、心理言語学実験では、今回の「x 君の点数」のように、個人のデータを以って仮説検定をすることは普通ない。通常は標本単位(グループ単位)のデータ、すなわち標本の平均値や分散をもとに仮説を検証することになる。前述したように、「標本の平均」を問題にする場合は、正規分布をベースに考えてもほぼ問題はないことが知られている(中心極限定理。詳しくは 2.6 節)。

　では、個人のデータを問題にする場合と、標本のデータを問題にする場合では何が根本的に異なるのだろうか。

2.3　平均、分散、標準偏差、そして z 値

　標本の分析の話をする前に、頻出するもっとも基本的な統計量について簡単にまとめてみよう。

　まず誰でも知っている**平均値 mean**。データポイントを足し合わせてデータポイント数で割ったものである。総和記号Σを使うと簡潔に定義できる。

(3)　　母平均(母集団の平均)$\mu = \dfrac{x_1 + x_2 + ... + x_n}{n} = \dfrac{\sum x_i}{n}$

> **メモ**：本章では見易さを優先して、$\sum_{i=1}^{n} x_i$ を $\sum x_i$ と簡易表記する。

　平均値はデータを代表する「代表値」の一種だが、それだけではデータの

全体像は掴みきれない。たとえば、100 人の平均点が 65.5 点だとしても、100 人のほとんどが 60 点から 70 点の間に収まっていて平均が 65.5 点の場合も考えられるし、100 人のデータが 0 点から 100 点までまんべんなく広がっていて平均が 65.5 点の場合も考えられる。同じ平均でも前者はデータが密集していて、後者は散らばっている。データというのは、平均値だけでなく、データの「散らばり具合」を考慮するとよりうまく全体像が把握できるということである。この「散らばり具合」が**分散 variance** であり、データポイント x_i と平均値 μ の差を 2 乗し、足し合わせた上でデータポイントの数 n で割って平均を取ったものである。すべてのデータポイントが平均値に一致していれば分散はゼロになるし、散らばっていれば、分散は大きくなる。

$$(4) \quad 母分散（母集団の分散）\sigma^2 = \frac{(x_1 - \mu)^2 + (x_2 - \mu)^2 + ... + (x_n - \mu)^2}{n}$$

$$= \frac{\Sigma (x_i - \mu)^2}{n}$$

さらに、その非負の平方根を**標準偏差 standard deviation** と言う。各データポイントと平均値の間の「距離感」を掴む尺度としては、差の「2 乗」の加算平均である分散よりも、その平方根である標準偏差の方が使われることが多い。

$$(5) \quad 標準偏差 \sigma = \sqrt{\sigma^2}$$

この標準偏差 σ を使って、特定のデータポイントと平均値との「距離」を評価することができる。たとえば A 高校の 100 人のデータの中で、81 点が平均からどの程度離れているかといえば、単純に数値だけ見れば以下の通りである。

$$(6) \quad 81 - 65.5 = 15.5$$

しかし、先に述べたように、この 15.5 点差の評価は、分散によって異な

る。つまり、ほとんどの生徒が 60–70 点のあいだに収まっている場合は 81 点というのは抜きん出た素晴らしい成績と言えるし、成績が広範囲に分散していて 80 点以上が 20 人も 30 人もいるなら、81 点というのは、悪くはないけれども飛び抜けた成績とは言えなくなってしまうだろう。そこで、データポイントの散らばりの指標として標準偏差を使い、81 点という成績が平均から標準偏差で言えば何個分離れているかを計算して評価してみよう。A 高校の 100 人分のデータの分散は 143.83 なので、標準偏差は 11.993、つまりおよそ 12.0 となる。これをもとに、81 点の平均値からの距離感を計算すると以下のようになる。

(7) $$\frac{81 - 65.5}{12.0} = 1.29$$

　つまり、81 点は平均点から標準偏差 1.29 個分離れているということである。分散がもっと小さければ分母も小さくなるのでこの値は大きくなるし、逆に分散がもっと大きければ分母が大きくなるのでこの値は小さくなる。この「特定のデータポイントが平均値から標準偏差何個分離れているか」を計算したスコアをそのデータポイントの**z スコア** *z* score または **z 値** *z* value という。この *z* 値というのは非常に重要な概念で、データがどのようなスケールでも、*z* 値に変換すれば、同じ指標として評価することができる。

　たとえば、バクテリアの大きさのデータの中で、特定のバクテリアが平均と比べてどれくらい大きいか、小さいかということも、天体のデータの中で、特定の天体の大きさが平均と比べてどれくらい大きいか、小さいかということも、スケールがまったく違う話であるが、標準偏差で割って *z* 値に変換すれば、分母と分子でスケールが打ち消されて相対化されるので、似たような値の範囲に収まる。バクテリアの大きさと天体の大きさではスケールがまったく異なるのだが、標準偏差のスケールも同様に異なるため、割ってしまえばスケールの違いは相殺されるのだ。正規分布するデータでは、データのスケールに関係なく、約 95％の確率で *z* 値は −2 から 2 の間に収まる。このように *z* 値変換には、特定のデータポイントが全体の中でどのような位置付けにあるかを相対的な指標として数値化する働きがあり、これを**標準化**

standardization と呼ぶことがある。

　ちなみに、受験を経験した日本人が z 値を実感として捉える良い手段として、z 値を偏差値に変換する方法がある。偏差値は、z 値を 10 倍して 50 足したものである（つまり、平均値 50、標準偏差 10 に設定した標準化）。z 値 $=0 \rightarrow$ 偏差値 $=50$、z 値 $=1 \rightarrow$ 偏差値 $=60$、z 値 $=2 \rightarrow$ 偏差値 $=70$ というように対応している。日本人の悲しい性、もとい実感として、「偏差値 60 はなかなか賢い、偏差値 70 は非常に賢い、偏差値 80 はありえないくらい賢い」ということが分かるだろう。正規分布において z 値が ± 1 を超える（偏差値 60 以上または 40 以下となる）確率は 31.7％、z 値が ± 2 を超える（偏差値 70 以上または 30 以下となる）確率は 4.6％、z 値が ± 3 を超える（偏差値 80 以上または 20 以下となる）確率は 0.3％である。つまり統計的な感覚では、$|z|>2$ というのはけっこうレア、$|z|>3$ というのは超レアということになる。ちなみに前述したように、$|z|=2$ を超える確率（$z<-2$ または $z>2$ となる確率）は約 4.6％であり、よく言われる p 値が .05 未満だと有意というのは、統計量 z に関していえば、$|z|>2$ の確率におおよそ相当する。

2.4　標本から推定する母集団の平均と分散

　さて、ここで注意しなければならないのは、統計では**母集団 population** と**標本 sample** を明確に区別するという点である。心理言語学実験に限らず、実験というものは通常、「母集団」を全数調査することが不可能なので、標本（サンプル）を取って、そこから母集団についての推論を行う。母集団というと、ことばのイメージとして人間の集合を思い浮かべがちだが、典型的な心理言語学実験において母集団や標本というのは、要因に対する「反応」のデータの集合である。

　たとえば、第 1 章で考えた *that*-痕跡効果の実験では、*that* のあるなしが要因の 1 つであり、*that* がある条件に対する反応群と *that* がない条件に対する反応群を比較する。この 2 群の反応データが同じ母集団からランダムに選ばれたデータ群だと考えた上で（帰無仮説）、この 2 群の差またはそれ以上の差がランダム・サンプリングで得られる確率（p 値）を計算する。よって、ここでいう「母集団」とは、人間の集団ではなく、特定の条件に対する

反応データの(無限の)集合である。

　ここで問題となるのは、手元にあるのが標本(サンプル)であって、母集団の全貌は直接は知り得ないということである。結局、母集団がどのような形を成しているかわからないという不確定性の中で、果して確率など計算できるのだろうか？

　まず、母集団がどのような形を成しているかについて、1つの標本からどの程度確実なことが言えるか考えてみる。まず、標本平均と標本分散は母平均・母分散の場合と同じく以下のように計算される。

(8)　　標本平均 $\bar{x} = \dfrac{\sum x_i}{n}$

(9)　　標本分数 $s^2 = \dfrac{\sum (x_i - \bar{x})^2}{n}$

　これら標本平均 $\bar{x}$ と標本分散 s^2 の計算式は母平均 μ と母分散 σ^2 の計算式と同じであるが、もちろんこれら標本平均と標本分散がそれぞれ母平均 μ と母分散 σ^2 とまったく同じになることはほとんどない。標本平均は時に母平均より大きくなり、時に小さくなるだろう。標本分散についても同様である。

　しかし、標本平均 $\bar{x}$ をたくさん集めて平均すれば、プラスとマイナスが打ち消しあって母平均 μ に近づいていくだろう。もっと言えば、標本平均を取ることを無限に繰り返せば、これら無限個の標本平均 $\bar{x}$ の平均値は母平均 μ に一致することになる。無限回ランダム・サンプリングすれば結局母集団のすべてのメンバーが無限回、すなわち同じ回数選ばれることになるからである。これを別の言い方で言うと「標本平均 $\bar{x}$ の**期待値**は母平均 μ である」ということになる。標本平均 $\bar{x}$ は母平均 μ と別物であるが、手元にある限られたデータから得られる様々な統計量の中から μ の推定値を考えるとすれば、最適なのは $\bar{x}$ ということになる。他に良い候補はない。

　しかし、標本分散 s^2 の方は、無限サンプリングして平均しても、母分散 σ^2 に一致しないことが知られている。実は、サイズ n の標本をランダム・サンプリングすることを繰り返して標本分散 s^2 を無限個集めて平均しても、$\dfrac{n-1}{n}\sigma^2$ にしかならない(証明は省略)。つまり、言い換えると、

(10)　s^2 の期待値は $\dfrac{n-1}{n}\sigma^2$ である

ということだ。さらに言い換えると、

(11)　$\dfrac{n}{n-1}s^2$ の期待値はσ^2 である

ということでもある。よって、母分散σ^2 の推定量としては、標本分散 s^2 ではなく、$\dfrac{n}{n-1}s^2$ を採用するのがベターということになる。これを不偏分散 S^2 という（$\hat{\sigma}^2$ や u^2 といった記号をあてられることもあり、標本分散と区別されず s^2 と記されることもある）。

(12)　不偏分散 $S^2 = \dfrac{n}{n-1}s^2$

$$= \dfrac{n}{n-1} \times \dfrac{\sum(x_i - \bar{x})^2}{n}$$

$$= \dfrac{\sum(x_i - \bar{x})^2}{n-1}$$

これはすなわち、分散を求める方程式の分母を n から $n-1$ に変更したものである。もちろん、標本から計算したこの不偏分散 S^2 を母分散σ^2 と同一視することはできないが、手元にある限られたデータから推定する母分散σ^2 の最適解として不偏分散 S^2 を統計分析では採用する。

> **メモ**：Rで分散を算出するコマンドは var() であるが、これは上記の不偏分散（分母 $n-1$）を出力するコマンドで、標本分散・母分散（分母 n）を直接算出するコマンドは用意されていない。標本分散を計算したい場合は var() で得られた値に (n-1)/n を掛けるしかない。標準偏差を計算するコマンド sd() も、不偏分散の平方根であるので、標本標準偏差を算出する場合は sqrt(var(A)*(n-1)/n) や sd(A)*sqrt((n-1)/n) のようにするしかない。
>
> Excel では、VAR. S、STDEV. S（古いバージョンの Excel では VAR、STDEV）がそれぞれ不偏分散、不偏標準偏差を求める関数

で、標本分散、標本不偏分散を求めるには VAR. P、STDEV. P（古いバージョンでは VARP、STDEVP）を用いる。

2.5　得られた標本平均の「レア度」を計算する（正規分布編）

　さて、ここからがいよいよ本題である。2.3 節では、ある特定のデータポイントがデータの平均値からどれくらい離れているかを z 値として評価できることに触れた。さらに、正規分布を仮定すれば、その z 値より大きい値あるいは小さい値がどれくらいの確率で出現するのかを計算できることを述べた。つまり、特定のデータポイントがどれくらい「レア」かを z 値を通して数値化できるというわけだ。しかし、2.3 節の最後に書いたように、心理言語学実験（に限らず実験計画一般がそうだが）では、1 つのデータポイントについての分析が主眼になることは普通ない。そうではなく、条件分岐に基づいてサンプリングされたデータ、すなわち標本（サンプル）を比較することになる。

　手順としては、たとえば実験群データを統制群データと比較する場合、まずこれらが同じ母集団からのランダム・サンプリングであると仮定し（帰無仮説）、2 群の差が出現する確率を計算する。つまり、得られた実験群と統制群の差が帰無仮説のもとではどれくらい「レア」かを評価し、その差が非常にレアだという結果になった場合（典型的には確率が 5% 未満の場合）、そもそも実験群データが統制群と同じ母集団から来ているという前提そのものに疑義が生じ、実験群は統制群とは異なる母集団から来たものと解釈する。つまり帰無仮説を棄却して、対立仮説を採用するということになる。

　では、どのように標本の「レア度」を評価するのか。まずはごく簡単に、z 値をもとにした標本のレア度の計算を紹介する。

　毎度おなじみの A 高校の 1 年生 100 人だが、このたび文化祭で、ランダムに振り分けられた 10 人ごとのチームと先生がタッグを組んでクイズ大会をすることになった。チーム分けは Q 先生が責任をもって行った。ところが、ランダムに生徒を振り分けたと主張する Q 先生だが、どうも自分のチームに有利になるように優秀な生徒を多めに入れるという不正を働いていると

いう疑いが持ち上がった。Q 先生チームの生徒のプレースメント・テスト
の成績を調べると以下の通りであった。

47　55　63　68　75　77　80　82　86　91

　平均点は 72.4 点である。100 人の平均は 65.5 点だからその差は 6.9 点、
だいぶ高い気がする。しかし Q 先生は「濡れ衣だ！　平均点は偶然高くな
ることだって、逆に偶然低くなることだってあるじゃないか、6.9 点差はた
またまそうなっただけだ」と言う。では、母集団からランダムに 10 人を選
んで平均値を取った場合、それが平均と比べて 6.9 点離れている確率はどれ
くらいなのか。それがレア・ケースだと分かれば、Q 先生はクロと判定さ
れる。
　まず、平均との差 6.9 点の z 値を単純に求めてみると、標準偏差が 12.0
なので、6.9/12.0 = 0.58 となる。偏差値でいえば 55.8 だ。そんなにずば抜け
た値ではない。正規分布の関数に基づいて計算すると、$|z| > 0.58$ の確率は実
に 56% である。レアとは言えない。

メモ：R でのコマンドは以下の通りである。（m, s は上の方で算出
した A の平均と標本標準偏差である）

```
Q <- c(47,55,63,68,75,77,80,82,86,91)

diff <- mean(Q)-m        # Q の平均値と全体平均の差
diff
6.91

diff/s    # z 値
0.5761737

pnorm(diff/s, lower.tail=FALSE)           # 上側確率
0.2822489
```

```
pnorm(diff/s, lower.tail=FALSE)*2      # 両側確率
0.5644978
```

通常統計検定では、正の方向・負の方向にかかわらず、「極端な値が出る確率はどれくらいか」を問題にすることが多く、今回のケースも、「z値が0.58以上になる確率（**上側確率**）」ではなく、「z値が平均値0より0.58以上離れる確率（**両側確率**＝上側確率＋下側確率＝上側確率*2）を問題とする。

　しかしこの計算はおかしい。というのも、Q先生チームという「標本」の平均を評価するのに、1年生100人の「個人」データの分布を前提にしているからだ。「標本平均」を評価するならば、「標本平均」を集めたデータの分布をもとにしなければならない。
　母集団の「個々のデータポイントの分布」と母集団からランダム・サンプリングされた「標本の平均の分布」がどのように違うのかを考えるために、まず母集団の分布を下に再掲する。

```
31 40
41 43 44 44
46 46 47 48 48 50
51 51 52 55 55 55 55 55
56 56 58 58 58 59 59 59 59 60 60 60
62 62 62 63 63 63 63 63 63 63 64 64 64 64 65
66 66 67 67 68 68 68 68 68 68 69 69 69 69 69 70 70 70 70 70
71 71 71 71 72 72 72 72 72 73 73 73 75 75 75 75 75
77 77 77 80 80
81 81 82 82 84
86 86 88 89
91 94
```

　この100人のデータポイントから、10人の標本をランダムに選び出して平均値を取って、その10人を100人のプールに戻す。このことを100回繰り返して、100の標本平均を集めたらどのような分布になるだろうか。
　まず最低値を考えてみよう。上記の100人のデータでは最低値は31であ

る。では標本 ($n=10$) の平均値の最低値は、理論上はいくらになるだろうか。答えは 43 である。一番下から 10 個のデータを取って平均を取るのだから、31 には絶対にならない。同様に、個別データの最高値 94 に対し、標本平均の最高値は 86.3 となる。また、ランダムにデータポイントを選ぶのだから、これら最低値や最高値が出現する確率はきわめて低い。なぜならこれら最低値や最高値が出現するためには、個別データの最低値または最高値からきっちり隙間なく 10 のデータが選ばれなければならないからである。ランダムにデータを選んでいて、そのように端からきっちりデータが 10 個選ばれるなんてことはめったにない。

　いっぽう、母集団の平均値付近の値の出現確率は高い。なぜなら標本平均が母集団の平均値付近になる 10 個の値の組み合わせはたくさんあるからである。

　そう考えると、標本平均の分布は「10 個のデータポイントを選んでその平均を取る」という性質上、母集団の分布よりも、まんなかに向かってぎゅっと凝縮されたものになるのは直観的に分かっていただけるだろう。事実、R を使って、$n=10$ の標本平均を 100 回取るシミュレーションをしてみると、たとえば以下のようになる。

```
57.5 57.8 58.1 58.2 59.0 59.9 60.2 60.8 60.9 61.0 61.1 61.2
61.3 61.9 61.9 61.9 62.0 62.3 62.3 62.4 62.5 62.5 62.6 62.7
62.7 62.8 62.8 62.8 62.9 63.0 63.1 63.2 63.5 63.5 63.5 63.7
63.8 63.8 63.8 63.8 63.9 63.9 64.0 64.1 64.2 64.2 64.3 64.3
64.7 64.8 64.8 65.0 65.3 65.3 65.3 65.5 65.5 65.8 65.9 65.9
66.0 66.0 66.1 66.3 66.4 66.4 66.4 66.5 66.6 66.6 66.7 66.8
66.9 67.3 67.5 67.6 67.8 67.8 67.9 68.0 68.3 68.8 69.0 69.0
69.1 69.2 69.4 69.6 69.7 69.7 69.9 70.0 70.2 70.9 71.0 71.1
71.1 71.3 71.3 72.3
```

> **メモ**：このシミュレーションの R のコマンドは以下の通り。
>
> ```
> samplemean<-c()
> ```

```
for( i in 1:100 ){
    samplemean <- c(samplemean,mean(sample(A,10)))
}
sort(samplemean)
```

　この標本平均100個分のデータの最低値は57.5、最高値は72.3と、母集団の最低値31、最高値94に対して大幅に圧縮されているのが分かる。また標準偏差は3.4と、母集団の標準偏差の12.0に比べてかなり小さい。いっぽう、平均値は65.1と、母平均の65.5とさして変わらない。

　一般に、サイズnの標本をランダムに選んで平均値を取ることを無限回繰り返してデータとした場合、その平均値(＝期待値)は母平均と等しくなるいっぽう、分散は母分散をnで割ったものに等しくなることが数学的に証明されている。

(13)　標本(サイズ＝n)の平均値を無限個集めたデータ

平均 ＝ μ

分散 ＝ $\dfrac{\sigma^2}{n}$

標準偏差 ＝ $\dfrac{\sigma}{\sqrt{n}}$ (←これを「**標準誤差**」と呼ぶ)

　Q先生チームの話に戻ると、Q先生チームは母集団からの標本であるので、その平均点72.4の評価(z値)は、母集団の正規分布$N(\mu, \sigma^2)$をもとにすべきではなく、標本平均の正規分布$N(\mu, \frac{\sigma^2}{n})$をもとにすべきなのだ。

> **メモ**：正規分布のパラメータはN(平均値, 分散)のように表す。

　つまり、72.4点と母平均65.5点の差である6.9点は、母集団の標準偏差12.0で割るべきではなく、標本平均の標準偏差(＝標準誤差)、すなわち12.0を$\sqrt{10}$で割った3.8で割るべきなのだ。するとz値は1.82となる。偏差

値的に言えば 68.2 である。

> **メモ**：R でのコマンドは以下の通りである。
>
> ```
> zs <- diff/(s/sqrt(10))          # z値
> zs
> 1.822021
> ```

図 5 は母集団の正規分布確率密度曲線（グレーの線：$N(\mu, \sigma^2)$）とサイズ n = 10 の標本平均の確率密度曲線（黒い線：$N(\mu, \frac{\sigma^2}{10})$）を描画し、そのうえに Q 先生チームの平均値 72.4 点の位置付け（点線）を示したものである。72.4 の母集団の分布の中での位置付け（z 値 0.58）と標本平均の分布の中での位置付け（z 値 1.82）がかなり違うことが分かる。

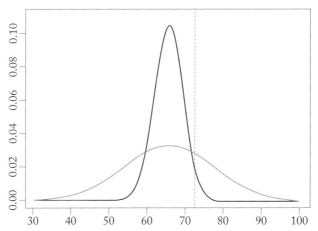

図 5　母集団の正規分布確率密度曲線（グレーの線：$N(\mu, \sigma^2)$）とサイズ n = 10 の標本平均の確率密度曲線（黒い線：$N(\mu, \frac{\sigma^2}{10})$）。
縦の点線は 72.4 の位置を示している。

> **メモ**：図 5 を描画する R のコードは以下の通り。

```
curve(dnorm(x,mean=m,sd=s),30,100,
xlab="",ylab="",ylim=c(0,0.11),col="grey",lwd=2)


par(new=T)        # 図の重ね合わせ


curve(dnorm(x,mean=m,sd=s/sqrt(10)),30,100,
xlab="",ylab="",ylim=c(0,0.11),lwd=2)


abline(v=mean(Q),lwd=2,lty=3)         # 縦線
```

$|z| > 1.82$ となる確率(p値)を計算すると、.068(6.8%)となる。

> **メモ**：繰り返しになるが、データが平均より「正負問わず」標準偏
> 差 1.82 個分以上離れる確率を求めたいので、「両側確率」($|z| > 1.82$
> の確率、すなわち上側 $z > 1.82$ の確率と下側 $z < -1.82$ の確率を足
> したもの)を計算する。正規分布は左右対称なので、上側確率(また
> は下側確率)を単純に 2 倍すれば両側確率となる。
> R でのコマンドは以下の通りである。
>
> ```
> pnorm(zs, lower.tail=FALSE)          # 上側確率
> 0.03422587
> pnorm(zs, lower.tail=FALSE)*2        # 両側確率
> 0.06845175
> ```

　よく使われる有意水準が .05 なので、その立場を取れば今回の p 値はそれ
より大きいため帰無仮説(「Q 先生チームはランダム・サンプリングで選ば
れた」)は棄却されない。つまり Q 先生がクロであるとは言えないというこ
とである。
　もちろん現実問題としては、この p 値だけで Q 先生の不正があったかど
うかを判断できるかは難しいところだろうが、しかしこのテスト・ケースを
考えることで、とりあえず p 値が何を意味するか、お分かりいただけただろ
うか。p 値は「Q 先生が不正をしていたかどうか」を直接評価するものでは
ない。そうではなく、「ランダム・サンプリングされた標本だったら」とい

う仮定のもとで、Q 先生チームの平均値が得られることが「どれくらいレアなことなのか」を評価するにすぎないのだ。

2.6 正規分布前提で本当にいいの？

標本平均のレア度を評価するのにこれまで z 値を用いてきたが、その（上側・下側）確率を計算する際には、データが正規分布に沿っていることを前提にしてきた。A 高校の母集団データは確かに正規分布にほぼ沿っていたが、しかし、いつもそうとは限らない。母集団が正規分布していない場合や、しているかどうか分からない場合に標本を評価する際も、正規分布を考えて良いのだろうか。

その疑問に対する短い答えはおおむね「良い」ということになる。というのも、偉い数学者が約 100 年前に証明した**中心極限定理 central limit theorem** により、たとえ母集団が正規分布に従っていない場合でも、ランダム・サンプリングによる標本平均の方は、標本サイズが十分に大きければ、近似的に正規分布に従うことが知られているからである。

このことは、本格的な証明は別にして、ごく単純な例を考えてみると直観的に納得できる。たとえば、以下が母集団だったとする。

$$1\ 2\ 3\ 4\ 5\ 6\ 7\ 8\ 9\ 10$$

この母集団の平均値は 5.5、標準偏差は 2.7 だが、データポイントが等間隔に並んでいるだけなので、正規分布にはまったく従っていない。ヒストグラムを描いても、同じ高さの棒が横に並ぶだけである。

ではこの母集団からサイズ 4 の標本のランダム・サンプリングを行ってその標本の平均を計算し、それを無限回繰り返して「標本平均のデータ」を取ったらどのような分布になるかを考えてみよう。まず、標本平均の理論的な最小値は 2.5 となるが、この値が得られる確率は（前節でも同様のことを考察したが）低いだろう。なぜなら、10 個のデータポイントから 4 つを選ぶ組み合わせは全部で 210 通りあるが、その中で平均が 2.5 になる組み合わせは ｜1, 2, 3, 4｜ の 1 通りだけだからである。最大値 8.5 についても同じこと

282

が言える。いっぽう、サイズ4の標本平均が母平均5.5と同じになる組み合わせは18通りある。つまり単純に考えると、ランダム・サンプリングされた標本平均が5.5になる確率は2.5や8.5になる確率の18倍もあると言える。そして、母平均に近い値ほど確率が高く、離れるほど低くなることは直観的に分かるだろう。事実、210通りの組み合わせのそれぞれの平均値を取り、そのデータをヒストグラムにすると、ほぼ正規分布が描かれる（図6）。

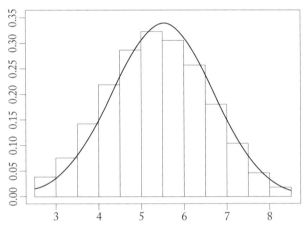

図6 母集団{1, 2, 3,....,10}から4つの要素を選ぶすべての組み合わせのそれぞれの平均値を計算し、ヒストグラムにしたものに、このデータの平均と分散をもとにした正規分布曲線を重ねたもの。

メモ：図6を生成するRコードは以下の通り。

```
a <- c(1,2,3,4,5,6,7,8,9,10)

c <- combn(a,4)        # a データから4つの組み合わせを列挙

cmean <- c()
for(i in 1:210){ cmean <- c(cmean,mean(c[,i])) }

hist(cmean, freq=FALSE, xlab="", ylab="",
```

```
ylim=c(0,0.35))
par(new=TRUE)
curve(dnorm(x,mean=5.5,sd=sd(cmean)),2.5,8.5,
ylim=c(0,0.35)))
```

　今回はデータポイントが等間隔で並ぶ母集団を考えたが、もっといびつな母集団、たとえば最小値と最大値にデータポイントが寄って真ん中が少ないような母集団でも、標本平均のデータを取れば、やはりつり鐘状の分布になる(ある程度の標本サイズであれば)。よって、標本を取って分析する場合においては、母集団が正規分布を成しているかどうかは多くの場合あまり気にする必要がないのである。

2.7　2 つの標本を比較する(t 検定)

　前節では、特定の「データポイント」ではなく、特定の「標本平均」のレア度の評価方法について触れた。そこでは、「母集団の分布 $N(\mu, \sigma^2)$」をもとに評価するのではなく、「標本平均の分布 $N(\mu, \frac{\sigma^2}{n})$」をもとに評価するということを紹介した。この方法論においては、母集団の平均μと分散σ^2が既知のものであるということが前提である。

　しかし実際の心理言語学実験(に限らずほとんどの対照実験)では、母集団が「A 高校の 1 年生」のような小さなものに限られているわけではなく、「ある条件下における日本語母語話者の反応」のように、全数測定が不可能な母集団が設定されるのが普通である。それゆえ母集団の平均値も分散も不明である。その場合、対照群 vs. 実験群のように 2 群(またはそれ以上)の比較に基づいて、両者が同じ母集団からランダム・サンプリングされたものであると仮定(帰無仮説)するのが適当かどうかを評価する。2 群の差が同じ母集団からのランダム・サンプリングではめったに得られない大きさである(レア・ケースである)と評価された場合、帰無仮説が棄却される。

　では、母集団が不明な状況でどのように 2 群の差を評価するのだろうか。これについて、統計学では、t 検定、分散分析(ANOVA)、線形混合効果モデル分析(LMEM 分析)など様々な手法が取られるが、これらを解説するの

は本書の主眼ではないので、一番シンプルな t 検定の考えを簡単に紹介して本章を締めたいと思う。

 t 検定の考えは、前節で取り上げた「z 値と正規分布」に基づく確率計算と非常に近い。ただ、母集団の分布が不明なために、「z 値と正規分布」の方法論をそのまま持ってくることはできない。かわりに「**t 値 t value** と **t 分布 t distribution**」を使うのだ。「t 分布」は正規分布と良く似た左右対称、つり鐘型の分布であるが、標本サイズ（正確には自由度）による調整がなされる。すなわち、標本サイズが小さければ、「t 分布」は正規分布より高さが低くなだらかな曲線だが、標本サイズが大きくなればなるほど、「t 分布」は「正規分布」へと近づく。よって、ある程度の標本サイズがあれば、t 値の直観的な解釈は「おおよそ z 値相当」と考えられる。すなわち、t 値が 2 あれば、おおよそ z 値 2 相当であり、$|z|>2$ の確率は .046 なので、t 値が 2 あれば p 値が .05 近くになる可能性が高いということである。

 では実際にどのような計算をするのか。仮に以下のようなデータを考えてみよう。長年ライバル関係にあった U 高校と V 高校だったが、近年 V 高校の評価が高まり、進学校として頭一つ抜き出てきたと言われている。そこで、U 高校の生徒と V 高校の生徒のレベルを比較するために、U 高校の 3 年生と V 高校の 3 年生から完全にランダムに 20 人ずつを選び、同じ模試を受けてもらった結果、以下のようになった。

```
u <- c(52, 59, 60, 60, 63, 65, 66, 67, 68, 69, 70, 72, 73, 73,
       77, 78, 82, 83, 90, 94)
v <- c(45, 66, 69, 72, 72, 74, 75, 76, 78, 79, 79, 79, 80, 83,
       85, 87, 88, 90, 92, 92)
```

 U 高校の平均点は 71.05 点、V 高校の平均点は 78.05 点だ。これを見ると、V 高校の生徒の方が質が高いように見える。しかし U 高校は引き下がらない。「最低点は V 高校の方が下だし、最高点はうちの方が上だ！ 平均点の 7 点差は偶然だ！」ということで、t 検定をすることにした。今回も分水嶺となる α 水準を .05 とする。

　今回の帰無仮説は、「両校の標本（$n=20$）は同じ母集団からのランダム・サンプリングだ」ということである。2つの標本の平均値の差が7点なので、この「7点差」がどれくらいレアなのかを評価する。基本的にはz値と同様の考え方で評価する。思い出してほしいが、z値の計算は、「平均を引いて、標準偏差で割る」というものである。今回は、母集団の平均値も標準偏差も不明だが、どうやって計算したら良いのか。

　まず、母集団の平均値は気にする必要がない。というのも、今回の帰無仮説は「2つの標本が同じ母集団から来ている」ということなので、もしこの帰無仮説が正しければ、2つの標本平均の「差」の期待値は、母集団の平均値に関係なく「ゼロ」となるからである。すなわち、同じ母集団から2つの標本を何百回、何千回とランダム・サンプリングすると、その標本平均の差は正の値になったり負の値になったり、大きかったり小さかったりするだろうが、それを無限回繰り返して平均すれば、相殺して最終的にはゼロに収束するということである。

　よって、今回問題になるのは、差がゼロと期待されるところに「7点」という差が観察されたことがどれくらいレア・ケースかということである。それが非常にまれなことであると分かれば、そもそも2つの標本が同じ母集団から来ているという、もともとの前提（帰無仮説）に疑義が生じるというわけである。

　ということで、この「7点」という数字を評価するために、z値に相当するスコアを出したい。つまり、期待された差「ゼロ」から7点外れているのが、どれくらいの距離感なのかということを知るために、z値と同じように標準偏差で割りたい。しかし、前述したように、母集団の標準偏差σが分からないため、標本平均の標準偏差（**標準誤差**）$\frac{\sigma}{\sqrt{n}}$も分からない。手元にあるデータはU高校の分散、標準偏差とV高校の分散、標準偏差だけである。

```
var(u)        # U 高校の分散
113.2079
var(v)        # V 高校の分散
116.4711
```

286

　これをもとに、標本平均の分散を求めたときのように（(13) を参照）、標本サイズで割ってみると以下のようになる。

```
var(u)/20
5.660395
var(v)/20
5.823553
```

　これを単純に足し合わせ（$\frac{S_u^2}{n_u} + \frac{S_v^2}{n_v}$）、母集団からの標本平均分散$\frac{\sigma^2}{n}$の推定値と考える（この方法をウェルチの検定と言う）。

```
t_var <- var(v)/20 + var(u)/20
t_var
11.48395
```

　この平方根を t 検定における標準偏差（**標準誤差**）とする。

```
t_sd <- sqrt(t_var)
t_sd
3.388797
```

　この標準偏差相当の値を使い、z 値を求めるのと同じように、7 をこの値で割って、基準となるゼロからの距離を評価する。しかしこの「標準偏差（相当のもの）」は、母集団の標準偏差から導き出された正統な（？）ものではないため、この結果は z 値とは呼ばれず、t 値と呼ばれる。

```
t_value <- (mean(v)-mean(u))/t_sd          # t 値
2.06563
```

　これは z 値ではないが、z 値に似た指標なので、感覚的には $z=2$ という状況に近い。z 値の絶対値が 2 を超えると p 値は .05 を切るので、t 値が 2.06563 ということは、同じく p 値は .05 近くになると予想できる。z 値は

正規分布をもとに確率を計算するが、t 値は**自由度 degree of freedom** によっ
て調整された t 分布をもとに確率を計算する。図7に、今回の検定で用いる
t 分布と今回の t 値の位置を示し、さらに、標準正規分布の曲線を参考まで
に示す。

> **メモ**：自由度（df）とは何かについて正確に解説しようとすると小さ
> なスペースでは難しく、本書では省略するが、自由度は標本サイズ
> と比例するとだけ述べておく。標本サイズが小さい場合より大きい
> 場合の方が当然検定力は上がるが、自由度はその調整のためのパラ
> メータである。

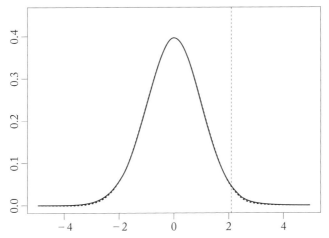

**図7　自由度37.992の t 分布（実線）と標準正規分布曲線（点線）を表したもの。
さらに、今回の t 値2.07の位置を縦線の点線で表示している。**

> **メモ**：図7を描画するための R コードは以下の通り。なお、自由度
> 37.992 はウェルチの検定を用いた場合の値で、計算方法の詳細は省
> 略する。後述の t.test コマンドを使えば自由度を確認できる。な
> お、スチューデントの検定（解説省略）を用いた場合の自由度の計算
> はシンプルで、20 + 20 - 2 = 38 である。

```
curve(dt(x,df=37.992),-5,5,xlab="",ylab="",
        ylim=c(0,0.45),lwd=2,lty=1)
par(new=TRUE)
curve(dnorm(x),-5,5,xlab="",ylab="",
        ylim=c(0,0.45),col="black",lwd=3,lty=3)
abline(v=t_value,lwd=2,lty=3)
```

図 7 を見ると、今回の t 分布の確率密度曲線（自由度 37.992）と、標準正規分布の確率密度曲線は重なっているように見えるが、実際には頂点あたりでわずかに正規分布（点線）の方が高くなっている（印刷では分かりにくいが）。いっぽう、±1.6 ぐらいから正規分布がわずかに今回の t 分布を下回る。今回の t 値は 2.06563 なので、t 分布に基づく両側確率は正規分布を仮定したときより少し大きくなる。実際、U 高校と V 高校の今回のデータを t 検定にかけると、p 値は .04573 と出る。いっぽう、正規分布における $|z|>2.06563$ の確率は .03887 である。

```
メモ：R のコードは以下の通りである。

t.test(v,u)            # t検定
 data:  v and u
 t = 2.0656, df = 37.992, p-value = 0.04573
 alternative hypothesis: true difference in means
 is not equal to 0
 95 percent confidence interval:
   0.139693 13.860307
 sample estimates:
 mean of x mean of y
     78.05     71.05

pnorm(2.0656,lower.tail=F)*2   # もしt値がz値だったら
0.03886626
```

このように、t 分布での結果は、帰無仮説棄却という観点からは、正規分布に比べるとやや保守的な結果となる。というのも t 検定は母集団の分散が

不明という不確実性が高い中で検定されるため、母集団の分散が分かった上で計算される z 検定よりも保守的(つまり帰無仮説を棄却することに慎重)にならざるを得ない。しかし、それでも今回は p 値は .05 という、最初に設定した有意水準を切っているので、U 高校と V 高校の差は「同じ母集団からのランダム・サンプリング」とは考えにくいという結論を出すことが可能である。よって、両者は学力レベルの異なる母集団から来ているという対立仮説を採用できる。

いずれにしても、「仮説検定」と言っても、p 値自体は仮説を評価しているわけではないのは分かっていただけたと思う。仮説を評価・検定するのはあくまで分析者の判断であって、p 値はその判断のための材料にすぎない。

3. まとめ

本章では、統計について馴染みのない読者のために、(頻度論主義)統計分析の基本的な考え方を概観した。この考え方のもとでは、「平均」と「分散(または標準偏差)」という 2 つの指標に基づいてデータを特徴付ける。その上で、さまざまな手法で統計量を計算する。今回紹介した統計量は、「z 値」と「t 値」である。統計学では、「もしもランダム・サンプリングを無限に繰り返したら、これら標本の平均値は一定の〈分布〉を描くはずだ」という仮定のもと、観察された標本の平均値を評価する。今回は「正規分布」と「t 分布」に触れたが、これらはつり鐘型の分布となる。しかし、F 分布、χ^2 分布のようにつり鐘型をなしていない分布もある。いずれにせよ、ランダム・サンプリングされた標本の様々な統計量が一定の期待値を持つという数学的な特性があるおかげで、少ないサンプリングの背後に無限サンプリングの「分布」が仮定できるというのが、統計の考え方の肝であるといえよう。そして、その仮定された分布をもとに、確率計算ができるというわけである。

この章ではごく簡単な t 検定しか取り上げなかったが、心理言語学分野では近年、**線形混合効果モデル linear mixed effects model（LMEM）**に基づく分析が主流となっている。その理由は、「実験参加者」や「実験材料」といっ

290

た、検証したい実験要因から外れた雑多な要因から来るノイズ（ランダム効果）を一挙に削減することが可能だからである。このあたりの話は本書の目的を超えるので、割愛する。定番のテキストとしては、言語学を中心に扱い、Rの入門にもなるBaayen (2008) や、Rの混合効果モデル分析のパッケージlme4の開発チームの中心人物であるダグラス・ベイツが共著となっているPinheiro & Bates (2000/2013) (邦訳あり) などがある。ただし、両者ともに内容は高度なので、ウェブの情報やさまざまな統計ワークショップなどの機会を併用しつつ学ぶと良いだろう。かくいう筆者も日々勉強の必要性を痛感している。

　最後に、データ分析においてもっとも重要かつ難しいことの一つが、検定に先駆けて、データをどのように加工またはトリミングするかということである。心理言語学はヒトの反応を扱うのでどうしてもデータにノイズがまじりやすい。上に述べたように統計分析は平均値や分散という加算がからむ数値計算に基づくため、極端な外れ値があると分析結果に影響を与えてしまう。そこで、外れ値をあらかじめ削ることが必要となるのだが、どのような基準で削るべきかということに関して、必ずしも分野の中でコンセンサスがあるとはいえない。たとえば日本語の自己ペース読文課題では、1リージョンにつき平均読み時間が500 ms (0.5秒) 前後になることが多いが、もし10000 ms (10秒) を超えるデータポイントがあれば、これは外れ値として削るべきだというのは誰もが一致するところであろう。では、2000 ms (2秒) はどうだろうか？　3000 ms (3秒) は？　1000 ms (1秒) は？　このあたりについて見解の一致はあるとは言えない。また、一般に日本語は単一リージョンの中に格標識、後置詞や動詞接辞が入るため、英語よりもリージョンあたりの読み時間が長い。こういった言語ごとの特性の違いを考え合わせると、どこで外れ値を切るべきかというのはますます難しくなるし、また、課題の特性も考えなければならない（たとえば、読文課題と語彙性判断課題では基準は異なるだろう）。特定の絶対値で切るのは恣意的だから標準偏差ベースで切った方が良いという考え方もあるが、では何を基準に標準偏差を計算すべきなのかが問題になる（全データ？　参加者ごと？　特定リージョン×条件セル？）。また、ヘタにトリミングするよりも、対数変換をした方が良い

という立場もある。

　はっきり言って、検定自体は分析ソフトを使えば簡単にできる。前節で t 検定の考え方を長々と説明したが、分析自体は、たとえば R では、t.test(v,u) というわずか 11 文字で実現できる。しかし、実際の分析では、入力となるデータをどのように整えるかというところに多くの時間を費やさなければならない。また、どの実験計画・実験データにどの検定が適切かを判断するのも初学者にのみならずベテランにも時に難しい問題である。どのようなプラクティスが良いのかは一概には言えず、経験豊かな先達に教示してもらうのが一番良い。本書は「経験がほとんどなくても実践できる」ということが売りであるが、本格的に実験を計画し、データを分析するにはやはり経験者の助言があった方が良い。自然科学の実験と同じく、実験のノウハウ、分析のノウハウは、教科書を使った自習だけでは完全に学ぶことが難しい。これらのノウハウは、ラボの内外で伝えられ随時アップデートされていく一種の職人的技術であるとも言える。

　いずれにしても、分析の方針は分析段階で試行錯誤するのではなく、実験計画を立てる段階で決めておくのが基本原則である。本書を足がかりに言語の実験研究を始める際には、経験者に相談することをオススメするし、あるいはもう一歩進んで経験者との共同研究とするともっと良いだろう。

参考文献

Anwyl-Irvine, Alexander L., Jessica Massonnié, Adam Flitton, Natasha Kirkham, and Jo K. Evershed.（2020）Gorilla in Our Midst: An Online Behavioral Experiment Builder. *Behavioral Research Methods* 52, pp.388–407. <https://gorilla.sc/>

Asahara, Masayuki, Kikuo Maekawa, Mizuho Imada, Sachi Kato, and Hikari Konishi.（2014）Archiving and Analysing Techniques of the Ultra-Large-Scale Web-Based Corpus Project of NINJAL, Japan. *Alexandria: The Journal of National and International Library and Information Issues* Vol 25, Issue 1–2, pp.129–148. <https://doi.org/10.7227/ALX.0024>

Baayen, Rolf H.（2008）*Analyzing Linguistic Data: A Practical Introduction to Statistics using R.* Cambridge: Cambridge University Press.

Behrend, Tara S., David J. Sharek, Adam W. Meade, and Eric N. Wiebe.（2011）The Viability of Crowdsourcing for Survey Research. *Behavior Research Methods* 43, pp.800–813. New York: Springer.

Bock, J. Kathryn.（1986）Syntactic Persistence in Language Production. *Cognitive Psychology* 18, pp.355–387. San Diego: Academic press.

Bock, J. Kathryn and Richard Warren.（1985）Conceptual Accessibility and Syntactic Structure in Sentence Formulation. *Cognition* 21, pp.47–67. Amsterdam: Elsevier.

Bock, Kathryn.（1996）Language Production: Methods and Methodologies. *Psychonomic Bulletin & Review* 3(4), pp.395–421. Austin: Psychonomic Society, Inc.

Branigan, Holly P., Martin J. Pickering, and Alexandra A. Cleland.（2000）Syntactic Coordination in Dialogue. *Cognition* 75, pp. B13–B25. Amsterdam: Elsevier.

Brown, Roger.（1973）*A First Language: The Early Stages*. Cambridge: Harvard University Press.

Davies, Mark.（2004）*British National Corpus* (from Oxford University Press). <https://www.english-corpora.org/bnc/>2022.11.2

Davies, Mark.（2007）*TIME Magazine Corpus*. <https://www.english-corpora.org/time/>2022.11.2

Davies, Mark. (2008) *The Corpus of Contemporary American English (COCA)*.
 <https://www.english-corpora.org/coca/>2022.11.2

Davies, Mark. (2010) *The Corpus of Historical American English (COHA)*.
 <https://www.english-corpora.org/coha/>2022.11.2

Davies, Mark. (2013) *Corpus of Global Web-Based English*.
 <https://www.english-corpora.org/glowbe/>2022.11.2

Davies, Mark. (2015) *The Wikipedia Corpus*.
 <https://www.english-corpora.org/wiki/>2022.11.2>2022.11.2

Davies, Mark. (2016) *Corpus of News on the Web (NOW)*.
 <https://www.english-corpora.org/now/>2022.11.2

Davies, Mark. (2018) *The iWeb Corpus*.
 <https://www.english-corpora.org/iWeb/>2022.11.2

Davies, Mark. (2019a) *The TV Corpus*. <https://www.english-corpora.org/tv/>2022.11.2

Davies, Mark. (2019b) *The Movie Corpus*.
 <https://www.english-corpora.org/movies/>2022.11.2

Drummond, Alex. (2012) Ibex: A Web Interface for Psycholinguistic Experiments.
 <https://github.com/addrummond/ibex>2022.3.30

Ferreira, Victor S. (2003) The Persistence of Optional Complementizer Production:
 Why Saying "That" is Not Saying "That" at All. *Journal of Memory and Language*
 48, pp.379–398. New York: Elsevier.

Forster, Kenneth and Chris Davis. (1984) Repetition Priming and Frequency
 Attenuation in Lexical Access. *Journal of Experimental Psychology: Learning,
 Memory, and Cognition* 10, pp.680–698. Washington: American Psychological
 Association.

Forster, Kenneth I. and Jonathan C. Forster. (2003) DMDX: A Windows Display
 Program with Millisecond Accuracy. *Behavior Research Methods, Instruments, &
 Computers* 35, pp. 116–124. Austin: Psychonomic Society, Inc.

Fromkin, Victoria A. (1971) The Non-anomalous Nature of Anomalous Utterances.
 Language 47, pp.27–52. Washington: Linguistic Society of America.

Fujimura, Itsuko, Shoju Chiba, and Mieko Ohso. (2012) Lexical and Grammatical
 Features of Spoken and Written Japanese in Contrast: Exploring a Lexical
 Profiling Approach to Comparing Spoken and Written Corpora. *Proceedings of
 the VIIth GSCP International Conference. Speech and Corpora*, pp.393–398.

Futrell, Richard. (2012) Processing Effects of the Expectation of Informativity. Unpublished MA thesis. Stanford University.

Garrett, Merrill F. (1980) Levels of Processing in Sentence Production. In Brian Butterworth. (ed.) *Language Production, Vol. 1: Speech and Talk*, pp.177–220. London: Academic Press.

現代日本語研究会 (2011)『合本　女性のことば・男性のことば（職場編）』ひつじ書房.

Gibson, Edward and Evelina Fedorenko. (2013) The Need for Quantitative Methods in Syntax and Semantics Research. *Language and cognitive Processes* 28, pp.88–124. London: Taylor & Francis.

Gibson, Edward, Steve Piantadosi, and Kristina Fedorenko. (2011) Using Mechanical Turk to Obtain and Analyze English Acceptability Judgments. *Language and Linguistics Compass* 5 (8), pp.509–524. England: Blackwell Synergy.

Hartsuiker, Robert J., Martin J. Pickering, and Eline Veltkamp. (2004) Is Syntax Separate or Shared Between Languages? Cross-linguistic Syntactic Priming in Spanish/English Bilinguals. *Psychological Science* 15, pp.409–414. New York: Cambridge University Press.

HLP/Jaeger lab blog (2009) Diagnosing the Linger Usb Keyboard Sampling Error. <https://hlplab.wordpress.com/2009/02/02/diagnosing-the-linger-usb-keyboard-sampling-error/> 2022.3.30

石川慎一郎 (2021)『ベーシック　コーパス言語学　第 2 版』ひつじ書房.

伊豆原英子 (2003)「終助詞『よ』『よね』『ね』再考」『愛知学院大学教養部紀要』第 51 巻 2 号, pp.1–15. 愛知学院大学

Just, Marcel A., Patricia A. Carpenter, and Jacqueline D. Woolley. (1982) Paradigms and Processes in Reading Comprehension. *Journal of Experimental Psychology: General* 111, pp.228–238. Washington: American Psychological Association.

Kibe, Nobuko, Tomoyo Otsuki, and Kumiko Sato. (2018) Intonational Variations at the End of Interrogative Sentences in Japanese Dialects: From the "Corpus of Japanese Dialects". In *Proceedings of the LREC 2018 Special Speech Sessions*, pp.21–28. <https://doi.org/10.15084/00001912>

木戸康人 (2012)「言語獲得研究における量的統計分析の有意義性」ms. 南山大学

木戸康人・村杉恵子 (2012)「言語獲得の観点から探る終助詞の機能」『アカデミア・語学編』第 92 巻, pp.1–42. 南山大学

小比田涼介・宮本エジソン正（2014）「クラウドソーシングサイトでの質問紙調査と研究への利用―Lancers をサンプルモデルとして」『信学技報』114（176），pp.13–18. 電子情報通信学会

Koiso, Hanae, Haruka Amatani, Yasuharu Den, Yuriko Iseki, Yuichi Ishimoto, Wakako Kashino, Yoshiko Kawabata, Ken'ya Nishikawa, Yayoi Tanaka, Yasuyuki Usuda, and Yuka Watanabe.（2022）Design and Evaluation of the Corpus of Everyday Japanese Conversation. In *Proceedings of the Thirteenth Language Resources and Evaluation Conference*, pp.5587–5594. <https://aclanthology.org/2022.lrec-1.599>

国立国語研究所編（2002–2008）『全国方言談話データベース　日本語のふるさとことば集成』国書刊行会.

国立国語研究所（2018）『日本語歴史コーパス』（バージョン 2023.05，中納言バージョン 2.7.2）<https://chunagon.ninjal.ac.jp/chj/> 2023.7.28

Levelt, Willem J. M.（1989）*Speaking: From Intention to Articulation.* Cambridge: MIT Press.

MacWhinney, Brian.（2000）*The CHILDES Project: Tools for Analyzing Talk.* 3rd edition, Vol. 2. *The Database.* Mahwah: LEA.

MacWhinney, Brian.（2007）The TalkBank Project. Carnegie Melon University, Department of Psychology. doi: 10.1184/R1/6618797.v1

MacWhinney, Brian.（2023）Tools for Analyzing Talk Part 2: The CLAN Program. <https://www.talkbank.org/manuals/CLAN.pdf>

MacWhinney, Brian and Catherine Snow.（1985）The Child Language Data Exchange System. *Journal of Child Language* 12, pp.271–296. London, New York: Cambridge University Press.

Maekawa, Kikuo, Hanae Koiso, Sadaoki Furui, and Hitoshi Isahara.（2000）Spontaneous Speech Corpus of Japanese. *Proceedings LREC 2000*, pp.947–952. Paris: European Language Resources Association.

Mackawa, Kikuo, Makoto Yamazaki, Toshinobu Ogiso, Takehiko Maruyama, Hideki Ogura, Wakako Kashino, Hanae Koiso, Masaya Yamaguchi, Makiro Tanaka, and Yasuharu Den.（2014）Balanced Corpus of Contemporary Written Japanese. *Language Resources and Evaluation* 48（2）, pp.345–371. Dordrect: Springer.

Marslen-Wilson, William D.（2007）Morphological Processes in Language Comprehension. In M.Gareth Gaskel.（ed.）*The Oxford Handbook of*

Psycholinguistics, pp.175–193. Oxford: Oxford University Press.

丸山岳彦・小磯花絵・西川賢哉（2022）「『昭和話し言葉コーパス』の設計と構築」『国立国語研究所論集』22, pp 197–221. <http://doi.org/10.15084/00003522>

宮崎和人（2002）「終助辞『ネ』と『ナ』」『阪大日本語研究』14 巻, pp.1–18. 大阪大学

宮田 Susanne（2012）「日本語 MLU（平均発話長）のガイドライン―自立語 MLU および形態素 MLU の計算法」『健康医療科学』2 号, pp.1–15. 愛知淑徳大学.

宮田 Susanne（2017）「文法発達段階のランドマーク―代表的な助詞および動詞活用形の獲得順序から見て」『シンポジウム 1 日本語の言語発達のランドマーク』第 43 回日本コミュニケーション障害学会学術講演会, 愛知淑徳大学, 2017 年 7 月 8–9 日

宮田 Susanne・森川尋美・村木恭子編（2004）『今日から使える発話データベース CHILDES 入門』ひつじ書房

宮田 Susannne・大伴潔・白井恭弘（2015）「初期文法発達と平均発話長（MLU）段階」ポスター発表資料. 日本発達心理学会第 26 回大会, 東京大学本郷キャンパス, 伊藤国際学術研究センター, 2015 年 3 月 20 日

Miyata, Susanne, Makiko Hirakawa, Keiko Itoh, Brian MacWhinney, Yuriko Oshima-Takane, Kiyoshi Otomo, Yasuhiro Shirai, Hidetosi Sirai, and Masatoshi Sugiura. （2009）Constructing a New Language Measure for Japanese: Developmental Sentence Scoring for Japanese. In Susanne Miyata. （ed.）Development of a Developmental Index of Japanese and Its Application to Speech Developmental Disorders. Report of the Grant-in-Aid for Scientific Research（B）（2006–2008）No. 18330141, pp.15–66. Aichi Shukutoku University.

Nakano, Yoko, Yu Ikemoto, Gunner Jacob, and Harald Clahsen. （2016）How Orthography Modulates Morphological Priming: Subliminal Kanji Activation in Japanese. *Frontiers in Psychology* 7: 316. Pully: Frontiers Research Foundation. doi: 10.3389/fpsyg. 2016.00316

野地潤家（1973–1977）『幼児の言語生活の実態 I–IV』文化評論出版

野村潤（2021）「CHILDES データのつくり方・つかい方と自然発話研究の役割について」日本言語学会第 163 回大会公開シンポジウム「データベースをつくる・つかう―課題と展望」11 月 21 日（Zoom）.

野村潤（2023）「第一言語獲得研究における自然発話分析の役割について」『人文論叢』71 号, 17–38. 京都女子大学.

小木曽智信・近藤明日子・髙橋雄太・田中牧郎・間淵洋子編（2023）『昭和・平成書

き言葉コーパス』(バージョン 2023.5, 中納言バージョン 2.7.2)
<https://chunagon.ninjal.ac.jp/shc/> 2023.7.28

大久保愛(1967)『幼児言語の発達』東京堂出版

Oshima-Takane, Yuriko, Brian MacWhinney, Hidetosi Sirai, Susanne Miyata, and Norio Naka.(eds.)(1998) *CHILDES for Japanese. Second Edition.* The JCHAT Project. Chukyo University.

Perlmutter, David M.(1968) *Deep and Surface Structure Constraints in Syntax.* Cambridge: MIT dissertation. <https://dspace.mit.edu/handle/1721.1/13003> 2019.2.28

Pinheiro, José and Douglas Bates.(2000/2013) *Mixed-Effects Models in S and S-PLUS.* Dordrecht: Springer.(J. C. ピネイロ、D. M. ベイツ　緒方宏泰監訳(2012)『S-PLUS による混合効果モデル解析』丸善出版)

Rastle, Kathleen, Matthew H. Davis, William D. Marslen-Wilson, and Lorraine K. Tyler.(2000) Morphological and Semantic Effects on Visual Word Recognition: A Time-Course Study. *Language and Cognitive Processes* 15, pp.507–537. London: Rowtledge. doi: 10.1080/01690960050119689

Rastle, Kathleen, Matthew H. Davis, and Boris New.(2004) The Broth in My Brother's Brothel: Morpho-Orthographic Segmentation in Visual Word Recognition. *Psychonomic Bulletin and Review* 11: pp.1090–1098. doi: 10.3758/BF03196742

迫田久美子・石川慎一郎・李在鎬(2020)『日本語学習者コーパス I-JAS 入門―研究・教育にどう使うか』くろしお出版.

迫田久美子・佐々木(木下)藍子・小西円・李在鎬(2014)『C-JAS(Corpus of Japanese as a second language)構築に関する報告書』国立国語研究所.

Schütze, Carson T.(1996/2016) *The Empirical Base of Linguistics: Grammaticality Judgments and Linguistic Methodology.* Chicago: University of Chicago Press.(Reprinted in 2016 by Language Science Press, Berlin.)

Schütze, Carson T. and Jon Sprouse.(2014) Judgment Data. In Robert J. Podesva and Devyani Sharma.(eds.) *Research Methods in Linguistics*, pp.27–50. Cambridge: Cambridge University Press.

Snyder, William.(2007) *Child Language: The Parametric Approach.* Oxford: Oxford University Press.

Stromswold, Karin.(1996) Analyzing Children's Spontaneous Speech. In Dana McDaniel, Cecile McKee, and Helen Smith Cairns.(eds.) *Methods for Assessing*

Children's Syntax, pp.23–53. Cambridge: MIT Press.

杉崎鉱司 (2016)「第 9 章　母語獲得」小泉政利編『ここから始める言語学プラス統計分析』pp.146–161. 共立出版

杉浦正利・中則夫・宮田 Susanne・大嶋百合子 (1997)「言語習得研究のための情報処理システム CHILDES の日本語化」『言語』第 26 巻, 3 号, pp.80–87. 大修館書店

Tanaka, Mikihiro, Holly Branigan, Janet Mclean, Martin Pickering. (2011) Conceptual Influences on Word Order and Voice in Sentence Production: Evidence from Japanese. *Journal of Memory and Language* 65, pp.318–330. New York: Elsevier.

Tanaka, Mikihiro. (2018) Priming the Production of Metonymic Expression in Sentence Production. Poster presented at the CUNY conference for sentence processing, UC Davis, US. March 15th, 2018

Taylor, John R. (2012) *The Mental Corpus: How Language is Represented in Mind*. Oxford: Oxford University Press.（ジョン・R・テイラー　西村義樹・平沢慎也・長谷川明香・大堀壽夫編訳　古賀裕章・小早川暁・友澤宏隆・湯本久美子訳 (2017)『メンタル・コーパス—母語話者の頭の中には何があるのか』くろしお出版）

Witzel, Jeffrey, Samantha Cornelius, Naoko Witzel, Kenneth I. Forster, and Jonathan C. Forster. (2013) Testing the Viability of WebDMDX for Masked Priming Experiments. *The Mental Lexicon* 8 (3), pp.421–449.

Zehr, Jeremy and Florian Schwarz. (2018) PennController for Internet Based Experiments (IBEX). <https://doi.org/10.17605/OSF.IO/MD832>

主なソフトウェアリンク

CHILDES　<https://childes.talkbank.org/>2023.8.25

CHILDES Browsable Database　<https://sla.talkbank.org/TBB/childes>2023.8.25

CHILDES 日本語版　<http://www2.aasa.ac.jp/people/smiyata/CHILDESmanual/chapter01.html>2023.8.25

中納言 バージョン 2.7.2（国立国語研究所 2023）<https://chunagon.ninjal.ac.jp/>2023.7.28

DMDX　<http://www.u.arizona.edu/~kforster/dmdx/download.htm>2019.2.28

Gorilla　<https://gorilla.se/>2022.11.22

PCIbex Farm　<https://farm.pcibex.net/>2023.8.6

索 引

執筆者紹介 <small>(*は編者)</small>

中谷健太郎 *（なかたに けんたろう）第 1 章・2 章・8 章
甲南大学文学部教授。
〈主 な 著 書・論 文〉*Predicate Concatenation: A Study of the V-te V Predicate in Japanese*
(Kurosio Publishers, 2013), "An On-line Study of Japanese Nesting Complexity"〔共
著〕(*Cognitive Science* 34, 2010), "Processing Complexity of Complex Predicates: A
Case Study in Japanese"(*Linguistic Inquiry* 37, 2006)

青木奈律乃（あおき なつの）第 2 章
ダブリンシティ大学大学院応用言語異文化研究科在学中。
〈主 な 論 文〉"Process, Telicity, and Event Cancellability in Japanese: A Questionnaire
Study"〔共著〕(*JELS* 30, 2013), "A Judgment Study on Aspectual Diagnostics in
Japanese"〔共著〕(*Japanese/Korean Linguistics* 22, 2015), "Pre-head Processing Cost of
Theme/location Alternations: An Experimental Study"(Doctoral Thesis, Konan
University, 2019)

有賀照道（ありが てるみち）第 2 章
東京大学大学院総合文化研究科在学中。
〈主 な 論 文〉"A Revisit to the Processing of Control Sentences in Japanese"〔共著〕
(*Japanese/Korean Linguistics* 28, 2021), "Pitch Accent Constrains Lexical Activation in
Japanese Spoken Word Recognition: A Semantic Priming Study"(『言語情報科学』
20、2022)

中野陽子（なかの ようこ）第 3 章
関西学院大学人間福祉学部及び関西学院大学大学院言語コミュニケーション文化
研究科教授。
〈主 な 著 書・論 文〉"Chapter 10 Second Language Sentence Processing: Psycholinguistic
and Neurobiological Research Paradigms", *Methods in Bilingual Reading Comprehension
Research*〔共著〕(Springer, 2016), "How Orthography Modulates Morphological

Priming: Subliminal Kanji Activation in Japanese"〔共著〕(*Frontiers in Psychology* 7, 2016), "A Role of Orthography in Morpho-Orthographic Decomposition in Japanese" 〔共著〕(*Japanese/Korean Linguistics* 28, 2021)

田中幹大 (たなか みきひろ) 第 4 章
立命館大学経営学部准教授。
〈主な論文〉"Structural Priming in Dialogue" (Proceedings of the 19th Conference of the Pragmatics Society of Japan, 2017), "Planning Association of Cause and Consequence in Japanese" (*JELS* 33, 2016), "Conceptual Influences on Word Order and Voice in Sentence Production: Evidence from Japanese"〔共著〕(*Journal of Memory and Language* 65(3), 2011)

浅原正幸 (あさはら まさゆき) 第 5 章
国立国語研究所研究系教授及び総合研究大学院大学先端学術院日本語言語科学コース。
〈主な論文〉「BCCWJ-EyeTrack『現代日本語書き言葉均衡コーパス』に対する読み時間付与とその分析」〔共著〕(『言語研究』156、2019)、「分類語彙表番号を付与した『現代日本語書き言葉均衡コーパス』の書籍・新聞・雑誌データ」〔共著〕(『日本語の研究』15(2)、2019)、「読み時間と統語・意味分類」〔共著〕(『認知科学』26(2)、2019)

長谷部陽一郎 (はせべ よういちろう) 第 6 章
同志社大学グローバル・コミュニケーション学部教授。
〈主な著書・論文〉「TED Corpus Search Engine: TED Talks を研究と教育に活用するためのプラットフォーム」(『英語コーパス研究』25、2018)、"An Integrated Approach to Discourse Connectives as Grammatical Constructions" (博士学位論文、京都大学、2021)、『コーパス研究の展望』〔共著〕(開拓社、2020)

木戸康人 (きど やすひと) 第 7 章
九州国際大学現代ビジネス学部国際社会学科准教授。
〈主な著書・論文〉『英文法大辞典シリーズ 第 8 巻 接続詞と句読法』〔共訳〕(開拓社、2019)、"Acquisition of English Adjectival Resultatives: Support for the Compounding Parameter"〔共著〕(*Language Acquisition* 29(3), 2022), "Acquisition of Verb-Verb Compounds in Child English and Japanese: An Empirical Study Using

CHILDES"（『統語構造と語彙の多角的研究』、開拓社、2020）

パソコンがあればできる！ ことばの実験研究の方法　第 2 版
—容認性調査、読文・産出実験からコーパスまで

A Hands-On Guide to Experimental Methods in Linguistic Research,
Second Edition

Edited by Kentaro Nakatani

発行	2024 年 5 月 31 日　初版 1 刷
定価	2800 円＋税
編者	ⓒ 中谷健太郎
発行者	松本功
装丁者	上田真未
印刷・製本所	三美印刷株式会社
発行所	株式会社 ひつじ書房
	〒 112-0011 東京都文京区千石 2-1-2　大和ビル 2 階
	Tel.03-5319-4916　Fax.03-5319-4917
	郵便振替 00120-8-142852
	toiawase@hituzi.co.jp　https://www.hituzi.co.jp/

ISBN978-4-8234-1166-3